本书系山西大学国际关系学院研究项目
"德国发展援助政策研究"资助成果

德国研究丛书

德国发展援助政策研究

STUDY ON GERMAN DEVELOPMENT AID POLICY

孙恪勤 / 著

社会科学文献出版社
SOCIAL SCIENCES ACADEMIC PRESS (CHINA)

目录
CONTENTS

绪　论

—❦✦❦—

一　研究价值

第二次世界大战以后，发展援助政策逐步成为一种全球规模的、制度化的、有特定内容的政策领域，也是主要发展援助国的重要国家政策。发展援助政策不仅涉及援助国和受援国在经济、社会等领域的发展援助项目，以及援助国的政治、经济、对外关系等政策领域，而且涉及东西关系、南北关系、全球性问题等一系列重大国际政治和经济政策，在当代国际政治和国际关系中占有重要地位。因此，研究国际发展援助政策是当前中国国际问题研究的一项重要任务。本书以德国发展援助政策为研究对象，其学术价值和现实意义是多方面的。

首先，我们可以更加全面深入地研究德国的内外政策。德国是世界第四大经济强国，是欧盟经济实力最强的国家和领导力量之一，是中国在发展与欧盟关系中最重视的国家之一。发展援助政策在德国外交、安全、对外经贸、全球治理等政策领域发挥着重要作用，是德国内政外交总政策的一个组成部分，在发展和改善德国与发展中国家关系方面发挥着特殊作用，也属于研究德国与联合国（UN）、世界银行（World Bank）、欧盟（EU）等地区和国际组织关系的重要政策领域。因此，深入研究德国发展援助政策有利于我们从总体上把握德国的内政外交政策，有利于中德两国开展多方面深入合作，包括在国际发展合作领域的合作。

其次，研究德国发展援助政策对加强国际发展援助政策研究具有重要的学术意义。国际发展援助政策研究是当前中国学术界亟须加强的研究领域之一。要整体提升研究水平，除了对国际发展援助的理论、实践、机制、格局变迁等进行广泛研究，还要对国际社会最重要的发展援助国开展深入研究。德国是世界上最大的发展援助国之一，是经济合作与发展组织发展援助委员会第二大援助国，对国际社会制定发展援助政策具有重要的影响。因此，深入研究德国发展援助政策有助于我们研究和把握国际发展援助政策，特别是西方国家发展援助政策的基本规律，有助于把握21世纪国际发展援助政策的发展趋势。中国学术界对德国发展援助政策的研究不足，特别是对21世纪德国发展援助政策的研究更显薄弱，因此，出版专著可以弥补学术界的一项空白，具有重要的学术意义。

最后，借鉴德国经验有利于搞好中国的对外援助。随着中国经济快速发展，中国与世界的联系日益密切。增加对外援助，对加强中国与发展中国家关系，改善中国国际环境以及承担应有的国际责任都具有现实价值。中国已经成为对外援助大国，是南南合作典范，在国际发展援助体系中发挥着越来越大的作用。做好对发展中国家的援助工作，既是中国对外战略应有之义，也是中国实践人类命运共同体的重要举措。快速发展的中国对外援助需要大量的理论支持，我们需要了解和把握国际发展援助的理论、规则与经验，以及开展广泛的案例研究。德国发展援助时间长、机制独特、理论性强、实践经验丰富，对其进行深入研究，对中国了解西方国家发展援助政策，做好对外援助具有一定的参考价值。德国还曾是中国最重要的发展援助国之一，对中国技术援助开放度高，双方在发展援助领域有着良好的合作经历，因此认真研究德国发展援助及其实施过程，对今后中德在这一领域继续合作，以及在发展中国家开展合作和第三方合作具有重要意义。

二 定义

德国是西方发展援助大国，是经济合作与发展组织（Organization for Economic Co-operation and Development, OECD, 简称经合组织）所属发展援助委员会（Development Assistance Committee, DAC）主要成员之一，其发展援助政策和法律规范主要源于发展援助委员会的各项指标和要求。按照发展援助委员会的定义，发展援助是指国际社会中援助国对发展中国家和从事发展援助的国际组织给予的官方发展援助（Official Development Assistance, ODA），即援助国官方机构为促进发展中国家的经济发展和提高其生活水平，向发展中国家和国际多边机构提供的包含赠予在内的优惠贷款和其他资金转移形式，其中赠予或赠予成分不低于 25%。援助国为执行官方发展援助所制定的路线、方针、政策被称为发展援助政策。由于经合组织长期在国际发展援助领域占有主导地位，官方发展援助也成为一项国际公认指标。① 根据 1972 年经合组织与联合国达成的协议，发展援助委员会援助国应将国民生产总值的 0.7% 用于发展援助合作，这笔资金被称为官方发展援助。② 经合组织发展援助委员会规定官方发展援助必须满足以下四个条件。

（1）向发展中国家的资金转移，可以是资金，也可以是贷款、货物、服务等，还包括为维护发展中国家的利益向国际组织提供的赠款和债务减免。在特殊情况下，援助国用于发展的某些公共支出也算官方发展援助，如发展中国家学生的学习场所费用、给发展中国家的难民的某些费用；针对发展中国家的研究、用于提高发展意识的支出，以及捐助者为执行发展合作方案而产生的一般行政费用。

（2）官方发展援助来源于公共机构，如国家部委、国家公共机构、各州以及州以下的地方政府。

（3）官方发展援助的主要目标是促进发展中国家的经济和社会发展。援助国要想获得官方发展援助资格，必须确定每个项目在发展中国家取得的进展。

（4）受援者必须是被经合组织发展援助委员会列为发展中国家或从事发展援助的国际组织，经合组织发展援助委员会每三年修订一次受援者列表。

官方发展援助的特殊适用范围：对发展中国家难民的援助可算作官方发展援助；不能将提供军事装备和服务以及免除因军事目的而产生的债务列为官方发展援助，但是武装部队在发展中国家提供人道主义援助可算作官方发展援助；维持和平项目通常不符合官方发展援助的条件，但官方发展援助包括捐助者在联合国执行或批准的和平行动框架内执行某些措施的双边净费用，也包括安置和照顾发展中国家难民的费用，援助时间最长为 12 个月。

---

① OECD, "Official Development Assistance（ODA）", http://www.oecd.org/dac/financing-sustain-able-development/development-finance-standards/official-development-assistance.htm.
② 1970 年 10 月，联合国采纳了官方发展援助占国民生产总值（GNP）0.7% 的目标，经合组织发展援助委员会也接受这一目标。1993 年国民核算体系修订后，国民生产总值被国民总收入（GNI）所取代。因此，本书在 1993 年以前采用官方发展援助占国民生产总值 0.7% 的提法，1993 年以后采用国民总收入或国民生产总值的提法。

三 阶段划分与基本架构

本书聚焦德国政府的发展援助政策，对德国发展援助政策进行综合分析研究，对其历史发展轨迹、基本内容、机制、动力和发展趋势等进行分析和探讨。

本书是按照历史脉络的逻辑展开的，因此德国发展援助的历史阶段划分就成为本书的基本框架。在德国发展援助政策历史阶段划分上，本书的划分方法与德国政府不尽相同。

德国政府将德国发展援助政策发展史划分为六个阶段。[①]

第一阶段是 1952 年至 1970 年，这一阶段是德国发展援助政策起始阶段与第一个活跃期。在这一阶段，1952 年联邦德国参加了联合国的"不发达国家和地区经济发展援助计划"，开始参与发展援助政策。1961 年成立了联邦经济合作部（Bundesministeriums für wirtschaftliche Zusammenarbeit，BMZ），该部最初仅在联邦德国政府内部发挥协调作用，随后逐步主导了技术、财政、欧盟等发展援助权力。这一时期联邦经济合作部在实施一系列发展援助目标的同时，也在德国对外政策中扮演重要角色。

第二阶段是 1970 年至 1990 年，是所谓"基于伙伴关系"的发展援助政策阶段。20 世纪 70 年代，西方工业化国家对纯粹以增长为导向的发展援助模式产生了怀疑，因为它未能成功地防止贫困的加剧。德国社会形成了"第三世界运动"，呼吁富国与穷国之间建立新的关系，从纯粹的援助国和受援国角色尽可能转为"较为平等的伙伴关系"。发展援助政策更加关注人们的基本需求，例如食物、教育、健康和妇女作用等。1986 年切尔诺贝利反应堆灾难后，环境问题受到重视。多边合作在 20 世纪 70 年代和 80 年代也变得非常重要。联邦德国支持欧洲与非洲、加勒比和太平洋地区（简称非加太）国家的《洛美协定》（Die Lomé-Abkommen），也加强了与国际货币基金组织（International Monetary Fund，IMF）和世界银行的合作。

第三阶段是 1990 年至 2000 年，该阶段德国发展援助政策的主要特点是应对国际政治和欧洲政治大变局之后的新挑战。变化包括东欧剧变、德国统一、苏联解体、南非种族隔离制度结束等重大事件。德国发展援助政策不再以冷战时期的对外战略为基点，而是要面对前南斯拉夫的战争、索马里的国

---

① BMZ, Die Geschichte des Ministeriums, http://www.bmz.de/de/ministerium/geschichte/index.html.

家治理困境、卢旺达的种族冲突等新的挑战。德国发展援助政策更加注重价值观，提出发展援助五条政治标准。这一阶段，国际发展援助合作对德国产生了很大影响，如1992年在里约热内卢举行的环境会议，1994年在开罗举行的人口会议，1995年在哥本哈根举行的社会发展问题世界首脑会议以及同年在北京举行的世界妇女大会。德国认为这些问题不能由单个国家解决，需要各国协调一致的全球解决方案。

第四阶段是2000年至2014年，德国承诺要遵守联合国千年发展目标的各项要求，并以此为主要指导方针，包括执行2001年到2015年要实现的八项具体目标。这一阶段，可持续发展已成为德国政府外交、经济、环境和安全政策的一项复合任务，可持续发展原则成为联邦经合部工作的指导原则。

第五阶段从2015年开始，德国主要是根据联合国发布的《2030年可持续发展议程》中的战略目标制定各项发展援助目标，应对气候变化以及各种经济、能源和粮食危机。德国具体制定了执行可持续发展目标（Sustainable Development Goals，SDG）的细则，重点是农村发展、粮食安全、尊重人权和善政、和平、能源与气候保护以及遵守社会和环境标准。

本书依据相关研究，将德国发展援助政策分为冷战时期、德国统一至20世纪90年代末期和21世纪初期三大时期。其中冷战时期联邦德国发展援助政策又可以分为起始阶段（20世纪50年代前期）、联邦经济合作部初建阶段（1961~1974年）以及联邦经济合作部巩固阶段（1974~1991年）。德国统一至20世纪90年代末期德国发展援助政策也划分不同阶段。21世纪初期德国发展援助政策分为2000~2015年千年发展目标时期和2015年后可持续发展政策时期。

以上面三个时期为基本框架，本书分为绪论和九章内容。第一、二章主要阐述冷战时期联邦德国发展援助政策的主要历史脉络、机制、背景、特点等。第三、四章主要阐述20世纪90年代德国发展援助政策的变化、特点以及影响因素。21世纪初期德国发展援助政策是本书重点，相关内容有五章，分别对21世纪初期德国发展援助政策的定位与主要内容、机构与运行机制、资金分配与双边发展合作、多边发展援助，以及21世纪初期德国发展援助政策的变化、特点与趋势等进行阐述。

四 国内外研究动态

在对德国发展援助开展学术研究的领域，国内外研究现状仍存在较大差距。

中国学术界对德国发展援助政策的研究起步较晚，从资金、人力投入到成果产出均较为薄弱。目前，仅有部分高校在开设《国际发展援助》《德国外交政策》等课程时以有限的篇幅介绍德国发展援助政策，一些学者在撰写有关德国外交政策和经济政策的论文或著作时部分涉及德国发展援助政策。20世纪90年代，仅有一二十篇专门论及德国发展援助政策的学术论文发表，主要涉及德国发展援助政策的历史、组织结构以及区域政策，这些论文多采用历史描述方法。总体来看，这些论文介绍了德国发展援助政策的历史情况和现状，有助于中国制定政策时做参考和中国学界对这一主题的进一步深入研究。中国对德国发展援助政策的研究存在三大不足之处：一是尚无专著出版；二是相比学术界对欧盟、美国、日本等发展援助政策的研究成果落后很多；三是理论框架单一，研究的专业化水平与国际学界差距较大。2000年以来，学术研究成果快速增长，已经有上千篇相关论文发表，但真正聚焦德国发展援助政策领域的文献仅有几十篇，尚未有专著出版。

德国学术界对发展援助政策的研究起步早，人力、物力投入多，资料工作细致，学术成果卓著。据德国《国际发展合作活页文件集》介绍，目前德国涉及发展援助的官方机构、科研单位、民间组织共有数百家，有关研究人员和工作人员有上千人。德国的资料建设已形成系统，目前有关发展援助政策的政府文件密集多样，涉及发展政策的各个领域，专业报刊有七八种，专著有上千本，德国已经形成了自己的研究体系。德国发展援助政策研究特点主要有：分类细致，多学科介入，理论支撑突出，实践性强，成果丰硕。研究重点主要集中在几个方面：如何服从和服务于国家战略需要；如何在国家利益与国际发展合作责任之间保持平衡；如何处理发展中国家减贫与外交利益的关系；在援助中如何更多贯彻人权、法制、市场经济、民主制度等西方政治标准；应该增加还是减少发展援助资金；如何加强对援助机制和过程中技术环节的处理，如减少中间环节、预防腐败、提高援助效率、强化监管和验收的科学流程；如何在资金筹集、绿色经济、数字化等方面更好地适应时代发展趋势，适应发展援助政策需求；如何与联合国及国际组织的发展政策更好接轨；如何将发展援助政策与解决现实重大难题相结合，如难民、气候变化、国际反恐、新冠肺炎疫情防控等。

五　突出国际政治视角

在研究思路和理论指导上，对国际发展援助政策的研究一般存在多种视角，主要有专业技术和政治学两种不同视角。由于发展援助政策是一种专业性、技术性和实践性很强的政策，因此占主导地位的研究是从发展经济学和发展社会学角度研究这一问题。科研成果也主要集中在发展经济学和发展社会学领域，文章和专著偏重于微观研究，注重援助进程中的技术环节和问题解决。理论支撑也分许多流派，如新古典主义发展经济学、偏重资本积累的发展经济学、偏重工业化的发展经济学、偏重计划性的发展经济学、发展与不良发展理论、增长和发展阶段理论、现代化理论、依附理论、人力发展指数理论、世界体系理论、比较政治学理论、转型理论、新制度主义理论和可持续发展理论等。

本书在阐述德国发展援助政策基本事实的基础上，偏重国际政治分析视角，主要从国际政治、国际关系和对外政策等宏观角度分析和研究德国发展援助政策，注重战略、利益、动力、格局、效果等因素，把握其运行的宏观背景，分析其利益驱动力，研究其特征和基本规律，探讨其发展趋势。

值得注意的是，联邦德国在发展援助政策早期多使用发展援助（Entwicklungshilfe）的概念，这一概念符合经合组织对官方发展援助定义。20 世纪 80 年代之后，德国越来越强调要尊重发展中国家，要与发展中国家建立"合作伙伴关系"，因而更多采用发展合作政策（Entwicklungszusammenarbeit）或发展政策（Entwicklungspolitik）。到了 21 世纪，德国发展援助政策受到两个外部环境变化的影响，一是国际发展援助格局发生了很大变化，一部分发展中国家在南南合作框架下向发展中国家投入越来越多的援助，这些援助大多符合发展援助资金的使用范围，改变了国际发展援助格局；二是德国与发展援助受援国互利合作增加，与部分发展中国家开展了第三方合作。在这种背景下，德国有关发展援助政策的官方文件和学术文章基本采用了发展政策或发展合作的概念，这样更符合时代精神。考虑到德国是西方发展援助主要大国，其立场、规则、方式都带有鲜明的西方特点，官方发展援助依旧是主体，因此，本书在整体上仍采用"德国发展援助政策"这一概念，但在部分章节阐述中有时也使用"发展合作政策"或"发展政策"，这些概念内涵是一致的。

本书资料引用截至 2020 年 8 月。

中国社会科学院大学研究生院西亚非洲系博士生王媛媛对本书资料进行了校对并参与了第七和第八章部分内容撰写。

北京外国语大学刘立群教授对本书提供了许多宝贵的建议并审阅了书稿，高等教育出版社杨晓娟女士在书稿写作过程中提供了很多帮助，社会科学文献出版社马克思主义出版分社/当代世界出版分社社长祝得彬对本书出版给予了大力支持，责任编辑吕剑老师对本书进行了仔细认真的审校，付出的大量劳动和心血，在此一并表示深深的感谢。

第一章

冷战时期联邦德国发展援助政策的轨迹

冷战时期联邦德国发展援助政策可以分为起始阶段（20 世纪 50 年代前期）、联邦经济合作部初期建设阶段（1961～1974 年）以及联邦经济合作部巩固与实用主义阶段（1974～1989 年）。这一时期联邦德国启动了发展援助政策并逐步形成政策体系和独特的发展援助机制。

第一节　联邦德国发展援助政策的起始

联邦德国发展援助政策是从何时开始的？德国学术界对这一问题一直存在争议。具有代表性的有 1949 年说、1950 年说、1952 年说、1953 年说、1956 年说和 1961 年说。也有一种学说认为不一定确定联邦德国发展援助政策从哪一年开始，可以大致认为它始于 20 世纪 50 年代前期。[①] 以上各种起点说中最引人注目的是以下三种。

（1）1952 年说。此说法来自联邦德国政府联邦经济合作部，该部权威的《发展援助政策年鉴》认为联邦德国第一笔发展援助是 1952 年给予 "联合国扩大的援助项目"，用于促进不发达国家的经济发展。[②] 1952 年，德意志联邦共和国首次参加了联合国的 "不发达国家和地区经济发展援助计划" 从而参与制定发展政策。[③]

---

① Willi Erl and Volkmor Becker （Hrsg），*Geschichte und Gegenwart des Deusthen Entwicklungsdienstes*，Dietrich Reimer Verlag，1996，S. 7.

② BMZ，*Journalisten-Handbuch Entwicklungspolitik 1994*，Bonn，1994，S. 18.

③ BMZ，Die Geschichte des Ministeriums，http://www.bmz.de/de/ministerium/geschichte/index.html.

（2）1953 年说。1953 年联邦经济合作部从马歇尔计划贷款资金中拨出 50 万马克作为"促进与经济不发达地区经验交流津贴"，这笔津贴后来用作鉴定"在沙特阿拉伯进行经济开发可行性研究"的资金。这件事被人们认为与德国企业重新走入国际市场和把一些不发达地区作为经济伙伴有关。联邦经济合作部的这个措施是服务于德国未来的对外贸易，"联邦国家利用技术援助占据一些对出口具有重要意义的不发达地区的市场，对于长期发展德国的外交很有意义。这些技术援助、计划纲领的构成内容及目标必须建立在德国的利益之上"。因此，很多人把 1953 年作为联邦德国发展援助政策开始的一年。[①]

（3）1956 年说。1956 年在美国的压力下，联邦德国联邦议会第一次明确做出决议，拨款 5000 万马克用于双边技术发展援助，目标是"支持经济不发达国家"。这笔援助由联邦外交部（AA）来执行。有些专家认为联邦外交部进入发展援助领域，其目的是把发展援助资金用于遏制共产主义和执行"哈尔斯坦主义"，发展援助政策带有强烈的国际政治和外交利益色彩。因此，这一年应该是联邦德国发展援助政策开始的一年。[②]

对于这些争论，从本书研究角度出发，我们不必深研细究，大致确定联邦德国的发展援助政策始于 20 世纪 50 年代前期就可以了。因为 20 世纪 50 年代前期联邦德国政府所提供的几笔资金均符合发展援助的基本要求，也反映了联邦德国政府提供发展援助的政策考虑。以 1953 年联邦经济合作部拨款 50 万马克用于对不发达地区的经济技术援助为例，这笔资金全是属于政府部门正式拨付的赠予性的对外援助，对象是不发达地区，手段是提供经济技术援助，目标是开拓海外市场。在冷战条件下，联邦德国的这次援助有与苏联争夺不发达国家的战略考虑。这些都符合发展援助的内容和利益目标。因此，说联邦德国发展援助政策开始于 20 世纪 50 年代前期是有充分依据的。从本书研究角度考虑，我们需要弄清楚的更重要的问题是这一时期促使联邦德国政府开始实施发展援助并制定发展援助政策的主要动因是什么。从目前资料来看，冷战影响和美国压力无疑是最重要的因素，对此观点，德国学者没有大的争议。一些学者认为"从历史的角度观察，西方发展援助在本质上无疑是冷战的产物"[③]。为了证明这一点，许多学者回顾了杜鲁门主义、

---

① Entwicklungspolitik oder Ausbeutung? Aktion Dritte Welt e. V（Hrsg），Freiburg 1983，S. 33.

② Entwicklungspolitik oder Ausbeutung? Aktion Dritte Welt e. V（Hrsg），Freiburg 1983，S. 378.

③ Falk Rainer，*Die heimliche kolonialmacht*：*Bundsrepublik und Dritte Welt*，Pahl-Rugenstein Verlag GmbH，Koeln，1985.

第四点计划和马歇尔计划，认为二战后在亚非国家发生的民族民主革命，特别是印度、印度尼西亚、中国、朝鲜、印度支那的革命运动对美国和西方世界提出了巨大的挑战。为了防止新独立的国家和地区因为贫困和不满"落入苏联的势力范围"，美国国会于 1950 年 6 月 5 日通过了《对外经济援助法》，并设立了国际开发咨询委员会和技术合作署，大力推行对不发达国家和地区的技术与资金援助，以防止这些国家和地区倒向社会主义阵营，同时向西方盟国施加种种压力以配合美国上述战略。20 世纪 50 年代，作为深受美国影响和支配的、主权尚不完整的联邦德国，在发展援助问题上同样受到美国的巨大压力和影响，被纳入东西方冷战的大框架之中，其发展援助的中心目标之一就是遏制苏联。对此，联邦经济合作部明确承认，在东西方冷战大背景下，发展援助资金优先服务于两个目标：一是作为与民主德国争夺发展中国家的工具；二是与北约集团各国联合抗击苏联集团的需要。①

　　另外，在联邦德国发展援助政策起源上，除冷战这一主要因素外，德国学者还提到了联邦德国发展援助政策还受以下因素影响：一是国际上发展援助的几个历史文件的影响。例如 1929 年英国《殖民地发展援助法》、1941 年《大西洋宪章》第五点、《联合国宪章》第一条第三款等。二是德国发展援助传统的影响。例如，许多学者认为联邦德国官方发展援助并不是二战后从零起步，而是应该追溯到德国与海外许多国家和地区悠久的历史联系，特别是与东非、西非、东亚殖民地的联系。三是歌德学院、德国学术交流中心（Deutscher Akademischer Austausch Dienst，DAAD）和教会发展援助机构的历史作用和在二战后的活动。一些学者特别指出教会和一些民间福利机构在二战后对解决欧洲难民问题的贡献以及它们在不发达地区的工作，认为它们的工作推动了官方发展援助政策的形成。四是工商界的推动作用。一些学者认为随着战后德国经济的恢复和发展，德国工商界急需新的海外市场，因此发展援助政策必不可少。为此许多受工商界支持的援外活动集团对政府和议会做了大量工作。

　　由此可见，联邦德国发展援助政策的形成有一个从历史到现状、从国外到国内、从民间到官方的过程。而且该政策从形成之日起就是一个由国际政治、对外政策、经济利益等多重目标、多种利益构成的复合利益政策。

---

① 　BMZ，*AUF AUGENHOHE*，*50 Jahre Bundesministerium fuer wirtschaftliche Zusammenarbeit und Entwicklung*，2012，S. 32.

第二节　联邦经济合作部的成立与初期建设
（1961～1974 年）

20 世纪 50 年代中期以后，联邦德国的发展援助资金迅速增加。1960 年官方发展援助已占国民生产总值的 0.31%，达到 9.38 亿马克，具备了一定规模。然而，随着援助规模的扩大，联邦德国发展援助政策早期所具有的机构庞杂而混乱的矛盾日益突出。20 世纪 50 年代中期以后，越来越多的官方部门和私人机构进入发展援助领域。在联邦一级主要由联邦外交部和联邦经济部负责对外发展援助，但其他职能部门，如联邦财政部（BMF）、联邦国防部（BMVg）、联邦粮食与农林部（BMEL）、联邦教育与研究部（BMBF）、交通部等也部分参与执行这一政策，联邦议会也对这一政策有发言权。州县等地方政府及一些官方、半官方专门机构也参与这一政策的执行。这就使联邦德国发展援助政策的制定与执行呈现非常复杂的格局，许多领域常常权限重叠，矛盾重重，导致政府对发展援助重点与利益考虑不周。经济部提供发展援助的目的主要是促进出口，外交部主要考虑对外政策的需要，议会则更多地从人道主义原则来讨论发展援助资金的支出。这些都说明联邦德国发展援助政策职权范围的分散与混乱，这一时期的发展援助政策的职权"就像喷壶一样分散"[1]，各部门之间存在很大的矛盾，政府需要及时理顺各方关系。与此同时，新教和天主教两大教会以及一些基金会也成立相关发展援助机构介入发展援助领域。在这种情况下，联邦德国的发展援助政策需要有一个统一的负责制订计划和纲领以及进行监督的机构，议会也强烈要求建立一个能协调各发展援助政策部门关系的机构。

在 1961 年议会选举中，联邦德国联盟党失去了绝对多数议会席位，被迫组成联合政府。考虑到各方面的原因，1961 年 11 月 14 日阿登纳政府决定成立联邦经济合作部[2]，并任命瓦尔特·谢尔（Walter Scheel）担任第一任部长（任期从 1961 年至 1966 年）。联邦经合部的建立无疑是联邦德国发展援助政策发展史的一个重要里程碑。该部通过不断的机制建设，逐步掌握了发展

---

[1]　BMZ, *AUF AUGENHOHE*, *50 Jahre Bundesministerium fuer wirtschaftliche Zusammenarbeit und Entwicklung*, 2012, S. 32.

[2]　联邦经济合作部于 1993 年 1 月 22 日改名为联邦经济合作与发展部（Bundesministerium für wirtschaftliche Zusammenarbeit und Entwicklung），本书统一简称为联邦经合部。

援助政策的制定和实施，在发展援助政策中实行一元化领导，这种发展援助行政体制在西方国家中独树一帜，被称为德国模式。

联邦经合部成立后，前四任部长任内工作重点之一，就是不断完善以联邦经合部为主的发展援助机制。

在1962年1月29日联邦总理府发布的公告中，联邦经合部的职责仅是协调联邦发展援助政策。财政援助和技术援助的权限仍在联邦经济部和联邦外交部手中，各项援助计划和准备工作由每个专门机构（联邦粮食与农林部、联邦交通部、联邦教育与研究部等部门）负责。随着援助规模的扩大和援助形式的多样化（如新出现了社会结构援助、教育援助、进修提高等援助形式），更多部门介入发展援助领域。1963年11月联邦法院专家鉴定报告指出，有16个部门提供了271份关于发展援助政策的专业报告。在这种情况下，职权交叠和重复劳动的现象非常严重，深入协调各部门不可避免。1964年2月23日联邦总理府公告，赋予联邦经合部制定发展援助政策基本原则和计划的权限以及执行技术援助的权力。1972年12月15日，联邦经合部又获得了执行财政援助的权限，从而真正成为一个能够制订计划、提出基本原则、总体协调并拥有双边和多边援助权限的发展援助政策的专管部门。[①] 需要提到的是，谢尔担任部长期间，在不断强化联邦经合部权限的同时，也注意建设以联邦经合部为指挥中心的由半官方、民间组织等发展援助机构［如发挥德国复兴信贷银行（KfW）、德意志国际发展基金会（Deutsche Stiftung fiir internationale Entwicklung，DSE）、德国投资与开发有限公司（DEG，简称德国投资开发公司）］构建的发展援助网络机制的作用，加强经济界、教会等在发展援助领域的作用。

谢尔考虑到联邦德国所处的外部环境特点以及自身利益，认为发展援助政策的重点应当服务于外交与政治战略需求，如满足盟国需求，通过加强发展援助资金"阻止共产主义在第三世界的扩张""赢得发展中国家好感以便获得联合国中的多数票""与民主德国争夺的需要"，等等。与此同时，考虑到联邦德国在世界上获取资源和扩展市场的需求，谢尔提到了"不仅要考虑东西方对峙，也要兼顾南北关系"[②]。

---

① BMZ, *Journalisten-Handbuch Entwicklungspolitik 1994*, Bonn, 1994, S. 18.
② BMZ, *AUF AUGENHOHE*, *50 Jahre Bundesministerium fuer wirtschaftliche Zusammenarbeit und Entwicklung*, 2012, S. 34.

在这段时间，联邦德国的发展援助资金增长较快。1961 年官方发展援助为 14.6 亿马克，到 1965 年，官方发展援助达到 18.24 亿马克。

从 1965 年开始，联邦德国经济遭遇危机，经济增长速度下降，失业率上升。1966 年，德国基督教民主联盟（简称基民盟）/德国基督教社会联盟（简称基社盟）（CDU/CSU）与德国自由民主党（简称自民党，FDP）组成的联合政府下台，基民盟/基社盟与德国社会民主党（简称社民党，SPD）组成大联合政府，社民党人汉斯－于尔根·维施内威斯基（Hans-Juergen Wischnewski）担任联邦经合部第三任部长（任期为 1966~1968 年）。他考虑到联邦德国的经济形势和当时的国际背景，开始调整谢尔时期的发展援助政策，强调发展援助政策要对经济危机做出反应，要考虑联邦德国的经济利益，并对开拓海外市场发挥积极作用。他的政策被称为"外贸优先的发展援助政策"①。这与联邦德国政府"发展援助政策有义务服务于德国经济利益"的要求是吻合的。②

20 世纪 60 年代末 70 年代初，国际形势发生了重大变化：一是苏联在欧洲推行缓和政策，东西方关系有所改善；二是勃兰特政府上台后，努力推行"新东方政策"，同民主德国签订了基本条约，两个德国同时进入联合国。这些都直接影响到联邦德国的发展援助政策，即原先遏制民主德国的因素在发展援助政策中不再占优先地位，"哈尔斯坦主义"宣告破产，联邦德国的发展援助政策可以侧重其他的利益目标。60 年代末，受世界银行委托，皮尔逊委员会（the Pearson Commission）发表了《皮尔逊报告》，对联合国第一个十年发展援助成效进行了批评性的评估，特别对西方国家把发展援助作为经济意识形态和战略利益的工具提出批评，建议到 1980 年把官方发展援助提高到占国民生产总值的 0.7%。对此，时任联邦德国总理维利·勃兰特（Willy Brandt）在其第一份政府报告中就给予积极回应。③ 在此背景下，艾哈德·艾普勒（Erhard Eppler）在担任联邦经合部第四任部长期间（1968~1974 年），对联邦德国的发展援助政策进行了一场革新，其目标是改变过去侧重短期利益的政策，开始着眼于联邦德国的长期利益。1971 年 1 月 11 日，联邦德国政府制定了"联邦德国关于第二个

---

① Wolfgang Gieler, *Deutsche Entwicklungsminister von 1961 - 2008*, Bonn. S. 33 - 39.

② Jahresbericht Bundesregierung, 1966, S. 328.

③ BMZ, *AUF AUGENHOHE, 50 Jahre Bundesministerium fuer wirtschaftliche Zusammenarbeit und Entwicklung*, 2012, S. 61.

十年发展战略的纲领",承诺了国际社会关于发展援助政策的各项义务。该纲领对联邦德国发展援助政策的基本原则、目标、领域、措施等都做了详细的阐述,提出联邦德国与发展中国家的关系是"伙伴合作关系",而不是单纯的施舍性关系,并决定扩大援助范围。这是联邦德国关于发展援助政策的第一份系统的发展援助纲领。[①] 这一阶段联邦德国的官方发展援助继续增长,1974 年达到 37.2 亿马克,比 1961 年增长了约 1.5 倍。但官方发展援助在国民生产总值中所占比例并不高,1970 年仅达到 0.32%。

第三节　巩固与实用主义阶段 (1974～1989 年)

20 世纪 70 年代以后,世界局势出现一些新的变化,第三世界国家在国际舞台上日益活跃,影响越来越大。1973 年 10 月,第四次中东战争爆发后,石油输出国组织(OPEC)以石油为武器,采取提高油价、削减石油生产量、实行石油禁运等措施对西方国家施压,沉重打击了西方国家,并由此触发了西方国家一场严重的经济危机(1974 年),即所谓的石油危机。在这场危机中,缺少能源的联邦德国受到很大冲击。这一时期,第三世界国家与西方国家斗争的又一重大事件是广大第三世界国家要求改变不合理的国际经济旧秩序。1974 年 4 月,联合国大会通过了由 77 国集团起草的《建立新的国际经济秩序宣言》和行动纲领,对保证发展中国家对自然资源的主权、改善它们的贸易条件、克服其国际收支危机等方面做出了规定。1979 年在第五届联合国贸易和发展会议(United Nations Conference on Trade and Development,UNCTAD)上,广大发展中国家强烈要求限制发达国家的贸易保护主义政策,并要求美国、日本、联邦德国在三年内把对发展中国家的官方发展援助增加 1 倍。发展中国家这种为改善不合理的国际经济旧秩序的斗争,深深触动了包括联邦德国在内的西方发达国家。联邦德国开始将南北关系纳入其发展援助的客观背景之中。

1974 年 5 月,勃兰特因纪尧姆间谍案被迫辞职。面对日益壮大的第三世界国家的影响,继任的施密特不得不对外交政策和发展援助政策做出调整。联邦德国外交部认为应注意第三世界的作用,强调联邦德国对第三世界的政

---

① BMZ, *Die entwicklungspolitische Konzeption der BRD fuer die Zweite Entwicklungsdekade*, Bonn, 1971.

策已成为继西方政策、东方政策之后德国外交的第三根支柱。① 施密特政府也在一份提案中提到：联邦德国在加入西方阵营，并安排好同东方国家的关系后，应该不失时机地承担起它在联合国所负的责任，推行一种"面向南方的政策"，一种"第三世界政策"。②

发展援助政策一直是联邦德国扩大自己在第三世界国家影响的极其重要的手段。1974年2月，新上任的联邦经合部部长艾贡·巴尔（Egon Bahr）针对石油危机带来的变化，认为发展援助政策牵涉三类国家——石油输出国组织国家、发展中国家和工业化国家。发展中国家在石油危机中进一步分化为更加贫困国家和依靠出口的门槛国家。他提出要依据不同国家制定不同的援助政策。在发展援助理论方面，艾贡·巴尔提出，发展援助政策要考虑在相互依存日趋加强的背景下确定相互依存管理的概念；在外交领域突出发展援助政策，使其成为缓和南北关系的工具。③ 他还提出"总政策"这一新的概念。他认为发展援助政策是与贸易、经济和外交政策紧密联系在一起的政策，应从德国的总体政策出发来考虑和制定发展援助政策，特别应注重联邦德国的经济利益。1975年6月，联邦德国政府颁布了《联邦德国与发展中国家发展合作政策纲要》，主要内容如下。

（1）发展援助政策是联邦德国政府总政策的一部分。政府在推行这一政策时，要努力使发展援助政策的需要与联邦德国的利益保持平衡。

（2）促进石油输出国组织国家的发展进程，帮助其建立有效能的工业体系。

（3）联邦德国要在欧洲共同体内和联合国关税及贸易总协定的范畴内为向发展中国家提供贸易优惠而努力。

（4）对第三世界国家的援助将据其经济水平的差异而区别对待。在提供援助的方式和内容上也要求根据情况有所侧重。

（5）对发生粮荒的国家，联邦德国将其发展援助集中于促进这些国家发展农业的目标上，并提供必要的食品援助。

（6）联邦德国政府要做出努力，使联邦德国要求保障自己原料供应的利

① Franz Nuscheler, *Lern-und Arbei tsbuch Entwicklungspolitik*, Verlag J. H. W. Dietz Nachf, GmbH, Bonn, 1996, S. 381.

② 潘琪昌：《走出夹缝》，中国社会科学出版社，1990，第266页。

③ BMZ, *Jahresbericht Bundesregierung S554*, 1975. Bahr Egon, *Die neue wirtschaftliche Entspannung*, Globale konzertierte Aktion, Bonn.

益与发展中国家要求扩大出口和原料加工的利益结合起来。

玛丽·施莱（Marie Schlei）是联邦经合部第一任女部长（任期为 1976 ~ 1978 年）。在她任期内，发展援助政策具有重视多边外交和加强妇女在发展进程中的作用两大特点。这一时期联邦德国参与了很多国际经济领域的多边合作机制和协商，包括参与南北对话、签订《洛美协定》等重要活动。此外，联邦德国政府出台了《促进妇女在发展中国家作用》等文件，将加强妇女教育与培训、提高妇女奖学金、资助妇女创业等列入发展援助项目。[①]

20 世纪 70 年代末 80 年代初，国际形势发生了很多变化。1979 ~ 1980 年发生的第二次石油危机、1980 年发生的两伊战争、1979 年苏联入侵阿富汗以及中东局势再度紧张造成的美苏对峙加剧、新兴市场国家竞争力的加强等，以上事件造成石油价格飙升、国际市场竞争加剧，以及国际安全形势动荡。国际形势的变化给联邦德国政治和经济都带来很大压力，其发展援助政策也受到很大影响，如 1980 年联邦德国政府在发展援助资金中拨出专款应对阿富汗局势。[②]

20 世纪 80 年代，富国与穷国之间的经济差距日益扩大。以人均国民生产总值计算，1967 年发展中国家为 170 美元，西方发达国家为 2530 美元，两者之比约为 1:14.9。经过 20 年，到 1987 年，发展中国家人均国民生产总值为 720 美元（其中低收入国家仅为 290 美元），西方发达国家为 14580 美元，两者之比约为 1:20.3（西方发达国家和低收入国家人均国民生产总值之比约为 1:50.3）。1980 年，发展中国家在世界国内生产总值中所占比重为 19.3%，发达国家在世界国内生产总值中占 67%；到 1988 年，发达国家在世界国内生产总值中的占比进一步上升，达到 73%。面对这种情况，发展中国家一方面注重国内经济改革；另一方面致力于外部条件的改善，其中很重要的一点就是加强南北对话。在这一对话中，联邦德国表现得比较积极。联邦德国政府在 1980 年 6 月出台的 "发展政策基本纲要" 中承诺做出更多的努力。[③] 1980 年联邦德国政府发展援助的重点是：优先促进农业发展，满足食物基本需求；保护自然资源；优化能源结构，减少对外部原材料和石油的

---

① Marie Schlei, *Frauen im Entwicklungsprozess—neue Elemente unserer Entwicklungspolitik*, Bonn, 1977.

② BMZ, *Jahresbericht Bundesregierung*, 1980, S. 569.

③ BMZ, *Journalisten-Handbuch Entwicklungspolitik*, 1982.

依赖。它的地区发展援助重点是"非洲和亚洲最不发达国家"。①

20 世纪 80 年代中期,针对发展中国家所遇到的种种困难以及发达国家舆论界对发展援助政策的许多非议,联邦德国政府为自己的发展援助政策做了辩护,并对该政策进行了部分调整。在 1985 年联邦经合部的年度报告中,联邦德国政府告诫民众不应忘记自己曾经是受援国的历史,并从道德、经济和政治上承担起发展援助的责任和义务,指出对发展援助政策要有耐心,同时承认应面对新的挑战。1986 年 3 月 19 日,联邦德国政府发布新的《联邦政府发展援助政策基本方针》(以下简称《基本方针》),对 20 世纪 80 年代联邦德国的发展援助政策做了比较大的调整。在《基本方针》的前言中,联邦经合部部长瓦恩克(Warnke)指出,由于 80 年代中期发展中国家的债务、经济危机以及国际上对发展援助政策的广泛争议和反思,联邦政府有必要调整和重新确定自己的发展援助政策。他指出,新的发展援助政策方针应该注重发展中国家内部创造性力量的发挥,提出"为了自助的援助"观念(Hilfe zur Selbsthilfe),指出发展援助应讲究效率与成果控制,他还特别指出,帮助发展中国家与联邦德国的政治和经济利益是一致的。

《基本方针》引人注目地增加了"发展中国家的形势分析与结论"一章,开宗明义地提到 1960 ~ 1985 年发展中国家所取得的成果:1960 ~ 1985 年,国民经济每年增长 5%,1985 年的人均收入比 1960 年的人均收入增长了一倍;人均寿命从 1960 年的 42 岁提高到 1982 年的 59 岁,儿童死亡率同期下降了一半;最穷国家人均收入提高近 50%,基本生活需求也有了很大改善。同时,《基本方针》指出,在第三世界许多国家中绝对贫困和饥饿问题还未得到解决,帮助这些国家是发展援助政策的重要任务。这一章还专门对南北对话、南北关系进行了论述,强调各个层次的对话与合作;对债务问题也做了详细的分析,并决定减免最贫穷国家 40 亿马克的债务。

《基本方针》对发展援助政策的目标和基本原则有新的定位,指出发展援助政策的目标是"改善发展中国家人民的经济和社会处境,发挥其创造性,帮助其确保基本的生活条件,以获得自助的能力;促进地区合作;促进发展中国家与世界经济的一体化"。

《基本方针》将发展援助政策定位为"联邦德国总政策的一个组成部分,它与外交政策、经济政策紧密相连,是联邦德国多种利益的复合体",

---

① BMZ, *Jahresbericht Bundesregierung*, 1980, S. 9 - 10.

"还是一种推进世界和平的政策"。《基本方针》提出支持第三世界国家推进民主和法制建设。在具体援助目标上，允诺将努力使联邦德国对发展中国家的官方和私人援助总和达到国民生产总值的1%、官方发展援助达到国民生产总值0.7%的目标。在分析具体援助目标时，《基本方针》认为联邦德国的官方发展援助尽管没有达到联合国规定的指标，但要高于经合组织发展委员会成员国的平均值。[①]

20世纪80年代联邦德国官方发展援助的绝对值是逐年增加的。1980年，联邦德国的官方发展援助达到64.76亿马克，占国民生产总值的0.44%，其比率高于经合组织发展委员会成员国0.37%的平均值，其援助总额仅次于美、法两国，居西方国家第三位。1985年，联邦德国的官方发展援助为86.6亿马克，1989年为93.1亿马克。但联邦德国的官方发展援助在国民生产总值中的比例始终徘徊在0.4%左右，远没有达到联邦德国承诺的0.7%的承诺。

综上所述，可以看出20世纪80年代联邦德国政府在南北对话和向发展中国家提供援助方面持谨慎的积极态度，做了许多工作，也出台了一些政府文件，向国际社会做出了一些承诺。与美国等一些西方援助国相比，联邦德国在提供发展援助方面做得更主动、更积极。但是也应该看到，由于种种原因，联邦德国所提供的官方发展援助始终未达到联合国规定的指标，离发展中国家的要求差距还很大，远未达到与其经济实力相称的水平，这反映出联邦德国在执行发展援助政策时的保留界限，也反映出联邦德国与第三世界国家关系的局限性。

---

① BMZ, *Grundlinien der Entwicklungspolitik der Bundesregierung*, 1986.

第二章

冷战时期联邦德国发展援助政策运行的
宏观背景及特点

冷战时期联邦德国发展援助政策的运行，受到冷战大格局、东西德分裂、国际发展援助大格局等因素的制约，形成了自己的政策特点。

第一节　联邦德国发展援助政策运行的宏观背景

一　冷战大格局的影响

国际发展援助开始于第二次世界大战以后。二战后，有两个大背景对国际发展援助具有决定性影响：一是冷战的爆发，西方国家力求通过援助与社会主义国家争夺新独立国家。社会主义国家也有通过援助支持新独立的殖民地国家和人民反帝反殖民斗争的要求。因此国际发展援助从一开始就受到冷战的强烈影响。二是二战后越来越多的殖民地国家取得独立后，其经济、社会、文化均处于落后状态，独立后的国家都面临如何发展的问题，需要国际社会的援助。在这种背景下，东西方国家均对新独立国家十分重视并提供一些援助。其中无论就援助的数量和规模，还是就援助的机构和影响来看，西方国家均占据主导地位，而美国又在西方国家中居突出地位。据经合组织统计，1950～1955 年，西方国家向发展中国家提供的官方发展援助平均每年为 19.5 亿美元，1956～1959 年为 96.6 亿美元。1960 年美国的发展援助占西方国家官方发展援助总额的 60%，西欧和日本的发展援助共占官方发展援助总额的 40%。

二战结束后，美国于 1947 年制定了马歇尔计划，向西欧国家和日本提供了大量援助，使西欧和日本的经济迅速复兴。这种成功的经历在政治上和经济上对西方国家以后向发展中国家提供发展援助产生了较为广泛、深远的影响。1949 年 1 月 20 日，杜鲁门在其第二任期总统就职演说中提出了四点主要的行为原则，其中的第四点被称为"第四点计划"。"第四点计划"是美国对不发达国家制订的第一份援助计划，其目的一是"防止不发达国家因贫困倒向共产主义"，二是维护西方长远的经济利益。1950 年 6 月 5 日美国国会通过决议，把"第四点计划"引入《对外经济援助法案》的第四节"国际开发法案"，并且"第四点计划"开始进入实施阶段。此后美国又通过了"第 480 号公法"，建立了"开发贷款基金"，成为西方国家中援助额最大、态度最积极的国家。与此同时，美国还向西方盟国施加压力，要求其共同参与和负担发展援助。在这种情况下，西方各国先后制订了自己的援助计划并采取了一些援助措施。

联邦德国建立本身就是冷战的产物。建立初期，它的主权并不完整。在外交上几乎没有什么自主活动空间。联邦德国外交政策协会研究所所长卡尔·凯泽教授在评论本国外交政策时说"对两个德国来说，不是政权造就外交政策，而是外交政策造就政权"[1]。在这种情况下，美国对联邦德国对外政策的影响是举足轻重的，在发展援助政策方面亦不例外。德国许多有关发展援助政策的著作和文章都谈到了"在美国压力下产生的发展援助政策"[2]。联邦德国学者法尔克·瑞讷（Falk Rainer）对此十分气愤。他在其著作中指出："尽管联邦德国在 1957～1959 年向国际多边发展援助机构提供的资金超过包括美国在内的其他西方国家，但是美国还是对波恩施加了更大压力，让联邦德国掏出更多的发展援助资金。"美国的压力在 1958～1962 年特别明显。1960 年春天美国助理国务卿迪龙要求联邦德国政府必须每年拿出 30 亿马克用于在不发达地区与苏联进行意识形态争夺。1960 年秋天，美国时任总统德怀特·戴维·艾森豪威尔（Dwight David Eisenhower）写信给联邦德国政府，要求其增加发展援助和对北约的资助。1961 年 2 月，刚上台的美国时任

---

① ［联邦德国］卡尔·凯泽：《转变中的德国外交政策》（英文版），牛津大学出版社，1986 年 1 月，转引自《走出夹缝》，第 2 页。

② Marcel Schwichert, *Entwicklungszusmmenarbeit der BRD veraenderungen in den achtziger Jahren*, Giessen, 1990, S. 8 und Aktion Dritte Welt e. V（Hrsg），*Entwicklungspolitik-Hilfe oder Ausbeutung?* Freiburg, 1983, S. 32. v.

总统约翰·F. 肯尼迪（John F. Kennedy）会见联邦德国大使时强调：联邦德国每年应拿出 40 亿马克支持国际发展援助基金。[①]

另外，从联邦德国政府制定政策的角度来讲，积极参加以美国为首的西方援助国集团，通过提供发展援助争取新独立的不发达国家倒向西方国家一边，或至少保持中立，是联邦德国与西方国家共同的战略目标，也符合联邦德国的根本利益。在联邦德国发展援助政策众多利益考虑中，最重要的无疑是对外交和安全利益的考虑。联邦德国政府认为，联邦德国位于东西方冲突最前线，安全保障时刻受到威胁，要想保证国家的安全，必须倒向西方一边，依靠大西洋联盟的支持和北约的保护。从这一前提出发，尽力增强西方集团的实力和威慑力是安全保障的重要基础，而发展援助政策则是加强西方国家的全球战略地位的一个重要工具。当然联邦德国奉行积极的发展援助政策还有其他利益目标。然而在冷战条件下，与东方集团争夺第三世界国家，无疑是贯穿整个冷战时期的核心因素，也是规范联邦德国发展援助政策的主要基础。

二 东西德分裂的影响

德国分裂是冷战的产物。联邦德国领导人从筹建国家之日起便把统一德国作为国家的中心目标，联邦德国《基本法》开宗明义地写道，该法是德国西部各州人民"怀着维护自己民族和国家统一的意愿"制定的。联邦德国政府成立后，宣布"德意志联邦共和国在德国获得完全统一之前是德国人民唯一合法的国家组织，对生活在苏东地区的 1800 万德国人负有责任"。此后 20 余年中，联邦德国政府一直坚持代表全德国的"单独代表要求"[②]。联邦德国与苏联建交后，为了防止与联邦德国建交的国家也与民主德国建交，于 1955 年推出"哈尔斯坦主义"。这一主义强调联邦德国与苏联建交是一个特殊的例外，因为苏联是四大战胜国之一，对德国的统一负有责任，所以与苏联建交是必要的。联邦德国政府同时指出，联邦德国政府不能允许同它保持正式关系的第三国与民主德国建交，否则联邦德国政府将采取必要的措施。[③]"哈尔斯坦主义"对联邦德国发展援助政策的影响是重大的，因为在将近 15

---

① Falk Rainer, *Die heimliche koloniamacht：Bundesrepublik und Dritte Welt* Pahl-Rugenstein Verlag GmbH, koeln, 1985, S. 28.

② 潘琪昌：《走出夹缝》，中国社会科学出版社，1990 年，第 7 页。

③ 潘琪昌：《走出夹缝》，中国社会科学出版社，1990 年，第 54 页。

年里（1955～1970 年），"哈尔斯坦主义"与发展援助政策直接挂钩，既是联邦德国政府发展援助政策中最重要的因素之一，也是联邦德国提供发展援助的前提条件。1957 年南斯拉夫与民主德国建交，10 月 18 日，联邦德国政府依据"哈尔斯坦主义"的原则，与南斯拉夫断交。联邦德国政府一直向南斯拉夫提供援助以取得南斯拉夫的让步，然而这种努力失败了。1963 年，古巴和民主德国建交后，联邦德国立即停止了对古巴的发展援助并断绝了同古巴的外交关系。这些例证足以说明，联邦德国是把发展援助政策与"哈尔斯坦主义"直接挂钩的，是以不承认民主德国为前提条件的。[1] 发展援助政策是维护联邦德国"单独代表要求"和孤立民主德国的工具。在勃兰特政府推出新东方政策后，"哈尔斯坦主义"宣告破产，但联邦德国利用发展援助政策与民主德国争夺第三世界国家的基本考虑一直未变，这一政策一直延续到两德统一时期。

三 国际发展援助大格局的制约

从本质上讲，发展援助行为是一种国际行为。一国的发展援助政策也不同于一般的对外援助，它除了要受国内政策和一些国际环境的制约外，还要受国际发展援助格局的制约，这是发展援助政策的一个重要特点。国际发展援助大格局是指各类国际或地区性发展援助机构的多边援助行为、援助国的双边发展援助行为以及受援国对双边或多边发展援助行为的反馈、互动所构成的一种状态。国际发展援助大格局中至少有三个基本角色。

（1）国际与地区多边发展援助机构：主要由联合国发展援助机构、国际金融机构及地区发展援助机构组成。

（2）三大发展援助集团：一是西方发展援助国集团，主要构成形式是经合组织发展委员会；二是阿拉伯产油国发展援助国集团；三是原苏东地区国家发展援助国集团。在三大集团中，东西两大集团是竞争的主角，它们的竞争构成了发展援助国关系的基本内容，反映了冷战时期国际关系的一个侧面。在三大集团中西方发展援助国集团在援助金额和规模等方面无疑占有很大优势。表 2 - 1 显示世界上主要援助国集团在官方发展援助中所占比例。

---

[1] Aktion Dritte Welte. V (Hrsg), *Entwicklungspolitik-Hilfe oder Ausbeutung?* Freiburg, 1983, S. 35. und Falk Rainer, *Die heimliche koloniamacht: Bundesrepublik und Dritte Welt*, Pahl-Rugenstein Verlag GmbH, koeln, 1985, S. 28.

表 2 - 1　世界上主要援助国集团在官方发展援助中所占比例

単位：%

	1970 年	1980 年	1985 年	1990 年	1993 年
经合组织发展委员会	83	75	80	87	97.5
石油输出国组织中的 阿拉伯产油国	12	20	10	9	2
原苏东地区社会主义国家	5	5	10	4	—

资料来源：Dieter Nehlen，*Lexikon Dritte Welt*，Hamburg，1989，S. 509. OECD，"Development Cooperation，Reports 1991 - 1994"，Paris 1991 - 1995。

（3）由南方国家组成的一些国家集团：如不结盟运动、77 国集团等，它们在国际舞台上团结战斗，为建立一个公正合理的国际政治经济秩序进行了坚持不懈的斗争。它们的努力包括改革关于国际发展援助政策的一些主张，这些主张对国际发展援助政策产生了重大影响。

联邦德国的发展援助政策受到上述三个基本角色的很大牵制和影响。

首先，联邦德国参与了联合国发展援助系统、世界银行发展援助系统和几个地区开发银行及欧共体发展援助机构。1950～1991 年，联邦德国共向上述国际发展援助机构提供了 476.34 亿马克的官方发展援助，占同期联邦德国官方发展援助的约 30%，[1] 许多德国专家在这些机构工作。联邦德国发展援助政策对国际多边发展援助机构产生了一定影响，同时，联邦德国发展援助政策也符合这些机构的惯例和规则，如联邦德国承诺早日达到联合国规定的官方发展援助占国民生产总值 0.7% 的指标。

其次，联邦德国是西方发展援助国集团中的主要援助国之一，在东西方发展援助中扮演了重要角色，这一点已在本节第一个问题中得以阐述，此处不再赘述。

最后，在国际发展援助大格局中，南方国家扮演了重要角色。从发展中国家立场来看，西方发达国家的经济发展是以发展中国家过去数百年做出的重大牺牲为代价的，西方发达国家完全有责任和义务帮助发展中国家发展经济。为此，发展中国家展开了一系列斗争，如以石油为武器要求改变不合理的国际经济秩序的斗争，要求改革不合理的贸易政策的斗争，要求提高官方发展援助资金的努力，这些斗争部分反映在联合国制定的四个"十年国际发

---

[1]　Drucksache 12/4096 Tabelle 14.

展战略"中。例如，1980 年 9 月，联合国大会特别会议通过了联合国第三个"十年国际发展战略"，把它与建立国际新秩序直接联系起来。这一战略突出了南北对话中遇到的问题及解决措施。具体到发展援助方面，该战略要求发达国家大大增加对发展中国家的财政援助并将援助最不发达国家放在优先地位，规定"发达国家尽力在 1985 年以前，每年将官方发展援助增加到占国民生产总值 0.7%，并尽力达到 1%"，"流向最不发达国家的官方发展援助应成倍增长"。该战略还规定："援助条件应大大改善，提高平均减让率，并应不附带条件。改进援助手续，减少支付和使用障碍。"[①] 20 世纪 80 年代发展中国家要求改善和增加发展援助的呼声一直很高，它们要求西方国家增加援助数额，改善援助条件，延长援助资金的使用期限，不附带必须用援助资金购买援助国商品的条件，增加援助中的赠予部分，取消援助中不合理、不平等的条件，对发展中国家的援助应当有助于其建立独立的民族经济等。在历届联合国贸易和发展会议、工业发展组织大会、国际经济合作会议等重要国际会议上，发展援助始终是重要议题之一。发展中国家的上述斗争对联邦德国发展援助政策产生了重大影响。1971 年 1 月 11 日，联邦德国政府制定了《联邦德国关于第二个十年发展战略的纲领》，向国际社会承诺了发展援助政策的各项义务，提出联邦德国与发展中国家的关系是"合作伙伴关系"。1974 年 5 月，施密特政府对发展援助政策进行了调整，提高了发展援助政策的地位。[②] 1975 年 6 月，颁布了《联邦德国与发展中国家合作政策纲要》，将南北关系纳入发展援助政策的宏观背景之中。

　　以上这些都说明，在联邦德国发展援助政策的制定和执行中，国际发展援助各个系统、各种力量起了很大作用。联邦德国发展援助政策受到了国际发展援助大格局的制约和影响。

第二节　联邦德国发展援助政策运行的特点

一　政治利益与经济利益并重

　　西方几个大的援助国，除了"与苏联东欧国家争夺第三世界国家"这一

---

①　《世界经济百科全书》，中国大百科全书出版社，1987 年，第 454 页。

②　Franz Nuscheler, *Lern-und Arbeitsbuch Entwicklungspolitik*, Verlag J. H. W. Dietz Nachf. GmbH, Bonn, 1996, S. 381.

共同的战略考虑之外，在发展援助政策方面，还有各自不同的国家利益。因此，在制定和实施发展援助政策方面，各有其特点。法国双边发展援助的受援国主要是原法属殖民地国家，法国把发展援助看作保持与这些国家联系以及维护在这些国家中产生影响的重要手段。在西非原法属殖民地国家，法国甚至不愿让其他援助国插手对这些国家的发展援助，因此有人称法国的发展援助政策是"用另一种方式使殖民地政策延续"的政策。法国的双边发展援助大部分给了原法属非洲殖民地国家或地区，在冷战时期，法国官方发展援助的87%为双边援助，其中90%又集中在法语国家和地区。

英国力求通过发展援助加强英联邦，维持、提高自己的国际地位，所以英国发展援助政策的重点放在英联邦中的贫困国，英国将双边援助的72%提供给英联邦成员国中的32个发展中国家，努力缩小英联邦内部国家之间的贫富差距。

美国往往从自己的全球战略出发，以维护西方安全、推广所谓西方民主制度为出发点，对那些具有重要战略意义的国家，如以色列、埃及等，往往投以重资，所以美国发展援助政策的外交和安全目的比其他援助国都突出，其发展援助政策被称为"在外交政策阴影下的发展援助政策"[1]。

北欧国家一般更多地从人道主义角度出发，实施发展援助，这与它们高度完善的福利制度和高水平的人均国民收入、积极中立的外交政策相一致。例如瑞典的官方发展援助的80%集中于贫困国家，瑞典提供发展援助的条件也十分优惠，1978年赠予的发展援助占实际的发展援助的99.9%。

日本早期发展援助与战争赔款有直接的联系，在经济高速增长时期又成为经济发展战略的一部分，"对促进最不发达国家的经济发展做出贡献的同时，还必须适应我国经济发展方向，为扩大输出市场、确保重要原料输入市场做贡献"[2]。在成为经济大国后，日本的发展援助更加倾向与西方的战略利益、本国的政治外交和经济利益挂钩，援助重点始终在亚洲。

比起其他西方援助国，联邦德国的发展援助政策利益分布比较均衡，可以概述为政治利益与经济利益并重。

第一，从战略和外交利益的角度来看，联邦德国的发展援助政策主要是配合以美国为首的西方集团遏制以苏联为首的东方集团的需要，通过发展援

---

[1] Reinold E. Thiel（Hrsg），*Entwicklungspolitiken – 33 Geber Profile*，DUEl Hamburg，1996，S. 99.

[2] 〔日〕通商产业省：《经济协力的现状和问题点》，1958年，导言部分。

助来防止不发达地区的人民和国家倒向苏东集团一边。德国推行"哈尔斯坦主义",直接把对外发展援助与"哈尔斯坦主义"挂钩。德国是战败国,主权尚不完整,希望通过发展援助扩大外交影响,提高自己的国际地位。

第二,从经济利益来看,联邦德国把发展援助作为开拓海外市场、促进海外投资、确保海外资金、扩大海外影响、满足联邦德国工商界需要的手段。联邦德国是一个资源贫乏、工业潜力巨大、经过两次世界大战又失去了所有传统海外市场的国家。随着经济的恢复和发展,联邦德国很快成为世界经济大国,对海外市场的依赖性增大。通过发展援助政策来确保在一些重要的不发达国家的市场和原料来源,对联邦德国来讲是一件绝对需要做的事情。

1960 年联邦德国从发展中国家进口原料和初级产品价值达 109.76 亿马克,占进口总额的 25.7%;出口 108 亿马克,占出口总额的 22.5%。1989年从发展中国家进口总额达到 795.3 亿马克,出口总额达到 788.4 亿马克。联邦德国在许多所需的工业原料和食品上对发展中国家依赖性很大,有些工业原料和食品甚至完全从发展中国家进口。因此,联邦德国格外注重发展援助中的对外经贸利益,将其作为确保原料供应和产品输出的有力工具,许多发展援助直接投资于发展中国家的原材料工业。可见,作为世界的主要经济大国,二战后又丧失部分主权和主要海外市场的联邦德国既重视国家安全利益,也重视经济利益,把经济利益视为事关国家生死存亡的大事,把发展援助政策作为同时确保政治利益和经济利益的工具。

二 形成一套独特的发展援助机构

西方发达国家的发展援助行政体制,大体上分为三种类型。第一种类型是设置专管援助的部委(如德国),由它全面负责发展援助计划的制订,规范各执行部门的权力并协调它们之间的关系,对发展援助实行一元化领导。第二种类型是外交部管辖下的发展援助专管机关(如美、英、加等),这一类型突出了外交部的一元化领导。第三种类型是多元分权的援助机关(如日本、法国等),在这种体制中,发展援助政策的决策权力分散于多个政府行政部门,各部门机关在其所管的政策范围内能够自行决策,对于超过一个部门或机关所管范围的政策问题则由有关部门或机关协商决定。[①] 与其他国家

---

① 张光:《日本对外援助政策研究》,天津人民出版社,1996 年,第 146 页。

相比，德国发展援助政策由一个正部级单位联邦经合部负责，其机构规格相对高一些，权限也相对集中。但由于发展援助特有的复杂程序和多方面的因素，这一政策在决策与执行过程中仍呈现出复杂的权力分配结构。

按照 20 世纪 90 年代德国发展援助机构的划分标准，德国发展援助机构可以分为三大类：官方发展援助机构、发展援助政策准官方和半官方执行机构、非政府组织发展援助机构。

（一）联邦德国官方发展援助机构

1. 官方发展援助机构分为联邦和地方政府两级。联邦一级的发展援助机构主要是联邦经合部，它是联邦德国主管发展援助政策的部门，其权限是：制定发展援助政策的基本原则、纲领和标准；制订发展援助计划，与发展中国家进行谈判并做出发展援助的项目决定；为双边和多边援助提供资金，进行项目控制和协调；在发展援助方面与非政府组织进行合作；监控资金的使用；与其他援助国和国际多边援助机构进行协调和做出一些共同的决定。

由于发展援助政策与德国外交、经济、安全等政策密切相关，因此发展援助政策必然牵涉其他一些政府部委的利益和职权，这决定了这些机构必然在一定程度上参与发展援助政策的制定与执行。

（1）联邦总理府。在涉及与内外总政策相关的发展援助政策时（例如战略方向的确定、制定预防性安全政策、为西方七国首脑会议提供战略报告等），往往由联邦总理府组织协调，联邦外交部、联邦经济部、联邦国防部、联邦经合部等部委共同参与。

（2）联邦外交部。联邦外交部直接或间接参与部分发展援助政策的制定和执行，例如提出一些政治标准，参与发展援助项目的决定、执行过程以及发展援助资金的地区和国家分配，考虑发展援助政策中的外交利益，执行人道主义紧急援助等。

（3）联邦财政部。联邦财政部是联邦政府中权限很大的一个部门，财政部长可以对内阁会议做出的有关联邦预算的决议表达意见，可以通过预算这一手段干预其他部委的计划，包括与议会财政委员会一起对发展援助资金预算做出决定，参与决定减免发展中国家债务等。

（4）联邦经济部。联邦经济部主要负责指导和管理国内外工商经济活动，在涉及与发展中国家的经济关系时，常常与联邦经合部进行协调。它还负责一个跨部委员会，该委员会通过对发展中国家提供出口担保等手段，对德国与发展中国家的经济关系，包括发展援助政策领域的一些经济关系产生影响。

（5）其他一些部委，如联邦交通部、联邦邮电部、联邦教育与研究部、联邦粮食与农林部等也在执行具体发展援助项目上拥有一些权力和影响。

（6）联邦议会在发展援助政策上也具有一定的权限。在议会的 22 个常设委员会中，对发展援助政策可以产生影响的主要有：经济合作与发展委员会、预算委员会（Haushaltsausschuss）、财政委员会（Finanzausschuss）和经济委员会（Wirtschaftsausschuss）。议会对发展援助政策的影响主要体现在两个方面：一是审批每年一度的发展援助预算案；二是审议政府发展援助政策的报告。

2. 德国是一个联邦制国家，行政上可分为联邦、州和地方三级政府，州和地方政府（包括市、县、乡镇）都有自己的立法权和行政权，有自己的税收和财政，在发展援助方面也有自己相对独立的政策。

从州一级政府来看，各州州长联席会议先后于 1962 年 5 月 4 日、1977 年 10 月 28 日、1988 年 10 月 28 日、1994 年 11 月 1 日做出四个决议，明确了各州的发展援助义务：

——在人员培训方面发挥特殊作用，包括职业教育、专业人员培训、提供奖学金等；

——进行科学、技术、教育、文化、卫生等领域的合作与交流；

——保护自然环境和资源；

——帮助发展中国家农村和乡镇发展。

与联邦政府不同，州一级政府一般不设专门负责发展援助政策的部门，往往由州经济与交通部兼管。在州与联邦之间有一个"联邦－州发展合作委员会"，负责协调联邦与州之间的发展援助事宜。[①] 1962 年至 1994 年，各州提供的发展援助资金为 23 亿马克。[②]

地方政府，诸如市、县、乡镇都有自己的一些机构负责发展援助事宜。地方政府的发展援助项目主要集中于教育、卫生与健康、社会福利、地方政府合作、文化等方面。地方政府的发展援助政策有自己的特点，至少有两个支柱：一是地方政府与发展中国家相应机构之间在历史上形成的伙伴关系。例如 1960 年布伦瑞克和万隆（Braunschweig-Bandung）、1964 年科隆和突尼

① BMZ, *Journalisten-Handbuch Entwicklungpolitik 1996*, Bonn, 1996, S. 69.
② BMZ, *Gemeinsam fuer die Eire Welt*, 1996, S. 90.

斯（Koeln-Tunis）、1966 年斯图加特和孟买（Stuttgart-Bombay）等城市缔结了友好城市关系。二是 20 世纪 70 年代以来公众对发展援助政策日益增长的关注，以及许多地方非政府组织在发展援助方面的活动。由于地方发展援助项目大都是灵活实用的小型项目，效果比较显著，因此地方政府的发展援助活动得到联邦政府和州政府的支持，也得到联邦议会的认可。

（二）联邦德国发展援助政策准官方与半官方执行机构

发展援助政策准官方和半官方执行机构的设置，是联邦德国发展援助机构的一个特点。这些机构的共同之处在于：它们都不是政府部门，是依据私法建立的机构；它们的资金绝大部分来源于政府部门；它们都是联邦政府发展援助政策的执行机构，负责不同范围的发展援助项目的执行工作。

准官方与半官方执行机构的不同之处在于，两个准官方执行机构——德国复兴信贷银行和德国技术合作公司（GTZ）的职权几乎等同于政府部门，权力很大。例如德国复兴信贷银行是德国主要负责官方财政发展援助的执行机构，直接参与联邦政府发展援助项目的谈判审议过程，具体实施各个项目的贷款计划。德国技术合作公司负责向发展中国家提供技术援助，参与政府向发展中国家提供技术援助项目的立项工作。

半官方执行机构基本上是发展援助执行部门，不参与政府间谈判，它们依据各自特点分别负责技术援助、财政援助或人员援助。主要的半官方机构有：德意志国际发展基金会、德国发展服务中心（DED）、卡尔·杜伊斯堡协会（CDG）、德国学术交流中心、歌德学院（GI）等。

（三）非政府组织发展援助机构

在联邦德国发展援助政策中，非政府组织扮演着重要角色。非政府组织主要有教会援助机构、政党基金会（也称政治基金会）和自由非政府组织（Freie NRO）。

教会在德国发展援助中发挥着很大作用，德国教会主要是基督教新教和天主教两大教会。新教的发展援助机构主要有：基督教发展援助中心（EZE）、面包为了世界（BfdW）、海外服务中心（DUE）、德国基督教布道会（EMW）、教会发展中心（KID）、国际基督教专业组织。天主教会的发展援助机构有：天主教发展援助中心、同情与帮助（Misereor）、发展援助社团（AGER）。[①]

---

① Handbuch fuer Internationale Zusammenarbeit II A 91, S. 50.

教会可以利用基督教在世界各地的组织网络实施发展援助，在组织上有其优势。教会的发展援助重点符合国家发展援助政策的基本准则，但教会更重视"道义原则"，提出"为世界和平与正义做贡献""将基督之爱作为行动的动机"等口号，宣传发展援助符合基督教教义的原则，认为发展援助的理论基础之一是基督教慈善理论。①

各个教会发展援助组织经费来源不一，但基本来源有三个：一是政府资助；二是教会税收；三是各方捐款。

政党基金会是德国政治生活中的一个引人注目的现象，它在德国发展援助政策中扮演着特殊角色。

依据议会中的主要政党设置，德国共有五个政党基金会：属于社民党的艾伯特基金会（FES）、属于基民盟的阿登纳基金会（KAS）、属于自民党的诺曼基金会（FNS）、属于基社盟的赛德尔基金会（HSS）、属于绿党的彩虹基金会（SVR）。

各政党基金会的任务有国内和国际两大部分，发展援助政策是其国际任务的一个组成部分。各政党基金会的发展援助政策纲领基本遵循联邦经合部的纲领、原则和方针。各政党基金会的合作领域比其他专业机构的合作领域更广泛，且各政党基金会更注重教育培训和政治层面上的人事往来。因此，各政党基金会与受援国的政府、政党、工会、青年妇女、社会组织均有广泛联系与交往，合作形式也灵活多样。

除教会和政党基金会，还有许多非政府组织，这些非政府组织被称为自由非政府组织或私有机构（Private Traeger）。其中较大的有德意志世界饥饿救援会（Deutsche Welthungerhilfe）、儿童紧急救助会（Kindenothilfe）、德意志大学联合会（DeutscherVolkshochschulverband）、德国红十字会（Deutsches Rotes Kreuz）、第三世界青年（Jugend Dritte Welt）、援助第三世界医生联合会（Komitee Aerzte fuer die Dritte Welt）等。这些自由非政府组织的经费主要来自联邦政府的资助和社会各界的捐助。

联邦经合部要求这些机构符合发展援助政策的标准：

——应该是属于德国的公益性组织，有执行基本需求发展计划的经验；

——有援助能力且是非营利的、与发展中国家合作的组织；

---

① Beck'sche Reihe, *Jahrebuch Dritte Welt 1997*, C. H. Beck'sche Verlagsbuchhandlung, Muenchen 1993, S. 84.

——具有专业和行政能力，可以对受援国的发展项目有关人员进行培训。

自由非政府组织大部分为专业性援助团体或慈善性机构，均属于民间组织。它们大都与发展中国家的民间组织有着长期的合作关系，"这种关系使其合作比官方合作更为融洽，更少官僚主义，也更有效率"①。

综上所述，与经合组织发展委员会的其他成员国相比，德国的发展援助政策有下列特点。

（1）联邦政府有一个专门负责发展援助政策的部门——联邦经合部，它负责制定发展援助政策的基本准则，提供资助，控制发展援助项目进程，协调各执行机构关系，负责与受援国政府谈判，与其他援助国协调政策等。

（2）发展援助项目的执行是由两个准官方中心机构（德国复兴信贷银行、德国技术合作公司）以及数量众多的半官方机构和自由非政府组织承担。

（3）由于历史原因，财政发展援助和技术发展援助由不同的机构负责实施。

（4）德国发展援助机构驻发展中国家的代表处比起其他援助国驻发展中国家的代表处要弱得多（由于外交部的顾虑），许多发展援助项目的计划、执行、控制在相当大的程度上委托给当地人，这几乎已成为一种固定模式。联邦经合部仅在德国驻外使馆派驻26位代表以及24个项目管理办事处。

德国发展援助机构既有自己的长处也有不足之处。

其长处在于：存在一些强有力的执行机构，例如德国复兴信贷银行和德国技术合作公司，它们具有一支训练有素的专业人员队伍。这些机构在执行发展援助项目上表现出来的严谨、守信和高效举世公认。此外，众多不同层次、不同领域的非政府组织在发展援助方面所做的贡献，大大丰富了德国发展援助政策的内容。

其不足之处在于：（1）联邦经合部与德国复兴信贷银行、德国技术合作公司之间分工不清晰。联邦经合部的主管权不仅涉及发展援助的方针和政策的制定，还涉及每一个单独项目的计划和管理，这导致联邦经合部与德国复兴信贷银行、德国技术合作公司之间分工不清、权利重叠、互相扯皮的现象时有发生。（2）与其他援助国不同，德国将财政发展援助和技术发展援助分开的做法导致实际操作时产生许多困难。（3）德国发展援助机构相对弱小的

---

① E + Z, Jg. 37. 1996, S. 16.

驻外部门受到经合组织发展委员会的反复批评，因为这些驻外部门削弱了德国与受援国之间在发展援助方面的联系，使发展援助项目的计划和实施遇到一些困难。

三　态度相对积极，资金稳步增加

联邦德国出于自身利益的需要，如与民主德国争夺第三世界、确保国际市场和原料来源等战略和经济利益，对发展中国家采取了积极拉拢的态度。因为联邦德国不像英、法那样有原殖民地的负担，所以对受援国的选择更加广泛，更具全球性的特点。

20世纪70年代以后，第三世界国家在国际舞台上日益活跃，影响越来越大，它们以石油为武器的斗争沉重打击了西方国家，缺少能源的联邦德国也受到了很大冲击。70年代中期，发展中国家在世界政坛上发起了改变不合理的国际经济旧秩序的斗争，对西方国家的现存利益构成猛烈冲击。在这种形势下，联邦德国一方面与西方国家协调立场，采取对策；另一方面提高了第三世界在外交政策和国际战略中的地位，采取了一种积极的第三世界政策。1980年7月，联邦政府在发展援助政策基本方针中，强调应积极评价在和平、民主、自决权基础上的不结盟运动和民族解放运动，批评霸权主义和在第三世界国家建立势力范围的外部强权，强调应该改革旧的世界经济秩序。80年代末，面对第三世界国家的经济困境，欧共体国家持谨慎的积极态度，表示要通过"对话与合作"同第三世界国家建立相互依赖的"平等伙伴关系"。为此先后与非洲、加勒比和太平洋地区发展中国家签订了4个《洛美协定》；加强与拉美、东盟、地中海沿岸国家的经济联系；减免了部分发展中国家的债务等。这表明欧共体国家在与第三世界国家合作方面有一定的积极性，其中，联邦德国发挥了自己的作用。

1980年6月9日，"联邦政府发展政策基本纲要"提到了勃兰特委员会的影响，强调发展援助政策要执行全球的和平政策，缓和南北关系，促使世界经济一体化。根据该基本纲要，联邦德国支持第三世界国家的经济和政治独立，反对在第三世界划分势力范围；与其他援助国和国际社会一起与发展中国家建立伙伴关系，通过合作与妥协共同处理国际事务；提供更多的发展援助，致力于发展中国家的社会与经济进步，使世界市场机会更加平等；为消除大众性贫困和满足发展中国家人民的基本生活需求而努力，并将其作为发展援助政策的优先任务；支持发展中国家自助能力的提高和社会经济改革；尊重第三世界国家的主权和独特文化；将尽早达到官方发展援助占国民生产总值 0.7% 的指标。①

冷战时期，联邦德国政府放宽了一些援助条件，以减轻发展中国家的负担。例如，凡属于世界银行特殊优惠信贷之列的国家（人均收入在 835 美元以下），可以得到利率为 0.75%、期限为 40 年、宽限期为 10 年的贷款。照此规定，发展中国家有半数符合这个条件，这项金额占联邦德国财政援助的 60%。与此同时，联邦德国还在 1978～1987 年免除撒哈拉以南非洲 24 国共 42 亿马克的债务，1988 年 6 月又宣布免除撒哈拉以南非洲 6 国 22 亿马克的债务。在技术援助方面也做了一些工作，自 1980 年以后联邦德国先后向 60 多个国家派出了 700 多名专业技术人员，帮助发展中国家开展发展援助工作。

联邦德国政府对第三世界国家的政策较其他一些西方国家更积极，但它毕竟属于西方阵营的一员，在事关战略、政治、经济等重大问题上是站在西方国家一边的。这就决定了它与第三世界国家在根本问题上的分歧与立场上的差异，决定了联邦德国与第三世界国家关系上的局限性。

联邦德国对第三世界国家立场的相对积极与局限性这一矛盾，在发展援助资金上有充分的体现。1960～1989 年联邦德国官方发展援助如表 2－2 所示。1970～1989 年法、德、日、英、美五国官方发展援助对比如表 2－3 所示。

表 2－2　1960～1989 年联邦德国官方发展援助

单位：百万马克

年份	1960	1965	1970	1975	1980	1985	1989
ODA	938.8	1824.1	2202.8	4165.2	6476.1	8656.7	9309.7

表 2－3　1970～1989 年法、德、日、英、美五国官方发展援助对比

国家	1970 年		1975 年		1980 年		1985 年		1989 年	
	百万美元	占 GNP 的百分比（%）	百万美元	占 GNP 的百分比（%）	百万美元	占 GNP 的百分比（%）	百万美元	占 GNP 的百分比（%）	百万美元	占 GNP 的百分比（%）
法	971	0.66	2093	0.62	4162	0.63	3995	0.78	7450	0.78
德	599	0.32	1689	0.40	3567	0.44	3942	0.47	4948	0.41

---

① BMZ, *Journalisten-Handbuch Entwicklungspolitik*, 1982.

续表

国家	1970 年		1975 年		1980 年		1985 年		1989 年	
	百万美元	占 GNP 的百分比（%）	百万美元	占 GNP 的百分比（%）	百万美元	占 GNP 的百分比（%）	百万美元	占 GNP 的百分比（%）	百万美元	占 GNP 的百分比（%）
日	458	0.23	1148	0.29	3353	0.32	3797	0.29	8965	0.31
英	447	0.36	904	0.39	1854	0.35	1530	0.33	2587	0.31
美	3050	0.31	4161	0.27	7138	0.27	9403	0.24	7676	0.15
DAC	6811	0.34	13047	0.36	27296	0.37	29429	0.35	46711	0.33

资料来源：Drucksache 12/4096 Tabelle 18。

从表 2 - 2、表 2 - 3 可以看出，冷战时期联邦德国官方发展援助额逐年稳步上升，然而官方发展援助占国民生产总值的百分比在 1985 年达到 0.47% 的高峰后，逐年下降，一直未达到联邦德国所承诺的官方发展援助占国民生产总值 0.7% 的标准，与其他几个发展援助大国相比，除法国情况特殊外（法国对法语国家的官方发展援助一直很高），联邦德国的发展援助位居中上游水平，其总额在整个发展援助委员会国家援助总额中一直处于第三位或第四位，官方发展援助占国民生产总值的百分比处于中上游水平。从中可以看出，发展中国家在联邦德国对外政策中的地位，这反映出联邦德国在冷战时期对发展中国家相对重视的立场和较为积极的态度。

第三章

20 世纪 90 年代德国发展援助政策的
变化和特点

20 世纪 80 年代末 90 年代初，随着东欧剧变、德国统一、苏联解体，第二次世界大战后形成的两极格局不复存在，国际形势发生了巨大变化。各国纷纷对内外政策进行战略性调整。德国的发展援助政策也受到直接冲击。德国对发展援助的基本原则、援助重点、双边和多边发展援助等进行了重大调整。

第一节　德国发展援助政策基本原则的调整

德国统一后，德国政府对发展援助政策进行了多次调整，联邦经合部先后发表了许多有关文件，其中最著名的有：联邦政府关于发展援助政策的《第八份报告》（1990 年 5 月）、《90 年代发展援助政策的基本原则和必要条件》（1990 年 6 月）、《联邦政府关于发展援助政策新的标准》（1991 年 10 月）、《第九份报告》（1993 年 1 月）、《第十份报告》（1994 年 2 月）、《联合起来为了一个世界——第十份报告背景材料》（1996 年 4 月）、《联邦经济合作与发展部发展援助政策纲领》（1996 年 10 月）以及每年一册的《发展援助政策手册》《发展援助年度报告》。这些文件从不同角度对德国统一后发展援助政策的基本原则进行了阐述。这些文件的基本内容如下。

一　发展援助政策是确保全球未来安全的政策

冷战后，发展援助政策如何定位一直是包括德国政府在内的西方国家优先考虑的战略问题之一。经过一系列的磋商和研讨，1996 年，德国的《发展援助政策手册》提出了"发展援助政策是确保全球未来安全的政策"这一战略方针。

德国政府认为，解决当今全球性问题应成为发展援助政策的重点，其他与之相关的一系列问题有人口爆炸、环境破坏、难民和移民潮、分配不均、缺乏社会公平、地区冲突等。这些以及其他一些事关人类现在和未来的全球性问题应通过工业化国家和发展中国家一起合作予以解决。这里已不能仅仅针对某一个国家而考虑问题和采取行动，必须从世界整体和全球未来的视野考虑问题，并将发展政策作为解决以上问题和确保世界未来安全的政策。德国的利益与将来全球的发展紧紧联系在一起。通过发展援助阻止全球性危险的扩散，是德国发展援助政策的核心任务。也就是说，20 世纪 90 年代中期，德国政府判定冷战后西方国家既要应对全球性问题的挑战，确保世界未来安全，也要确保以西方国家为主的世界新秩序的稳定和安全。

为了确保未来安全，德国政府还把发展援助政策看作一种"和平政策"或"预防危机的政策"，以发展援助为手段，帮助第三世界国家解决内部纷争，预防新的民族主义冲突，消除大规模的移民和难民潮的根源。为此，德国政府采取了一些具体措施，例如推行一种有限制的武器出口政策，对发展中国家破坏和平和造成内战的政党施加尽可能大的影响，在联合国范围内为确保和平扮演建设性的角色等。

二　发展援助政策是德国总政策的一部分

德国政府对于发展援助政策在德国政府各项政策中的地位和作用的定位是：发展援助政策是德国总政策的一个重要组成部分。发展援助政策与外交、对外贸易、安全政策一样，都属于德国对外政策的一个重要组成部分。同时，发展援助政策也具有日益增长的内部政策的意义，因为它可以对所有德国人未来的安全做出贡献，它的计划、纲领对德国经济有很大影响。所以发展援助政策与其他政策一起构成了德国的总政策。

"发展援助政策是德国总政策的一部分"这一提法首次出现于1986 年《联邦政府发展援助政策基本方针》这一文件中。该文件确定发展援助政策与外交政策、对外贸易政策不冲突，它们在对第三世界政策方面可以互相补充，联邦政府运用发展援助政策支持不结盟运动、人权事业等。1996年联邦政府在《发展援助政策手册》中再次确定发展援助政策的地位，这不仅明确提出了发展援助政策在对外关系中的地位，而且赋予了它明确的内部政策的意义。德国政府对发展援助政策内容的表述也具有强烈的时代色彩，强调发展援助政策在解决难民问题、预防危机、促进发展中国家社会经济改革中的作用。

三　发展援助政策的目标和任务

德国发展援助政策的目标是在 1986 年 3 月《联邦政府发展援助政策基本方针》中确定的，"目标是改善发展中国家人民的经济和社会状况及发挥发展中国家的主动创造性力量"。冷战后联邦政府在新的发展援助政策纲领中调整和充实了发展援助政策的内容，新的内容包括以下要点：确保人们基本的生活前提，以使其可以抗御饥饿和贫穷；建立有活力的经济，这种经济适合各个国家特殊的条件，并作为源于自身力量发展的前提条件；为建立一种民主化的结构和社会多样性创立必要的环境；促进发展中国家在世界经济中的一体化进程；发展援助政策的目标应遵循全球可持续发展战略的要求。

对于 20 世纪 90 年代德国发展援助政策的任务，联邦政府认为主要是应付现实与未来的一些挑战。联邦政府认为由于贫穷及其后果，世界和平和人类未来正受到威胁，这些威胁包括：世界人口的增长、难民和移民潮、自然生态环境的破坏、日益增多的各国内战、艾滋病的蔓延、世界恐怖活动等。发展援助政策的任务就是在工业国和发展中国家进行合作的总体框架中消除这些威胁。在德国发展援助政策中，改善发展中国家人口的生活条件特别是改善贫困人口的生活条件无疑占有优先地位。可以说，90 年代德国政府依据现实的挑战确定发展援助政策任务，这些任务往往比较具体和现实。

四　发展援助政策的政治标准

1991 年 10 月，联邦经合部在德国发展援助政策中加入五条政治标准，并将其作为联邦政府向发展中国家提供发展援助的基本依据。

1. 尊重人权。标准：严禁刑讯，依法拘留和审讯，有法必依，"无法不究"，宗教自由，保护少数人群。

2. 民众参与政治决策。标准：民主选举；确保出版舆论自由，政治反对派在议会内外的言论自由，在组建政党、工会、协会、自助组织等方面的自由，新闻自由。

3. 法律保障。标准：司法独立，法律面前人人平等，确保政府行为的透明性和可预见性。

4. 市场经济和社会经济秩序。标准：制定产权保护、土地产权形式、市场确定价格、反映现实的汇率、工商权和居住权等重要经济领域的竞争原则。

5. 政府的行为面向发展。标准：政府的发展援助政策应致力于改善贫困人口的经济和社会处境、保护自然生态环境、削减过高的军费开支、制定人口政策等。

五　"对自助的援助"

"对自助的援助"是德国发展援助政策的一个基本原则。这一原则在 20 世纪 80 年代确立，主要背景是当时国际发展援助只注重提供资金，而不注重受援国自身潜力的开发的做法受到广泛批评。确定"对自助的援助"的目标是使受援国在外部援助下，最终达到自己可以克服困难的目的。冷战后德国政府新的发展援助政策中仍保留了这一原则，但其内容发生了变化，明确规定执行"对自助的援助"是要特别注重与受援国非政府组织、自助团体和私人机构合作，提高它们的社会地位，激发它们的活力和创造性。这一原则无疑加大了对受援国内部事务的干涉力度。

第二节　德国发展援助政策重点的变化

在不同历史时期，联邦德国的发展援助政策有不同的重点。1971 年联邦德国规定的发展援助政策的重点是：减少失业，加强职业教育，改善农村的基础设施，帮助工业部门扩大出口，加强发展中国家计划和组织部门的功效，直接帮助改善穷人的生活条件。[1] 1982 年联邦德国政府文件确定的重点是促进农村发展，推进能源产业发展，保护自然资源。[2] 联邦经合部在 1985 年《发展援助年度报告》中将依靠自己力量满足食品供应和农村发展列为两个新的重点。1986 年《联邦政府发展援助政策基本方针》将发展援助政策的重点确定为：确保食品供应和农村发展、环境保护、能源供应、教育和人

① BMZ, *Die Entwicklungspolitische Koneption der bundesrepublik Deutschland fuer die Entwicklungsdekade*, Bonn, 1971, S. 10.

② BMZ, *Journalisten-Handbuch Entwicklungspolitik*, 1982.

口政策五个方面。①

德国统一后，对发展援助政策的重点进行了很大调整，加入一些新的重点，也继承和调整了一些原有的重点内容，使之更加符合 20 世纪 90 年代发展援助政策的需求。在这次调整中，德国政府将消除贫困、可持续利用和保护自然资源和教育与培训作为发展援助政策的三大重点领域，并要求所有发展援助措施尽量以此为基准。与此同时，德国政府还确定了一些次重点，现分述如下。

一　消除贫困

20 世纪 90 年代国际社会对贫困的认识是：食物不足、儿童死亡率高、人口的预期寿命低、教育机会少、饮用水不卫生、卫生设施少、居住条件不合理、对决策过程缺乏积极参与、不能维持体面的生活等。据统计，50 年来世界福利增长 7 倍，而世界范围内的不平等不但没有消除，贫富差距反而越拉越大。发展中国家大约有 1/3 的人口（约 11 亿，其中 60% 是妇女）生活在极端贫困的状态之中。

这些贫困人口每天的生活费不足 1 美元，他们每天为生存而挣扎，许多婴儿不足一岁便因缺乏营养或疾病死去。他们无力支付医药费，缺少教育机会，对未来缺乏信心。上百万人贫困的后果是自然环境的破坏、人口爆炸、难民潮……因此，贫困问题已影响世界的根本安全，消除贫困成为国际发展援助政策的中心任务。

20 世纪 90 年代以来，德国政府先后发布了《通过帮助以达到自助来与贫困做斗争》（1990 年）、《反贫困斗争的主要因素》（1992 年）、《参与发展合作的人们》（1994 年）等纲领性文件。在这些文件中，德国政府认为，在当今世界，发展中国家和发达国家的利害关系已越来越紧密地交织在一起，世界各国相互依存，消除贫困已成为世界各国的共同任务。如果成功地减少了贫困，就等于化解了全世界难民和移民潮的一个主要症结，也控制了一个环境破坏源。德国政府赞同世界银行 1990 年在其世界发展报告中的观点："对决策者来说，没有比在全世界消除贫困更为优先的任务。"因此，德国政府把消除贫困作为发展援助政策的三大重点之一，并将其置于优先地位。

德国政府声称，消除贫困的目标是减少和消除绝对贫困，为人们摆脱没

---

① BMZ, *Grundlinien der Entwicklungspolitik der Bundesregrerung*, 1986, S. 26-30.

有尊严的贫困状况做贡献。德国政府认为，人们的尊严和有价值的生活不仅需要提高物质生活，也需要确保人们的基本自由和对社会经济和政治生活的参与。

依据德国发展援助政策的有关纲领，消除贫困应该促进生产效率的提高和人们主观能动性的发挥，以及改善人们对资源的利用方式。而达到上述目标有两条途径：一是提高国民经济生产率，以便为改善贫穷人口状况、制定更合理的分配制度奠定经济基础；二是直接调动贫困人口的生产潜力，提高穷人的生产力，使他们有能力通过独立经营满足自己的物资和非物资需求，为国民经济增长做贡献。

由于消除贫困是发展援助政策的一个重点领域，联邦经合部专门设立了一个负责消除贫困工作的部门，该部门要求在所有工作中要把消除贫困因素（如地区或国别方案、部门方案、各项发展援助计划等）考虑在内。

经济增长是改变贫穷的必要前提，但是经济增长并非必然带给贫困人口福利。20 世纪六七十年代发展中国家的发展历程表明，伴随经济增长的是贫富差距的扩大、资源和环境的破坏等。德国政府总结这些教训，力求采取多种方式在各个层次上与受援国合作，进行有效的消除贫困的斗争，例如，在非洲国家，如贝宁、喀麦隆、肯尼亚、马拉维，主要通过为受援国政府提供社会政策咨询与建议，促使它们在制定政策时首先考虑贫困人口的问题；在玻利维亚建立投资基金，在津巴布韦将发展援助与社会结构改革结合起来，通过这些方式促进反贫困斗争；在孟加拉国向妇女提供贷款，鼓励她们从事一些小企业和手工业生产；在阿尔巴尼亚为中小企业提供财政支持，帮助其提高生产效率。

20 世纪 90 年代德国发展援助政策关于消除贫困有以下主要内容。

（1）提出消除贫困的几项条件。

——在社会政治层面上重视反贫困斗争。

——在国际社会层面上建立一个发展中国家不受歧视的、可以改善其贫困问题的经济、政治、社会框架条件。

——通过加强教育、提供贷款、允许贫困人口参与经济与社会决策生活，鼓励和激发他们的主观能动性和创造性。

（2）支持发展中国家进行社会结构改革。德国政府认为落后的社会结构阻碍了经济发展和公平分配，因此往往将发展援助项目与受援国的社会结构改革联系起来，例如全面合理的信贷制度，小企业、手工业等生产部门实行联合等。

（3）把"对自助的援助"视为最高原则，认为发展援助最终只能通过发挥发展中国家人民积极性才能起作用。德国政府发布了一系列文件，这些文件确定了"对自助的援助"的五项前提条件：援助对象是贫穷人口；他们必须有自我主动性；他们对政治和经济进程的参与应得到保证；他们必须做出自己的贡献；必须保障他们的活动空间。

（4）鼓励发展中国家发挥自身的积极性。为此，通过帮助发展中国家改革计划结构、营造有利的经济环境、发挥妇女的积极性、设立一些自助资金以帮助小生产者等方式调动发展中国家人民的生产积极性，德国在印度和孟加拉国都做了这样的尝试。

（5）发展援助政策新的领域之一是帮助发展中国家建立现代社会保障制度。德国认为如果没有社会保障制度，失业、疾病、赡养老人等社会问题使发展中国家的贫困问题更加严重，并使这些国家的贫困人口陷入生活的恶性循环之中难以自拔。建立现代社会保障制度需要援助国和国际社会多方面的合作与努力，德国发展援助将在这方面做出贡献。

二 可持续利用和保护自然资源

1992年6月3日至14日，联合国环境与发展大会（也称里约会议）在巴西里约热内卢举行，178个国家参加了这次大会。大会以可持续发展为指导方针，最后制定并通过了《21世纪议程》和《里约宣言》等重要文件。会议号召各成员制定本国的可持续发展战略与政策，并加强合作，以推动《21世纪议程》的落实。为此，联合国大会于1992年底通过决议，建立了联合国可持续发展委员会，负责评审环境与发展会议的后续行动等。

所谓可持续发展，就是既能满足当代人的各种需要，又可保护生态环境、不对后代的生存和发展构成危害的发展。它特别关注的是各种经济活动的生态合理性，强调应鼓励对环境有利的经济活动。在发展指标上，不单纯用国民生产总值作为衡量发展的唯一指标，而且用社会、经济、文化、环境、生活等多项指标来衡量发展。这同那种片面强调经济发展的传统战略，以及忽视经济、社会、环境协调发展的做法形成了鲜明的对比。可持续发展作为一种发展目标和模式，已经被世界绝大多数国家所接受。

里约会议是一次成功的会议，它确定了一系列重要的原则，为全球新的环境与发展政策奠定了基础。在会议中，发达国家承认作为主要的排污者应对迄今的全球环境破坏问题承担特别的责任。德国在会议上做出一些承诺：

重申尽快达到官方发展援助占国民生产总值0.7%的目标；支持全球环境基金补充约67亿马克资金的建议，德国愿意提供7.8亿马克的捐款；表示愿意遵照国际上的既定程序，参与债务－环保转换措施，以减轻发展中国家的债务负担；承诺在双边和多边发展援助中立足于《21世纪议程》；承诺到2005年将二氧化碳排放量降低25%到30%（从1987年算起）。

依据里约会议精神，德国政府确定了以下三个基本原则。

（1）提高受援国经济效益。包括规范市场经济秩序，支持政府的发展行为定位，促进私人经济发展，加强功能性竞争，提高能源和原材料的使用效率。

（2）促进社会公正与平等。将这一原则列入发展援助政策基本原则，并贯彻于各个具体项目和举措之中。

（3）注重生态可持续利用。例如保护森林、土地，科学制定人口政策，反对沙漠化和工业污染，建立合理的能源消费结构，开发利用新能源等。

20世纪90年代德国政府在对发展援助政策调整中特别注重对全球性问题的解决，把可持续利用和保护自然资源作为发展援助政策的核心任务之一，十分注重以下几点。

——把可持续发展列入发展援助对话课题，加强德国发展援助在这一领域的工作。

——支持受援国适应可持续发展战略的要求，促使它们将环境保护政策建立在《21世纪议程》的基础之上。

——确定发展援助具体项目时，优先考虑受援国环境和资源保护的项目。

——所有发展援助计划应考虑环境保护方面的因素。

——应为全球环境保护和可持续发展政策的实施做出贡献。

为支持受援国在环境保护方面做出努力，德国发展援助政策优先考虑下列合作领域。

（1）支持受援国政府在可持续发展战略基础上制定和调整它们的环境政策。支持受援国社会各界在更广泛的领域讨论环保战略目标、环保法、环保税和其他环保措施。

（2）通过环保领域的机构发展项目，促进受援国环保机构的建设。其目标在于，提高受援国环保机构的效率，使政府与民间组织的环保合作更有活力。

（3）支持环保中的"自助原则"，将环境与资源保护和公众的积极性结合起来；支持非政府组织、地方政府、咨询机构和自助团体为环保做出努力，尽力发掘公众和社会团体自助的潜力。

（4）保护热带森林。自1988年以来，联邦德国政府每年支付2.5亿马克~3亿马克（相当于国际社会为保护热带森林所提供资金的15%）用于这一领域的大约120个援助项目，以保护热带森林资源。与此同时，德国还与国际环保组织、世界银行、欧盟一起合作，保护热带森林，以确保人类共同的未来。

（5）与沙漠化做斗争。多年来联邦政府一直在与非洲撒哈拉地区国家合作与沙漠化做斗争。德国还利用自己的一些发展援助执行机构的丰富经验，与国际社会合作，防止沙漠面积扩大，在里约会议后续行动中发挥积极作用。

（6）保护自然和有限度地开发土地。面对日益恶化的自然环境，20世纪80年代以来联邦政府就把保护自然、确保动植物的多样性和自然生态平衡作为发展援助政策的一个领域，通过发展援助帮助受援国保护自然环境的生态平衡，认为此举对保护人类生存空间和自然资源有重大的意义。在这一领域，德国政府每年提供大约50个援助项目。

（7）开发新能源与提高能源使用效率。由于工业发展、人口增长等，近几十年来发展中国家对能源的需求增长一倍以上，这就造成能源短缺、自然资源遭到破坏和能源的掠夺性开发等问题。这些问题反过来又严重影响经济的可持续发展，形成经济发展与能源供应日益扩大的矛盾。鉴于此种情况，联邦政府在发展援助中十分重视开发新能源和提高能源使用效率的项目。

（8）重视工业与技术方面的环境保护。在许多发展中国家以及中东欧一些国家，随着工业化的发展和城市的扩大，工业垃圾、废水、废气等环境污染源日益增加。德国作为世界上最大的环保产品生产国（1997年德国环保产品占世界环保技术贸易产品的18.7%，位居世界第一，有5000家企业、100万人从事环保产品的生产），对与发展中国家在环保方面的合作非常感兴趣，在发展援助项目中列入许多工业与技术方面的环保项目。

由此可见，可持续地利用和保护自然资源是20世纪90年代德国发展援助政策中的三大重点领域之一。德国发展援助政策的理论依据是全球化理论和相互依存理论。在环境保护方面，这一理论强调全球环境的系统性。德国担心发展中国家的工业化会破坏全球的生态平衡，进而危及发达国家的自身利益，因此，主张将环境保护列为德国发展援助政策的重点领域。这一选择不仅符合德国的利益，也符合各国共同的发展利益。

三　教育与培训

德国政府把教育与培训列为发展援助政策三大重点领域之一。德国政府认为，之所以如此，是基于以下两点考虑：第一，当代世界经济发展趋势显示，经济发展中的科技因素越来越重要，教育已成为经济发展的关键性因素。特别是随着信息化社会的到来，急需对青年一代进行更广泛、更深入的科学知识和专业技能教育。第二，发展中国家独立后在教育方面取得一些成就，但是由于社会和经济诸方面的原因，大部分发展中国家几乎再无能力进一步普及教育、提高教育质量和进行必要的教育改革。有些国家的教育状况甚至恶化了，据世界银行报告，发展中国家有 10 亿文盲，有 1 亿适龄儿童失学，女孩入学率仅为男孩的一半。在这种情况下，发展中国家改善经济状况更为艰难，教育已成为许多发展中国家经济发展的瓶颈。

20 世纪 90 年代以来，德国政府做出许多有关帮助发展中国家发展教育的决议。例如 1990 年 10 月 30 日联邦议会做出决议，对同年 3 月在泰国举行的"世界全民教育：满足基本学习需求大会"的成果表示欢迎，敦促联邦政府将促进发展中国家基础教育列为优先课题。1992 年 2 月联邦经合部发布了《促进发展中国家基础教育》文件；1992 年 5 月和 11 月又先后发布了《促进发展中国家职业教育》和《促进发展中国家高等教育》文件。这些专门性文件对德国发展援助政策中的教育行为做出种种规定。

（1）基础教育领域。德国发展援助政策必须有助于较为公平地分摊教育机会和生活机会，即受益对象首先是较为贫困的和受歧视的人口，如难民、妇女、农民。在基础教育领域，德国政府提供了 20% 的双边官方发展援助，德国是教育领域最大的援助国之一。主要项目措施如下：促进母语教育，改进自然科学课程，培训实践技能；促进教学手段提高，帮助培训教师；提高识字率，普及农业经济、卫生健康、环境保护等方面的知识。

（2）职业教育领域。德国政府认为，职业培训是德国教育体系中的特点和优点，也是德国发展援助政策中最具特色的领域。德国职业教育原则是：面向广大公众；符合受援国职业系统的要求；提高被培训者的实际能力，帮助他们提高收入；国家和企业共同承担培训费用。1994 年，德国对发展中国家职业培训投入约 2.66 亿马克，这些资金主要用来培训手工业和中小企业的工人、技术人员、工程师和管理人员，培训目标是提高受训者的专业技能，使他们尽快适应现代经济和现代科学技术。在德国促进职业培训的机构主要有德意志国际发展基金会和卡尔·杜伊斯堡协会。德意志国际发展基金会的主要任务是负责企业职工和技术人员的进修和培训，进行经验交流。卡尔·杜伊斯堡协会的培训重点是私人企业的职业培训。

（3）高等教育领域。德国发展援助政策的重点是巩固和提高受援国高校的现有教学水平，缓解受援国高校的财政困难，调整课程结构，使其更加合理。为了达到上述目标，德国政府在双边技术援助领域对 100 多个高校援助项目提供了资金和建议，这些项目主要集中于自然科学、农业科学和工程科学方面。德国政府和各基金会还为发展中国家提供了许多奖学金项目，促进德国与发展中国家高校教师和学生的学术交流。

四　其他重要领域

1. 难民政策与紧急援助

20 世纪 50 年代末以来，世界上发生了大约 180 场大小战争，其中 90% 发生在第三世界国家。这些战争和其他一些问题，诸如种族冲突、宗教冲突、边界纠纷、能源争夺、社会不公平、社会转型、环境破坏等，造成 1 亿多人口离开家园流向世界各地，形成世界规模的难民和移民潮。由于东欧剧变、苏联解体，特别是前南斯拉夫地区的民族冲突，出现数百万难民，大大加剧了全球性难民问题，给发达国家造成极大压力。位于中欧的德国首当其冲，承受了欧洲最大的难民压力，1989 年德国接收了 12.1 万难民，相当于法、意、希（腊）、荷、比、卢、英、瑞（士）等国的总和。因此，防止和减轻难民压力就成为德国发展援助政策的紧迫任务。[1] 1990 年秋天，联邦德国政府发布了一系列关于难民问题的文件。联邦议会也做出了"采取发展援助手段以减少难民问题"的决议。[2] 1994 年 4 月联邦经合部发布了《在发展合作框架内的难民政策》，对难民政策的目标、重点、标准、任务、措施等做出详细规定。其目标是与国际社会其他援助国以及受援国一起做出努力，缓解难民潮的压力和阻止难民继续增加。

德国政府在处理难民和移民问题时，非常注重消除这些问题的社会与经

---

[1] Inga Krugmann-Randolf, Entwicklung soll Fluchtursachen eindaemmen, E + Z. 1 – 2/91.
[2] BT——Ors. 12/3761. BT——Ors. 12/2726.

济根源，实施了一些缓解这些问题的措施：制定有效的难民与移民政策；促进有关国家政治、经济和社会改革；促进农业发展，减少农村人口流动；制定合理的职业政策；促进中小企业发展，以便吸收更多的劳动力；制定劳动法；加强教育与培训；采取有效的人口政策。

为了促进难民遣返，联邦德国政府确定了一些遣返措施，具体如下：向自愿遣返难民提供咨询和培训；在遣返后的过渡时期，向已遣返难民提供保障（熟悉工作与工资津贴）；在已遣返难民的创业阶段提供财政援助（创业津贴）；与德国非政府组织合作，建立和支持已遣返难民自助组织；为了保障已遣返难民的生活，设立循环信贷特别基金。

1994年，德国提供了3亿马克的紧急援助和难民援助，包括提供食品、药品、赠款和一些技术援助，援助的重点国家和地区是索马里、前南斯拉夫地区、阿富汗和巴勒斯坦。

德国政府力图通过紧急援助，来应对自然灾害和战争造成的灾难，稳定受灾人口的生活，防止形成新的难民潮。

2. 促进私人经济发展

20世纪90年代国际形势发生了重大变化，一方面原苏东地区国家从计划经济向市场经济过渡；另一方面广大发展中国家积极调整发展战略，致力于发展本国的市场经济。在这种大前提下，德国将促进发展中国家私人经济发展看作建立市场经济的基础而大力扶持，并将其定为发展援助政策的一个重要领域。1993年6月23日，联邦议会做出《发挥第三世界国家私人经济积极性》的决议，[①] 将促进私人经济视为建立市场经济的关键。该决议确定了四个目标，具体如下。

（1）在私人经济领域发挥人的创造性和主动性，借以改善发展中国家人们的生活条件。

（2）建立一个有支付能力的国民经济系统，这是建立有自我发展能力的经济所必需的。

（3）在生产基础上建立职业网络和收入来源，这一点特别针对贫困人口和妇女。

（4）更广泛地促进发展中国家经济一体化。

1992年4月，联邦经合部发布了《关于在受援国促进私人经济发展的定

---

① BT——Ors. 12/4098.

位条件》文件，主要内容如下。

（1）改善包括市场经济秩序在内的国家和市场层次的框架条件，确保法律系统、合理的竞争秩序等宏观经济的稳定（特别是财政金融货币政策的稳定）；简化管理机构，建立对私营企业非歧视性的框架条件；为私人经济发展建立必要的基础设施；建立健全社会保障体系。

（2）强化促进经济发展的机构。例如建立经济改革信息中心和咨询机构；促进财政部门更广泛地贷款和动员本国储蓄；强化私人经济自我管理组织，并将其建设为私人经济在国家的利益代表；建立职业培训机构。

（3）在企业层次（微观层次）上，促进投资及有关政策咨询；鼓励私人企业的冒险精神；促进私人企业出口；消除私人企业的技术、贸易和管理方面的弊病；支持国有企业私营化。

以上述内容为指针，德国政府在发展中国家为私人经济发展做了大量工作，在原苏东地区国家经济转轨中也发挥了很大作用。到 1995 年底，德国在发展中国家有 33 个发展援助项目，当年支付了 1590 万马克；在中东欧国家有 22 个援助项目，当年支付了 720 万马克。①

3. 卫生健康和人口政策

1994 年联邦经合部发布了《健康领域的发展纲领》，正式将卫生健康政策列为发展援助的重点领域。这一纲领要求改善发展中国家公民的健康状况，建立医疗卫生工业和地区医疗机构，预防和控制大众性疾病，培训医疗卫生专业人才和辅助人员，将饮用水和污水处理工作作为保障公众健康的基本工作，不使用不清洁水源和祛除导致疾病的病源。

预防和控制艾滋病是卫生健康领域的一个重点。联邦德国对艾滋病危害的认识起步较早，1986 年就开始在这一领域提供资助。1986～1994 年，德国在这一领域的双边援助达到 1.58 亿马克，多边援助为 1900 万马克，并且德国政府为欧共体 - 欧盟的艾滋病专门项目提供了 5400 万马克。

人口政策也是德国发展援助政策的一个重要组成部分，德国早在 1991 年 5 月就制定了《人口政策与家庭计划》的发展援助纲要。德国政府认为，人口过度增长对世界环境和可持续发展造成巨大压力。1960 年，世界还只有 30 亿人，而到了 1992 年，已经增加到了 55 亿人。根据联合国预测，20 世

---

① BMZ, Deutsche Entwicklunspolitik Memorandum der Bundesregierung zur DAC-Jahrespruefung 1996/1997.

纪90年代世界每年大约增加9000万人，到2000年，世界人口超过60亿，这些人大部分生活在发展中国家。许多事实都证明，人口过速增长对经济发展、资源分配、就业、入学、食品供应、医疗卫生、环境保护都形成巨大压力。因此，在发展援助政策领域应注重支持发展中国家制定正确的人口政策，以改善人口的生活质量，促使人口增长与经济、社会发展相协调。德国政府还承担了国际人口与发展会议的有关义务，加强与联合国人口基金（United Nations Population Fund）的合作，支持欧盟在人口问题上所做的努力。

4. 妇女政策

妇女问题一直是国际政治中一个引人瞩目的问题。联合国确定1975年为国际妇女年，并先后于1975年、1980年、1985年和1995年召开了四届世界妇女大会，其基本精神是"平等、发展、和平"。联邦德国一直声称自己与联合国妇女大会精神保持一致，1986年发布的《发展援助政策基本纲领》把帮助妇女列为一项专门内容。1988年联邦德国又制定了《促进发展中国家妇女纲要》。20世纪90年代以来，德国政府在各项关于发展援助政策的文件中，均将妇女政策作为发展援助政策的重点领域之一。德国政府认为，解决妇女问题是反贫困斗争的关键之一，因为发展中国家60%的贫困人口是妇女，她们在卫生健康、计划生育、儿童教育、家庭生活、政治生活、经济生活（特别是在农业中，妇女承担了全部农村劳动量的3/4）中都可以发挥独特的作用。所以，必须把妇女政策看成整个发展援助政策的重要部分。

为了体现发展援助政策中的妇女政策，1990年德国政府开始对所有的发展援助项目进行审查，看这些项目是否涉及妇女问题，这就是所谓的"妇女标准"（F-Kategorien）。1992年德国政府对这一标准进行了修订，将计划、执行和调整政策等一起予以考虑。1993年以后，德国又设立了一个部门专门负责妇女、家庭和青年问题，将所有技术发展援助和财政发展援助项目中的妇女问题统一加以考虑。帮助妇女的政策和措施具体如下：向农村妇女提供粮食生产、农产品加工和营销方面的咨询与培训；在卫生保健方面建立基本保健服务设施，使之有利于母婴保健、营养咨询和计划生育；建立妇女职业培训中心，扩大妇女就业渠道；定期举办有关妇女问题的研讨会，交流有关经验；加强与国际组织在妇女问题上的合作。

5. 保障食品供应和农业发展

"对自助的援助"是德国发展援助政策的基本原则，这一原则在食品和农业发展方面的具体运用是通过援助使发展中国家能够依靠自身力量达到保障食品供应的目的。德国政府认为，要实现这一目的，必须在受援国一方创造一定的前提条件。例如，制定合理的市场和价格政策，以刺激农业生产率的提高；确定土地所有制关系，制定长期的土地使用法；推行积极的人口政策，以缓解人口增长对资源短缺的压力。

在发展中国家，小农经营的家庭农场对确保食品供应起着十分突出的作用，它们生产了大约 85% 的农产品。因此德国政府在发展援助项目中尽力帮助这些家庭农场，此外，在农田基本建设、水利建设等方面也提供了一些援助。德国政府注意在发展援助中把农业发展和可持续发展联系起来，以保证农业发展不破坏自然环境，符合可持续发展战略的要求。表 3 - 1 显示了德国双边发展援助中的食品援助（1991～1994 年）情况。

表 3 - 1 　德国双边发展援助中的食品援助（1991～1994 年）

单位：百万马克

年份	全部食品援助	其中紧急援助和难民援助中的食品援助	食品援助项目（个）
1991	185	111	37
1992	272	208.5	47
1993	201	102	48
1994	196.5	118	40

资料来源：BMZ, Gemeinsam fuer die Eine Welt, S. 50。

6. 反毒品斗争

毒品问题是当代全球问题中的一个顽症。据世界卫生组织（World Health Organization，WHO）估计，全世界大约有 5000 万人吸毒，每年全球消费的毒品价值 5000 亿美元，毒品国际贸易已超过石油贸易，成为仅次于武器贸易的世界上最大的盈利方式之一。大多数毒品是在发展中国家生产的，毒品主要来源国是阿富汗、玻利维亚、哥伦比亚、伊朗、缅甸、巴基斯坦、秘鲁和泰国，最大的毒品消费国是美国和加拿大。

对于生产国来讲，毒品带来了巨大的财政收入。据统计，玻利维亚的毒品生产占其国民生产总值的 20%，种植罂粟的人可以获得高于种植其他作物 10～50 倍的收入。运销毒品带来的利润更高，贩毒组织每年通过国际金融市场进行"洗钱"的金额就高达 85 亿美元。

毒品生产和消费给人类带来了巨大的社会问题。从个人和家庭角度来讲，毒品不仅危害个人身体健康，而且危害子女健康，影响家庭关系，造成一些严重疾病的广泛传播。从社会角度来讲，毒品与犯罪、贿赂等直接相关，有些地方甚至出现了一种所谓"体系暴力"现象，出现一些大的反政府犯罪集团。

毒品的巨大危害引起各国政府和人民的强烈关注，各国会加强了反毒品合作，然而毒品生产和销售的巨大利润使这一合作收效甚微。目前各国采取了多项措施，诸如切断毒品供应源头、努力摧毁贩毒网、增加缉毒行动的军事力量、开发替代毒品的作物、进行全民教育、采取有效的治疗计划。

德国政府积极参与一系列的国际反毒品活动，并将反毒品列入发展援助政策的重点项目之一。1989~1994 年，德国政府在发展援助项目中拨出了 3.7 亿马克用于反毒品斗争，此外每年还向"联合国毒品控制纲领"（UNDCP）项目提供 500 万马克的资助。到 1998 年，德国政府共为 65 个反毒品项目提供了发展援助资金，仅 1998 年就为此支出 4160 万马克。据德国《法兰克福汇报》1998 年 5 月 7 日报道，联邦经合部为 1998 年 6 月 8 日至 10 日的联合国反毒品特别会议做了积极的准备工作，该部部长施普朗格表示，毒品问题背后实际上是一个发展问题，反毒品斗争的关键是改善农民的生活条件，联邦经合部愿为此做出积极贡献。

第三节　德国双边和多边发展援助的实施

一　德国发展援助的受援国

依据国际社会公认的标准，发展援助受援国应该专指发展中国家。尽管国际社会对"发展中国家"这一概念的定义和范围仍存在种种争议，但是联合国、世界银行和经合组织发展委员会对此还是有相似标准的。这些国际组织认为，发展中国家有一些共同问题，诸如食物短缺、卫生与健康状况很差、教育不普及、失业率高、生活水平低、贫富差距大、生产结构传统等，最大的问题是人均国民收入低下。1962 年，经合组织发展委员会首次公布了发展中国家名单，这一名单也是经合组织发展委员会成员国提供发展援助的依据。

这一名单规定，发展中国家是指"除了南非以外的非洲国家与地区，除了日本的亚洲国家，除了澳大利亚和新西兰以外的大洋洲国家以及欧洲的塞浦路斯、直布罗陀、希腊、马耳他、土耳其（原文如此）、西班牙、葡萄牙和南斯拉夫"。以上国家和地区均属于发展援助的受援国。此后，这一名单几经变化，其中最重要的变化有：中国（1980 年）、阿尔巴尼亚（1989 年）、哈萨克斯坦（1993 年）、吉尔吉斯斯坦（1993 年）、塔吉克斯坦（1993 年）、土库曼斯坦（1993 年）、乌兹别克斯坦（1993 年）、亚美尼亚（1994 年）、阿塞拜疆（1994 年）、格鲁吉亚（1994 年）等国先后被列为经合组织发展委员会发展援助受援国名单。西班牙（1983 年）、葡萄牙（1992 年）、法国的一些海外领地（法属圭那亚、瓜得罗普岛、马提尼克岛、留尼汪岛、圣彼得和米奎伦）（1992 年）、希腊（1995 年）等先后被从名单上删除，不再作为发展援助的受援国。①

由以上内容可见，发展援助受援国名单最明显的变化发生在冷战以后，主要是原苏东地区国家由发展援助的援助国转变为受援国。1993 年 12 月 14 日，在巴黎召开的经合组织发展委员会第 32 次会议决定，从 1997 年 1 月 1 日起公布新的经合组织发展委员会受援国名单。这一名单分为两个部分：第一部分是官方发展援助受援国，这些国家除了传统意义上的发展中国家以外，还包括以上列出的新独立的原苏联几个中亚共和国；第二部分是接受官方援助（OA）的"过渡国家和地区"。第二部分涉及的国家有波罗的海三小国（立陶宛、爱沙尼亚、拉脱维亚）、俄罗斯、白俄罗斯、乌克兰、波兰、捷克、斯洛伐克、匈牙利、摩尔多瓦、罗马尼亚、保加利亚等国。1997 年 1 月 1 日后有 6 个富裕的发展中国家被列入其中（巴哈马、新加坡、文莱、卡塔尔、科威特、阿联酋）。根据 1993 年召开的经合组织发展委员会第 32 次会议的决议，一些高收入的发展中国家和地区人均国民收入达到 8625 美元后，将自动从第一部分转入第二部分。

ODA 和 OA 的划分是经合组织发展委员会在冷战后对发展援助做出的新规定，它们的区别在于 ODA 属于传统意义上的发展援助，有一些国际公认的标准，包括发展援助达到国民生产总值 0.7% 的指标。OA 则是依据两种需要设立的：一是冷战后西方发达国家对原苏东地区一些国家提供援助的需要；二是一些发展中国家经济持续高速增长，国民收入达到一个较高的水平，发达国家认为应改变对这些国家的援助义务。比起 ODA 来讲，OA 可多可少，没有一个硬性的指标。

---

① BMZ, *Journalisten-Handbuch Entwicklungspolitik 1996*, Bonn, 1996, S. 368.

作为经合组织发展委员会的成员，联邦德国一直遵循经合组织发展委员会的上述规定，经合组织发展委员会所确定的受援国，也是联邦德国发展援助的受援国。这里需要指出的是，从 1991 年起，德国就向原苏东地区国家提供援助，是西方国家对这一地区援助最早、援助数额最大的国家。

二　德国向发展中国家资金转移情况

德国对发展中国家的资金转移有四种基本形式：（1）官方发展援助和官方援助；（2）其他的官方资金转移（OOF），例如出口信贷、资金担保等；（3）私人和非政府组织发展援助；（4）以市场经济条件转移的私人资金，例如直接投资、银行贷款、官方担保的出口贷款等。

这里先考察一下德国官方发展援助和官方援助资金支出的情况。德国官方发展援助和官方援助支出情况（1990～1995 年）如表 3－2 所示。

表 3－2　德国官方发展援助和官方援助支出情况（1990～1995 年）

年份	ODA（10 亿马克）	ODA 占 GNP 的比例（%）	OA（10 亿马克）	ODA＋OA（10 亿马克）	ODA＋OA 占 GNP 比例（%）
1990	10.213	0.42	—	—	—
1991	11.447	0.40	6.230	17.677	
1992	11.826	0.38	6.020	17.846	0.58
1993	11.505	0.36	3.997	15.502	0.49
1994	11.057	0.33	3.875	14.932	0.45
1995	10.787	0.31	—	—	—

资料来源：①BMZ，*Journalisten-Handbuch Entwicklungspolitik 1996*，Bonn，1996，S. 48。

②BMZ，*Deutsche Entwicklungspolitik Memorandum*，der Bundesregierung zur DAC Jahrespruefung 1996/1997。

③Deutscher Bundestag－13，Wahlperiode，Drucksache 13/3342，Tabelle 9，Tabelle 16。

从表 3－2 可见，20 世纪 90 年代初以来，德国官方发展援助资金在 1992 年达到高峰后，开始持续下降。官方发展援助在国民生产总值中的比例则是从 80 年代中期开始就一路下滑，从 1985 年的 0.47% 降至 1995 年的 0.31%。德国是从 1991 年开始向原苏东地区国家提供官方援助的，这一项目的数额也是逐年下降的。

这里再考察一下其他官方资金转移的情况。德国其他官方资金转移的支出情况（1990～1995 年）如表 3－3 所示。

表 3 - 3　德国（OOF）支出情况（1990～1995 年）

单位：10 亿马克

年份	1990	1991	1992	1993	1994	1995
发展中国家	3.4	3.1	0.722	3.0	5.7	1.260
原苏东地区国家	—	11.2	0.069	5.9	4.4	

资料来源：BMZ, *Journalisten-Handbuch Entwicklungspolitik 1996*, Tabelle 1 - 2。

从表 3 - 3 中可以看出，官方资金流动波动性极大，这与当时的国际形势有很大关系。德国向发展中国家和原苏东地区国家资金转移的另一种形式是私人和非政府组织的资金转移。德国私人和非政府组织资金转移情况（1990～1995 年）如表 3 - 4 所示。

表 3 - 4　德国私人和非政府组织资金转移情况（1990～1995 年）

单位：10 亿马克

年份	发展援助条件下的资金转移		市场条件下的资金转移	
	发展中国家	原苏东地区国家	发展中国家	原苏东地区国家
1990	1.223	—	7.073	
1991	1.269	—	5.939	4.483
1992	1.335	—	0.028	17.305
1993	1.434	0.15	9.449	12.095
1994	1.591	0.12	20.440	6.600
1995	1.594	—	16.800	—

资料来源：①Deutscher Bundestag - 13, Wahlperiode, Drucksache 13/3342, Tabelle 7。
② BMZ, *Deutsche Entwicklungspolitik*, Memorandum der Bundesregierung zur DAC-Jahrespruefung 1996/1997。

20 世纪 90 年代前期德国向发展中国家和原苏东地区国家资金转移的总体情况：1990 年为 219 亿马克；1991 年为 436 亿马克；1992 年为 373 亿马克；1993 年为 476 亿马克；1994 年为 538 亿马克。资金总数基本呈上升趋势，但从资金结构来看，真正增长的是在市场条件下私人资金的转移，发展援助资金呈下降趋势。

三　双边发展援助

双边发展援助是指两个国家之间通过签订经济援助协议或经济合作协

议，由一国（援助国）以直接提供无偿或有偿款项、技术、设备或物资等方式，帮助另一方（受援国或集团——必须是发展中国家或发展中国家集团）发展经济或度过暂时的困难。双边发展援助与多边发展援助并行，是国际发展援助的主要渠道。

根据发展援助的形式来分，双边发展援助分为双边财政发展援助、双边技术发展援助和双边人员发展援助。根据其有偿或无偿性来分，双边发展援助分为政府优惠性贷款（guenstige Kredite）和赠予（nichtrueckzahlbare Zuschuesse）。

联邦德国政府从 20 世纪 50 年代开始提供发展援助，到 1994 年共执行了大约 36000 个双边援助项目，其中 2/3 的项目已完成，官方发展援助资金总计为 1338 亿马克。这些项目小到仅提供技术顾问，大到数百万马克的基础建设项目。

1. 联邦德国政府从 1960 年开始提供双边财政发展援助，到 1996 年 12 月 31 日，共承诺援助 899 亿马克，实际支付 717 亿马克。20 世纪 90 年代德国双边财政发展援助如表 3 - 5 所示。

表 3 - 5 20 世纪 90 年代德国双边财政发展援助

单位：亿马克

年份	1992	1993	1994	1995	1996	1997
承诺资金	29	28.8	34.50	26.0	25.3	25.25
实现资金	28	—	22.29	25.5	26.2	—

资料来源：①Entwicklungspolitik，1994，S. 169. 1996，S. 175。
②BMZ，Entwicklungspolitik Jahres-bericht 1995，1996。

1994 年德国双边财政援助的地区分布是：非洲占 35.9%，其中撒哈拉以南非洲占 24.3%；亚洲占 48.3%；拉美占 4.7%；欧洲占 6.9%；其他占 4.2%。

联邦德国政府从 1978 年至 1995 年免除了 35 个最不发达国家的双边财政援助贷款共计 91.3 亿马克。[1]

德国双边援助一般是由政府依据发展援助政策基本原则来制订计划，与受援国谈判确定项目，政府拨款，由德国复兴信贷银行具体执行。

———————————

[1] BMZ，Gemeinsam fuer die Eine Welt，S. 80。

针对发展中国家不同的社会经济状况，德国政府将受援国分为三种类型，受援国分别享有不同条件的财政发展援助。（1）最不发达国家（Least Developed Country，LDC），从 1978 年以来享受全部为赠予的财政发展援助。（2）一些发展中国家的收入高于最不发达国家，但仍属于低收入的国家（依据世界银行标准，1995 年人均收入不足 1465 美元的国家），可以按照官方发展援助贷款条件，得到优惠贷款（利息为 0.75%，偿还期为 40 年，10 年宽限期）。（3）一些发展中国家可以得到的贷款条件为：利息为 2%，偿还期为 30 年，宽限期为 10 年。

此外还有大约 20% 的双边财政发展援助专门用于反贫困斗争、为中等企业提供的担保基金、社会结构调整资金和环保资金。

2. 德国双边技术发展援助目标是通过援助提高受援国人员的素质和机构的效能，改善和提高人民生活水平。这类援助首先考虑最贫穷的人口，特别是贫穷的妇女。促进社会民主化也属于这类援助计划之列。

德国双边技术发展援助的领域主要有：（1）提供咨询、教育、评估、专业技术等各方面的专家。（2）为已确定援助项目的机构、厂矿提供设备和材料。（3）为发展中国家培训专门人才和管理人才。（4）为发展中国家一些专门项目和综合项目提供财政支持。

从 1960 年到 1996 年 12 月 31 日，德国政府向发展中国家共承诺 288 亿马克的双边技术发展援助，实际支付了 223 亿马克。20 世纪 90 年代德国双边技术发展援助如表 3 - 6 所示。

表 3 - 6　20 世纪 90 年代德国双边技术发展援助

单位：10 亿马克

年份	1992	1993	1994	1995	1996
承诺资金	11.8	12.8	12.4	12.2	13.8

资料来源：Deutscher Bundestag - 13，Wahlperiode Drucksache 13/3342. S. 83。

1994 年德国双边技术发展援助地区分布如下：非洲占 46.4%，其中撒哈拉以南非洲占 40.3%；亚洲占 29.6%；拉美占 11.4%；欧洲占 2.0%；其他占 10.6%。[①]

3. 德国政府和议会十分重视双边人员发展援助，将其列为与双边财政和

---

① BMZ, Gemeinsam fuer die Eine Welt, S. 80.

双边技术发展援助并列的三大发展援助类别之一。

双边人员发展援助的目标是提高发展中国家民众的专业技能和科学水平，释放其内部的潜能。联邦经合部特别强调以下三项双边人员发展援助：培训发展中国家的专业人才；提高发展中国家职工的生存和工作能力；专业人员的介绍与引入。

截至1994年底，通过培训与进修项目，联邦政府共培训了大约20.9万名发展中国家的人员，仅1994年就培训了21200人，他们中的一半人得到了各种奖学金，参加了中长期培训学习以及短期交流活动。

培训发展中国家专业人才的项目主要分布在职业培训和高等教育方面。它的主要目的是提高发展中国家经济、政治、管理等方面专业人员的水平，重点倾向于那些发展中国家尚未建立的专业与学科，重在实际技能的提高。工业、手工业、公共管理、农业等领域的人才培训颇受重视，环境保护人员的培训具有特殊的地位。

1994年底，联邦政府为人员培训计划共投入39.4亿马克。在这一领域，特别要提到州一级政府的重要作用，许多项目是州政府和联邦政府一起实施的。

联邦政府对原苏东地区国家的人员发展援助始于1990年。1995年，联邦政府为此拨出760万马克，1996年又拨付960万马克，这些资金主要用于培训这些国家转型时期急需的经济和政治管理人才，同时将工业化国家的民主体制和市场经济规则灌输给这些人员。

向发展中国家派遣专业技术人员，是人员发展援助的一种最常见的形式。

德国在派遣专家和吸收受援国专业人员参加有关发展援助项目方面总结出一套经验。一般来讲，在双边发展援助中，有些必须使用德国专家的项目，联邦政府及各类发展援助组织就派出专家；有些可以吸收受援国专业技术人员参加的项目，联邦政府就依据联邦经合部59号文件（BMZ-Aktu-ell Nr 59）尽量吸收，该文件名为《关于在发展援助合作中引入当地专业人才纲要》，这种形式颇受受援国的欢迎，也有利于发展援助项目的顺利执行。派遣专家工作主要由德国技术合作公司、康苏廷公司、政党基金会和其他非政府组织承担。德国双边人员发展援助概况（1990～1994年）如表3-7所示。

表 3 – 7　德国双边人员发展援助概况（1990～1994 年）

单位：人

	1990 年	1991 年	1992 年	1993 年	1994 年
1. 德国发展援助机构派出的专业技术人员					
德国发展服务中心	954	1057	1120	1087	1005
发展援助工作协会	320	301	317	304	305
海外服务中心	186	185	174	267	288
国际基督教和平会	23	24	20	26	20
WFD	15	10	14	13	11
基督教国际专业人员协会	32	33	35	41	40
专业一体化协会	681	771	736	745	—
GTZ	1412	1406	1405	1414	—
联邦地理和原料协会	85	50	70	51	—
联邦物理技术协会（PTB）	5	1	8	6	—
康苏廷公司	388	353	345	322	—
政党基金会	—	—	—	—	—
阿登纳基金会	76	75	86	92	—
艾伯特基金会	115	122	111	124	—
诺曼基金会	54	65	68	65	—
赛德尔基金会	53	53	55	61	—
彩虹基金会	—	—	1	3	—
其他私人援助团体	52	54	68	62	—
总计	4451	4560	4633	4683	—
KfW 派出的人员	2000	1850	1850	1800	—
KfW 派出的专业技术人员	900	900	900	870	—
2. 发展中国家的专业技术人员					—
曾在德国有过工作经验的专业人员	37	35	75	144	—
曾在德国进修过的专业人员	696	739	511	1186	—
德国在发展中国家创建企业中的发展中国家专业人员	31	64	88	111	—
来自发展中国家的项目助手	1	2	3	1	1
GTZ 雇用的当地劳动力	4620	5571	5680	5622	—
GTZ 雇用的专业人员	3006	3398	3487	3539	—
一般助手	1614	2173	2193	2083	—

资料来源：BMZ, *Journalisten-Handbuch Entwicklungspolitik 1996*, Bonn, 1996, S. 196。

四　多边发展援助

德国把大约 1/3 的发展援助资金用于多边发展援助。多边发展援助是国际上多边机构利用成员国的赠款、认缴资本、优惠贷款或其他来源的资金向受援国或地区提供的援助。这种多边机构包括联合国机构及其专门机构、国际金融机构以及一些区域性、集团性的多边机构。联合国机构主要以赠款方式向发展中国家提供技术帮助，国际金融机构及其他多边机构则多以优惠贷款方式提供财政援助。①

一般来讲，多边发展援助附加条件少，赠予成分高，大部分可直接用于消除贫困等重点项目，因此比双边发展援助更受受援国的欢迎，而援助国总是谋求通过双边援助取得一些利益，所以大多不愿多交纳多边发展援助资金。

联合国机构是多边发展援助的主要执行者，众多的联合国组织和机构构成一个发展援助系统，这些机构主要有：联合国经济及社会理事会（简称经社理事会）、联合国可持续发展委员会、联合国开发计划署（The United Nations Development Programme，UNDP）、联合国儿童基金会（United Nations International Children's Emergency Fund，UNICEF）、联合国粮食及农业组织（Food and Agriculture Organization of the United Nations，FAO）、联合国人口基金等。德国参加了上述机构的活动并提供了相应的资金，1991 年在联合国开发计划署前十位捐助国中，德国居第 7 位。1990～1994 年德国对联合国开发计划署捐款共计 6.69 亿马克，向联合国人口基金捐款 2.065 亿马克。1990～1994 年，德国向联合国发展援助系统共提供发展援助资金 26.6 亿马克。

世界银行及其附属机构［国际开发协会（International Development Association，IDA）、国际金融公司（The International Finance Corporation，IFC）、多边投资担保机构（Multilateral Investment Guarantee Agency，MIGA）、解决投资争端国际中心（The International Center for Settlement of Investment Disputes，ICSID）］，被统称为世界银行集团。这些机构的共同目的是帮助实现向发展中国家的资金转移，提高发展中国家的经济发展水平和人民生活水平。截至 1995 年 6 月 30 日，世界银行 178 个成员向该行提供了 1764 亿美元

---

① 《世界经济百科全书》，中国大百科全书出版社，1987 年，第 119 页。

股金，德国占其中的 4.95%。国际开发协会主要是向最不发达国家提供比世界银行条件更优惠的长期贷款。依据 1995 年标准，接受贷款的国家人均年收入应低于 865 美元，贷款条件为无息贷款，偿还期为 30~40 年，10 年宽限期内对接受贷款的国家每年仅征收 0.75% 的手续费。国际开发协会的资金来源主要是成员国缴纳的股金、成员国的补充资金、世界银行从盈余中拨出的款项和协会本身业务经营的盈余。国际开发协会第十次补充资金大约为 290 亿马克，德国占 11%。1995 年在国际开发协会全部资金中，德国独占 107 亿美元（大约占 11.9%），是美、日之后第三大捐助国。1995 年国际开发协会为 137 个项目提供 57 亿美元贷款。1990~1994 年，德国向国际开发协会提供了 38.24 亿马克资金。

截至 1995 年 6 月 30 日，德国有 132 位专家在世界银行集团工作，大约占其工作人员的 3%，其中有两位副主席，德国投入的资金占世界银行集团资金的大约 5%。

地区开发银行是国际多边发展援助机构中的重要一环，它们主要针对本地区的发展提供咨询和贷款，在地区发展中起着重要作用。在德国对多边发展机构的资助中，地区开发银行也占有一定地位。1950~1994 年德国总计投入 45.4 亿马克资助这些银行的发展援助工作。

地区开发银行主要有非洲开发银行（African Development Bank，AfDB）和亚洲开发银行（Asian Development Bank，ADB）。非洲开发银行于 1964 年创立，几乎囊括了全部非洲国家，1979 年非洲开发银行理事会决定欢迎非洲以外国家入股后，许多发达国家纷纷加入。德国于 1983 年加入，德国资本占非洲开发银行资本的 3.64%，在美、日之后居第三位。亚洲开发银行于 1966 年成立，规定联合国亚洲及太平洋经济社会委员会成员、亚太地区国家和联合国及所属专门机构成员均可加入。德国是该行成员国。亚洲开发银行的宗旨是向亚太地区的成员国提供贷款、发展项目和发展计划方面的技术帮助，以促进地区性经济发展与合作。1994 年该行以接近市场的条件为 23 个项目提供了 25 亿马克贷款。该行的重点援助领域是反贫困、社会领域和环境保护，德国在该行资金中占 6.9%，向该行发展基金投入总计 12.7 亿美元，在美、日之后居第三位，居欧洲国家首位。其他重要的地区开发银行还有泛美开发银行（Inter-American Development Bank，IDB）、加勒比开发银行（Caribbean Development Bank，CDB）和欧洲复兴开发银行（Europaeische Bank fuer Wiederaufbau dan Entwicklung，EBWE），德国在这些银行中都发挥一定作用。

　　欧盟的发展援助是多边发展援助中的一个重要方面，也是德国为多边发展援助机构提供资金最多的机构，德国通过欧盟发展援助与发展中国家特别是非加太国家建立了良好的关系。1995 年欧盟为发展援助项目拨款 61.7 亿埃居（约 117 亿马克），相当于经合组织发展委员会中欧盟成员国发展援助资金的 17%。欧盟发展援助项目的重点是农业、卫生健康、教育和地区合作项目。德国作为欧盟成员国和欧洲议会成员国，直接参与了欧盟发展援助的各项工作。1996 年它所提供的发展援助资金占欧盟发展援助总额的 28.68%。[①]

　　总之，多边发展援助是德国 20 世纪 90 年代发展援助政策的一个重要领域，从表 3 - 8 中可以看出其多边发展援助资金支出情况。

表 3 - 8　德国多边发展援助资金支出情况

单位：百万马克

年份	1990	1991	1992	1993	1994	1950—1994
*多边发展援助总计	2975	3845.4	3651.1	4031.8	4337.3	59655.1
约占全部 ODA 的比重（%）	29	34	31	35	39	31
1. 给国际组织赠款和捐款	1796.1	2703.3	2460.2	2487.2	2807.5	34921.9
其中：1）给联合国组织的赠款和捐款	481.1	597.5	558.3	561.5	466.1	8611.3
2）给欧盟的赠款和捐款	1267.0	2035.5	1853.7	1874.7	2291.8	25310.7
3）国际组织特别用途捐款	48.0	70.2	48.3	51.0	49.6	999.9
2. 支付资本和基金份额	1196.9	1160.8	1210.2	1564.6	1550.5	24526.0
其中：1）世界银行集团	859.6	955.8	1009.9	1029.6	1141.2	19391.5
2）地区开发银行	309.0	159.9	106.1	495.0	369.3	4541.0
3）特别机构	28.3	45.1	94.2	40.0	40.0	593.5
3. 向 EIB（欧洲投资银行）和 CABEI（美洲经济一体化银行）的贷款	- 18.0	- 18.7	- 19.3	- 20.0	- 20.7	207.2
*其他多边官方援助	- 2.8	3.0	4.8	31.8	- 261.4	2400.9
*市场条件下私人多边贷款	1133.8	- 2223	- 3234	1395.4	294.7	21726.6
总计	4106	1625.4	421.9	5459	4370.6	83782.6

　　资料来源：BMZ, *Journalisten-Handbuch Entwicklungspolitik 1996*, Bonn, 1996, Tabelle 23。

---

① BMZ, Entwicklungspolitik Jahrebrichte 1996.

第四节　德国发展援助政策的特点

20 世纪 90 年代德国发展援助政策呈现出弱化、政治化、实用化三大特征。

一　20 世纪 90 年代德国发展援助政策的弱化

20 世纪 90 年代，德国官方发展援助资金在 1992 年达到最大值后开始逐年减少，1995 年仅达到 107.87 亿马克，比 1992 年的 118.26 亿马克减少10.39 亿马克。官方发展援助占国民生产总值的百分比则从 1990 年的 0.42%逐年下降到 1995 年的 0.31%，1998 年和 1999 年降到历史最低点 0.26%。这种官方发展援助总额和官方发展援助占国民生产总值百分比双指标同时下滑的现象在德国的发展援助史上从未有过，成为 20 世纪 90 年代德国发展援助政策的一个突出现象。

德国官方发展援助资金下滑是发展援助政策弱化的一个主要方面，但弱化并不等同于官方发展援助资金减少，发展援助政策弱化还有一系列指标，如发展援助政策地位的下降、发展援助机构的萎缩、发展援助工作人员和研究人员的减少、公众对发展援助政策态度的冷漠化，以及发展援助资金更少用于扶贫项目等。

冷战结束后，德国外交政策的五个基本目标是：继续从事欧洲的统一事业，进一步发展北大西洋联盟，稳定和支持东欧和中欧的改革进程，在联合国负责地发挥作用，发展同发展中国家的伙伴关系。从五个基本目标看，发展中国家在德国外交政策中的地位降至历史最低点，发展援助政策作为德国对发展中国家政策之一，其地位自然也下降了。

冷战后，德国学术界主要把注意力转向欧洲一体化问题的研究，许多原先研究发展援助政策的学术机构或者规模变小了，或者转向其他研究领域，舆论界甚至认为联邦经合部没有必要再存在下去了。许多学者也转向研究其他课题。

发展援助政策的目标是改善发展中国家人民的经济和社会状况并发挥主动性力量。冷战时期发展援助重点在于确保食品供应等满足贫困人口基本需要方面。20 世纪 90 年代德国发展援助仍将消除贫困作为首选重点，但具体援助资金结构日益不利于直接扶贫和有关生产性项目。例如 1992 年社会与管理方面的官方发展援助占全部官方发展援助的 23.8%，1994 年该比例上升为 36.9%，其中上升最多的是教育与培训方面的官方发展援助，从13.0% 上升为 17.1%。在经济领域，官方发展援助增加最多的是交通建设，1992 年德国投资该领域的官方发展援助为全部官方发展援助的 6.7%，1994年上升为 15.7%。与此同时，德国对农林牧渔的发展援助资金基本没有增长，对矿业、工业、手工业、建筑业方面的官方发展援助急剧下降（从7.7% 降至 1.7%）。德国对其他扶贫项目的发展援助，如免除债务、食品援助、人道主义援助都呈下降趋势。这些数据表明德国发展援助政策传统目标弱化了，在消除贫困方面的投入实际减少了。

这种弱化最明显的一个表现就是公众对发展援助政策态度的冷漠。从 20世纪 90 年代德国报刊上的争论情况可以看出，公众对发展援助政策并无多大兴趣，甚至有一种"发展援助厌倦症"的情绪。有些人在报刊上公开提出"为什么我们必须帮助穷人"①，"发展中国家应该自己帮助自己"②，发展援助的政策是"冷战残余"③ 等观点。对此，联邦经合部部长斯普朗格承认"德国充满了厌烦情绪"④，对发展援助政策的前途忧心忡忡。

以上各个方面都说明 20 世纪 90 年代德国发展援助政策呈现出弱化的特点。

二　20 世纪 90 年代德国发展援助政策的政治化特征

20 世纪 90 年代德国发展援助政策政治化有三个层次的含义：一是发展援助政策战略目标政治化；二是发展援助政策的基本原则政治化；三是发展援助政策具体措施政治化。三个层次中，政治化标志最突出的是发展援助政策基本原则的政治化，它不仅反映了发展援助政策基本原则的变化，也反映了发展援助政策战略目标的变化。

1990 年 10 月，联邦经合部正式把五项政治标准列入发展援助政策基本原则之中。五项政治标准的个别内容在以前联邦政府发展援助政策文件中也曾提及，但涉及受援国政治、经济、法律、政府行为等诸多详细指标的全面系统的政策被列入发展援助政策之中，却绝非一件小事。据德国政府称，五项政治标准是由德国政府首先公布并列入德国发展援助政策基本原则的。经

---

① Reymer kluever, Warum eigentlich den Armen helfen? sueddeutsche Zeitung 16. 9. 96.

② Entwicklungslaender sollen sich selber helfen, Stuttgarter Zeitung 5. 11. 96.

③ Uwe Kerkow, Ein Relikt des kal ten krieges? die tageszei tung, 9. Januar 1996.

④ Spranger, Deutsche sind zu satt, General-Anzeiger 14. 6. 95.

合组织发展委员会随后对这些标准加以确认，并作为冷战后提供发展援助的基本政治依据推荐给西方各援助国，在西方援助国中引起了连锁反应，一时间西方国家发展援助政策的政治"调门"唱得都很高。

从诸多材料来看，事情绝非如此简单。早在 20 世纪 80 年代后期，美国布什政府就提出建立"世界新秩序"的问题，希望在美国领导下，以西方国家为主导带领世界进入新纪元，一时间西方各国纷纷提出自己的"良策"和"建议"，除由谁掌握领导权外，在建立以西方政治经济模式为主导的"世界新秩序"方面并无本质上的争论。

20 世纪 80 年代末 90 年代初，东欧剧变、两德统一，苏联也处于风雨飘摇之中。在剧烈变动的年代，挟两德统一的余威，虎视欧洲和世界的德国风风火火地抛出五项政治标准，可谓恰到好处。细细分析五项政治标准的内容，可以说这些标准是苛刻之极，对受援国内政的干涉几乎涉及每一个领域，连政府行为也被列入监管范围。从字面上看，有些条文似乎是有道理的，但作为接受援助就必须遵守的标准有些"仗势欺人"，不仅违反发展援助的宗旨，而且直接干涉受援国内政，违反了国际法准则。

五项政治标准是一种政策标准，但各项内容足以使人看到 90 年代西方发展援助政策战略目标的轮廓。如果说在冷战条件下，与苏东集团争夺第三世界国家是西方援助国的战略目标，那么冷战后发展援助政策的定位就是为建立一个以西方国家为主体的世界新秩序战略目标服务。

发展援助政策战略目标的"政治性"在冷战时期也有，冷战后不过是改变了形式而已，但是发展援助具体措施方面的政治化是 20 世纪 90 年代德国发展援助政策的一个明显特征。且不说德国在制定地区政策、国别政策上都要遵循五项政治标准，将其作为"与受援国讨论发展援助目标、前提和措施的基础"[①]，即使在具体的发展援助项目上政治化的立场也得到充分体现。比如在援助项目上，德国特别强调扶植私人企业，不仅鼓励私人经济发展，而且"强化私人经济自我管理组织，并将其建设为私人经济在国家的利益代表"。对发展中国家的国有企业，德国公开支持其"私营化"，在人员培训方面不仅注重专业技能和管理经验的培训，"同时将工业化国家的民主体制和市场经济规则灌输给这些人员"。

---

① BMZ, Germeinsam fuer die eine Welt, Neuaufgabe auf der Basis 9. Berichts zur Entwicklungspolitik der Bundesregierung.

　　20 世纪 90 年代德国发展援助政策政治化的特点是 90 年代西方国家的国际战略和德国自身政治利益驱动下的产物。

三　20 世纪 90 年代德国发展援助政策日趋实用化

　　发展援助政策政治化的目标是建立一个以西方国家为主体，以西方国家的价值观念、社会形态为楷模的世界新秩序。然而 90 年代初的发展援助政策实践显示，冷战后对西方国家构成威胁的力量似乎还未形成，原苏东地区国家忙于按西方模式"转轨"；中国政府强调以经济建设为中心，积极建立自己的社会主义市场经济，没有表现出与西方国家争夺世界的"迹象"；发展中国家也大都进行了以"经济市场化""政治民主化"为内容的改革。在这种情况下，西方国家发起新冷战似乎没什么意义，于是各国纷纷把注意力放在发展经济、提高综合国力方面。以美国为例，克林顿上台后，立即将经济安全置于国家战略的首位，一方面调整政策，刺激本国经济增长；另一方面组建北美自由贸易区，积极参与亚太地区的经济合作，对欧洲市场进行渗透，到处为美国企业扩展市场。几年下来，美国经济很有起色。

　　德国背负着国内高税收、高福利、高工资的重压，经济增长速度越来越慢，但还得不断地为建设东部地区、支持东欧转轨提供巨额资金，严重影响了其财政支出能力。因此德国不得不减少财政开支，包括减少官方发展援助资金。与此同时，科尔政府也采取各种措施，减轻经济困境的压力。德国重视官方发展援助的回报效应，利用发展援助为开拓海外市场服务，从而使德国发展援助政策进一步实用化。

　　这种实用化的关键之处是追求回报，或者政治上的，或者经济上的，或者战略上的。至于消除贫困这一发展援助最根本的目标，必然被淡化了。以地区发展援助政策为例，最贫穷的撒哈拉以南非洲国家得到的德国发展援助逐年减少，1991 年德国对该地区的发展援助为 22.8 亿马克，1994 年下跌到 19.16 亿马克。原苏东地区的发展事关德国未来的安全和市场，具有重大的政治和经济利益，所以德国投以重资。1991 年德国向原苏东地区国家投资 37.35 亿马克，1992 年这一投资额上升为 64.6 亿马克，之后虽有下降，但其数额仍很可观。至于经济高速增长的亚太地区，其广大的市场对德国具有现实的经济意义，因此得到的官方发展援助亦不断增加，德国对亚太地区的官方发展援助在德国官方发展援助中所占的比例从 1991 年的 13.9% 上升到 1994 年的 19.2%，而且未来这一比例仍将增大。

地区是这样，国家也是这样。中国连续几年经济增长居世界之冠，市场潜力巨大。在此情况下，1993 年科尔政府率先推出"以中国为核心"的"新亚洲战略"。1993 年 11 月，联邦总理科尔又不顾议会反对派对他在人权问题上搞"双重标准"的指责，在西方国家还未完全解除对中国的制裁的情况下，率先对中国进行了正式访问，将中德经济合作关系推向新的高度。为了配合德国对华战略，1995 年、1996 年连续两年，德国给予中国第二大双边财政发展援助受援国和第一大双边技术发展援助受援国的地位，其中首先考虑的当然是对华发展援助政策要为德国在华经济利益服务这一目标。

20 世纪 90 年代德国发展援助政策实用化反映到发展援助结构上也同样充分。德国减少了对扶贫有直接帮助的食品援助和手工业的援助，增加了为未来投资特别是德国私人投资创造条件的基础设施的援助，还增加了对未来具有重大意义的发展合作领域，如环保、计划生育等的援助。这种实用化还表现在对现实威胁的考虑上。20 世纪 90 年代初德国所面临的来自东欧地区和其他第三世界国家的难民压力特别大，为此德国政府专门决定将援助难民列入发展援助政策的重点援助领域，拨出专款并给予政策上的倾斜。

凡此种种都表现出德国 90 年代发展援助政策实用化的特点。不能否认，德国的许多发展援助团体主要是出于"道义上"的责任，帮助"第三世界国家穷人"，但从国家发展援助政策层面上看，对利益的考虑无疑占据主要地位。

第四章

20 世纪 90 年代德国发展援助政策
变化的影响因素

20 世纪 90 年代德国对发展援助政策进行了较大幅度的调整，在调整中呈现出弱化、政治化、实用化三大特征。在三大特征中，最能代表德国未来发展援助政策发展趋势的特征是实用化特征。

为什么会产生这些变化？哪些是影响这次调整的主要因素？本章将对此作一些分析和探讨。

第一节　冷战结束与德国发展援助政策动力的变化

认真分析冷战时期联邦德国发展援助政策产生和发展的推动力因素，由图 4－1 可以看到联邦德国实施发展援助政策的五种推动力。

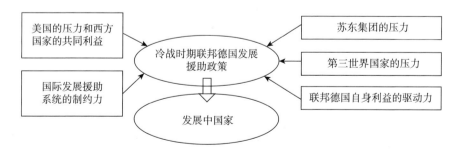

图 4－1　冷战时期联邦德国实施发展援助政策的五种推动力

五种力量对联邦德国的发展援助政策施加的基本上是正向推动力。

（1）美国的压力和西方国家的共同利益是冷战时期联邦德国实施发展援

助政策的主要推动力。

（2）来自苏东集团的压力实质上是同上述压力具有类似性质的推动力，是东西方冲突带来的压力。之所以将其单列出来是因为联邦德国地处东西欧分界线，对苏东集团的压力更为敏感，特别考虑到民主德国问题的特殊性，这种直接、明显、巨大的压力使联邦德国比其他西方国家更主动地去争取第三世界国家，在提供发展援助政策方面也较为慷慨。

（3）国际发展援助系统的制约力是一种制度性约束力，发展援助机构要想正常运行并谋求发挥更大的作用，必然要求成员国或捐助国履行义务，这种约束力对联邦德国发展援助政策的平稳保持起了很大作用。

（4）来自第三世界国家的压力在冷战时期格外引人注目，特别是20世纪七八十年代，第三世界国家团结战斗，采取一次又一次意义重大的国际战略行动，对西方国家形成很大压力，是促使联邦德国保持较为积极的发展援助政策的外部力量之一。

（5）联邦德国自身利益的驱动力是其提供发展援助的一种内源推动力，这种动力随着联邦德国成为世界经济大国日益增强。

冷战时期推动联邦德国发展援助政策的以上五种力量并非静止地、平均地发挥作用，从对联邦德国发展援助政策发挥作用的各种力量运动的角度来看，这些力量互动的形式和结构有以下特征。

第一，五种推动力中有四种是外部推动力，其产生的主要历史背景是冷战大格局，只要东西方冷战仍然存在，这些压力就会发挥作用。

第二，外部推动力在联邦德国发展援助政策发展史上所起的作用有变化。从西方国家来讲，20世纪五六十年代主要是美国的压力起作用。70年代以后，随着联邦德国实力的增长，它便以西方大国的身份，更主动地制定发展援助政策，积极参与同苏东集团争夺第三世界的斗争。从第三世界国家的压力来讲，五六十年代它们往往被动地接受外部给予的发展援助，70年代以后，随着第三世界国家在国际舞台上的崛起和影响的扩大，它们对联邦德国的发展援助政策的影响也越来越大。70年代以后，国际发展援助系统的制约作用一直是一个平稳的推进因素。

第三，推动力变化较大的是联邦德国维护自身政治和经济利益的驱动力。随着联邦德国成为世界经济大国，它在北约、欧盟等西方国家集团中的地位日趋凸显，需要谋求更多的地区和全球利益，也需要进一步扩大国际市场份额。这些变化使德国从80年代开始越来越明显地为追求一种大国地位而提供发展援助。发展援助无疑是实现以下目的的重要手段和工具：争取第三世界国家的好感，提高自己的国际声望，推进自己的政治经济利益。因此，随着时间的推移，联邦德国发展援助政策中内源推动力所发挥的作用越来越大。

德国统一、冷战结束后，推动德国发展援助政策的力学结构发生了重大变化，如图 4 - 2 所示。

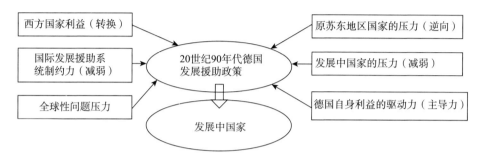

图 4 - 2　冷战后德国发展援助政策的力学结构

冷战的结束，制定德国发展援助政策的外部宏观运行环境发生了根本变化。冷战时期，联邦德国制定发展援助政策、提供发展援助的前提和主要动力是与苏东集团争夺第三世界国家，确保西方集团的共同利益。冷战结束后，这一前提和主要动力不复存在。这一变化对德国 20 世纪 90 年代发展援助政策的影响是多方面的。

第一，冷战结束，联邦德国与苏东集团争夺第三世界国家这一传统意义上的发展援助政策驱动力消失了，也就是说 90 年代以前联邦德国制定发展援助政策的主要驱动力不复存在。西方国家必须制定新的发展援助战略，以适应新的国际形势。从冷战后德国和西方国家在制定发展援助政策时加入政治标准的内容来看，西方国家新的国际战略目标是建立和维护以西方国家为主体的世界新秩序，发展援助政策要为这一战略目标服务。这种新的利益和需求是德国制定 90 年代发展援助政策的一种外在推动力。这种不同于冷战时期的新的推动力，其强度远不能和冷战时期的推动力相比。

第二，冷战时期苏东集团对联邦德国的发展援助政策的压力产生了逆向变化。冷战结束后，原苏东集团从原援助国集团转变为受援国地区。由于原苏东地区国家在地缘政治和地缘经济方面与德国有着重大利害关系，德国向这一地区提供了大量援助，成为原苏东地区国家的最大的援助国。这必然严重影响到德国对发展中国家的发展援助。苏东集团从冷战时期对联邦德国发展援助政策的正向压力转向逆向牵制力。

第三，冷战结束以后，第三世界国家（发展中国家）在东西两极的较量中得到的活动空间大大萎缩，在西方国家国际战略中的地位下降，西方国家不再需要与苏东集团争夺第三世界国家。这样，第三世界国家对西方国家，包括德国在制定发展援助政策过程中可以施加的压力极大地减弱了。相反，西方国家把发展援助作为工具干涉第三世界国家内部事务的强度却增大了。这一变化对德国发展援助政策的制定和实施产生了很大的影响。

第四，国际发展援助系统也受到冷战结束的重大影响。一是国际发展援助格局发生重大变化，原先三个基本角色变成西方独大，国际发展援助系统的其他角色牵制力极大削弱。这样，西方国家可以依据自己的国际战略利益制定发展援助政策，按照自己的意愿推行发展援助政策，国际发展援助政策严重"西方化"。二是国际多边发展援助机构仍在正常运行，德国仍需向联合国发展援助机构、世界银行集团、各地区开发银行和欧盟交纳多边发展援助资金，履行其多边发展援助义务。这是使 20 世纪 90 年代德国发展援助政策保持"国际性"和"连续性"的重要原因。三是受援国在国际发展援助中的呼声虽时有体现，但影响力和制约力大大下降，不能像 20 世纪七八十年代那样对西方国家形成强大压力，提出有约束力的指标。从以上三方面来看，国际发展援助系统对德国 90 年代发展援助政策的调整仍发挥着一定的作用，但制约力下降了。

第五，冷战时期联邦德国发展援助政策的主要推动力是外部力量，但对自身利益考虑所占的分量越来越重。冷战结束后，对德国发展援助政策产生重大影响的外部推动力或转化，或减弱，有些甚至成了负面的牵制力，相比之下，来自德国自身利益的驱动力在德国 90 年代发展援助政策调整中的重要性就凸显出来了。这些利益表现在政治、经济、安全、社会各个方面，并在国际、国家、国内三个层次上体现出来，牵涉面很广，驱动力也较强。这些利益的驱动力是 90 年代德国制定发展援助政策的主要驱动力。同时也要看到，无论来自外部的推动力还是源于内部利益的驱动力，对 90 年代德国发展援助政策的推动力的强度远不能和冷战时期相比，即使是内部利益的要求，也因发展援助政策在对外政策中总体地位的下降而受到制约，这是 90 年代德国发展援助政策弱化的一个原因。

第六，冷战后国际发展援助出现一种新的推动力，即对全球性问题的关注。20 世纪七八十年代以来，一些全球性问题日益突出，到 90 年代，环境恶化、人口增长、难民潮、贩毒猖獗等问题已经严重影响到整个人类的未来，解决全球性问题已成为西方工业国提供发展援助的一个基本目标。德国将环境保护、消除难民潮、反毒品斗争、与艾滋病做斗争等列入发展援助政策的重点领域。解决全球性问题成为德国发展援助政策一个新的重要的外部推动力。

从以上分析可以看出，冷战结束后，德国发展援助政策的力学结构发生了极大变化，从根本上影响到德国90年代发展援助政策调整的方向和内容。

从冷战后影响德国发展援助政策的各种推动力的变化来看，尚未形成新的强大的外部推动力。从德国对外政策变化来讲，德国对外政策的重点在欧洲，发展中国家在德国对外政策中的地位实质上下降了，发展援助政策在德国对外政策中的地位也随之削弱了。也就是说，90年代德国发展援助政策的内外动力都减弱了，这就是90年代德国发展援助政策在调整中出现弱化特征的主要原因。

从外部推动力变化来看，90年代初，西方国家急于巩固冷战胜利的成果，紧锣密鼓地协调立场，提出人权、民主化、市场经济等口号，企图建立一个以西方国家为主体、以西方社会制度为范本的"世界新秩序"。作为实施这一战略的具体政策，西方国家纷纷把这一战略与发展援助政策挂钩，将其战略方针与政治原则融入发展援助政策之中。德国最早将五项政治标准列入发展援助政策的基本原则，美国也宣布经济援助要以"实行多党制为代价"，法国宣布援助金额取决于受援国"民主化的程度"，日本政府也把发展援助政策与环境问题、军事开支、武器制造与输出、民主化、人权和市场经济联系起来。经合组织发展委员会、西方七国首脑会议、世界银行和国际货币基金组织也先后做出决定，把民主化、市场经济作为给发展中国家提供援助和贷款的条件。这样，在西方国家的大力推动下，西方各国发展援助政策均不同程度地与政治标准挂钩，只是德国的发展援助政策表现得更为系统，更为积极。从当时德国舆论界来看，要求在对外政策，包括发展援助政策中强力实施"人权"标准的压力很大，这就是90年代前期德国发展援助政策调整中出现"政治化"特征的原因。

1993年前后，随着美国克林顿政府对美国国家战略的调整，经济安全越来越受到各国重视，各国先后调整了国家发展战略，将发展经济、确保经济安全、提高国家经济和科技水平以及综合国力作为国家战略的中心目标。在这种情况下，德国更加重视发展援助政策的经济回报效益，在发展援助政策调整中更多地考虑本国的政治经济利益，于是出现了 90 年代德国发展援助政策调整中的实用化特征。

第二节　德国统一的影响

早在 20 世纪 60 年代，民主德国就开展了对安哥拉、莫桑比克、埃塞俄比亚等发展中国家以及古巴等社会主义国家的援助。与联邦德国相区别，这一援助被称为"团结支持"（solidarische Unterstützung）而不是发展援助。民主德国开展这一援助的重要目标是获得尽可能多国家的官方外交承认，与联邦德国展开外交竞争。民主德国的援助重点之一是教育培训，共有 3 万多名来自发展中国家的年轻人在民主德国学习，大约 20 万人接受了培训或继续教育。

1990 年 4 月，民主德国德梅齐埃政府将发展援助机构统一为民主德国经济合作部（MWZ），负责与大约 100 个国家的发展援助合作。

在两个德国统一过程中，两德建立了"发展政策圆桌会议"机制，商讨发展援助政策的衔接事宜。在德国统一过程中，原民主德国的许多政府机构被解散或与联邦德国的相关机构合并，形成统一的德国行政部门，有关负责发展援助的政府部门也不例外。民主德国经济合作部被解散，同时在柏林成立了联邦经济合作与发展部的一个分局，负责将原民主德国的发展援助工作与联邦经济合作与发展部的工作统一起来。这样原民主德国的发展援助工作被纳入联邦经济合作与发展部的工作范畴。

德国统一后，联邦德国政府基本上承担了原民主德国的发展援助工作，这样做一方面是因为在统一过程中的法律承诺，另一方面是基于统一的德国在发展中国家的利益。倘若德国放弃原民主德国与 100 多个发展中国家的经贸关系，这些国家可能转向美、英等其他国家，这将损害德国的利益。因此，两德统一后，科尔总理一再表示要履行"全球责任"并"承担新的国际义务"，许诺将继续履行原民主德国与第三世界国家签订的协议。但在实践中，德国政府还是依据第三世界国家情况做了一些调整。1990 年德国统一时，民主德国的发展援助项目除了有向许多国家派出专家和提供奖学金的项目外，还在 15 个发展中国家承担 106 个援助项目。经过考核，有 64 个援助项目由联邦经合部承担，4 个由外交部承担，4 个由非政府组织承担，另外 34 个项目没有通过审评因而不在考虑之内。联邦经合部部长斯普朗格在答记者问时明确表示"对原民主德国对外援助中不符合联邦德国的项目，统一后的德国将不予执行。对继续执行的项目，德国优先选择教育、卫生和农业相关项目"①。以上领域的援助项目分别由德国技术合作公司、国际移民与发展中心（CIM）以及德国发展中心（DED）负责。②

德国统一前，大约有 7400 名奖学金获得者在民主德国接受培训式教育，其中有 4500 人在高等学校学习，其中大部分人参与长期项目。对于他们的学习项目，联邦经合部予以协调，德意志国际发展基金会、卡尔·杜伊斯堡协会、德国学术交流中心等机构负责落实。

统一前，民主德国在优惠贷款范围内向 21 个国家做出 70 项发展援助承诺，预算总资金为 37 亿马克，其中 1990 年向 5 个国家提供 1.3 亿马克，单独向古巴支付了 1 亿马克。统一后，联邦德国对原民主德国援助的重点国家做了审查，实际上停止了对原民主德国最大的援助对象——古巴的援助。原因是"古巴仍坚持斯大林主义，改变其政治、经济的基本状况是其重新获得发展援助的前提"。联邦议会副主席乌韦·霍尔茨（Uwe Holtz）声称"古巴必须知道，只有一个民主化的古巴才能得到德国的援助"③。

德国统一对发展援助政策产生影响的另一大因素是，联邦德国政府为了重建原民主德国地区经济，投入大量资金。到 1994 年底，德国调拨的公共资金总额达 6400 亿马克。1995 年德国又调拨了 1850 亿马克，总数突破了8000 亿马克，相当于东部每人平均分到 5 万多马克，1996 年计划再调拨1270 亿马克。据统计，1991～1997 年德国政府一共向东部投入了 1.31 万亿马克。④ 这对于整个德国财政来讲，不能不说是一个巨大的负担。⑤

综上所述，德国统一对德国的发展援助政策产生了以下影响。

（1）统一的联邦政府必须承担起大部分原民主德国的发展援助计划、项目和资金，至少涉及 20 亿～30 亿马克，从而增加了联邦政府的发展援助资金负担。

（2）东、西德原先的发展援助政策都带有相当浓厚的政治色彩。民主德

---

① Saechsische Zeitung 14. OKT. 1991.
② Zukunftehemaliger DDR-Projekte E + Z 12/90.
③ Fuer demokratische Reformen in Kuba E + Z 33. 1992. 1.
④ 李钟发：《科尔竞选连任面临严峻考验》，《世界形势研究》，1997（13）。
⑤ 裴元伦等，《德国与世界》，经济日报出版社，1996，第 269 页；〔德〕阿尔诺·卡普勒：《德国概况》，莎西埃德出版社，1996，第 59 页。

国的发展援助项目主要是给予一些社会主义国家，比如越南、老挝、柬埔寨、蒙古、古巴等国，对其他第三世界的援助也集中于安哥拉、埃塞俄比亚、印度、刚果、也门等与社会主义国家关系良好的国家或战略地位重要的国家。联邦德国的发展援助政策同样有与社会主义国家争夺第三世界国家的战略考虑，有牵制民主德国的政策因素。德国统一后，联邦政府可以在发展援助政策中不再考虑与社会主义国家进行政治争夺的因素，卸下一个负担。但同时必须承担起大部分原民主德国的发展援助项目，调整与原民主德国具有发展援助关系的近百个国家的关系，从而使德国发展援助政策的调整进一步复杂化。

（3）为了重建原民主德国经济，联邦政府付出了巨大的财政支出，总资金高达上万亿马克，相当于 1950～1994 年联邦德国向发展中国家提供的4546 亿马克的发展援助资金的一倍多。这不能不影响到德国的财政支出能力，从而影响了 90 年代德国发展援助资金的支出。

以上三个方面的影响对发展援助资金和政策来讲都是消极的。这是因为一方面资金短缺导致发展援助资金减少，另一方面是发展援助政策目标强度的减弱导致发展援助政策动力减弱，从而影响了发展援助资金的支出。

第三节　东欧剧变、苏联解体的影响

在 20 世纪 80 年代末 90 年代初德国舆论界对发展援助政策的大争论中，如何看待东欧剧变、苏联解体对发展援助政策的影响是一个重要的研究内容。发展援助政策的研究学者克劳斯·赖夫瑞豪森（Klaus Lefringhausen）认为东欧剧变有利也有弊。有利因素是：发达国家可以卸下长期以来东西方对峙所造成的地缘政治冲突负担；发达国家不必再因意识形态原因宽容腐败的受援国政府；如果东欧经济改革成功，那么发展中国家就可以得到贸易机会；两极竞争减少会使第三条道路的活动空间扩大；裁减军备将使发达工业国家把更多的资金用于建设性任务；发展中国家自身改革能力将增强；发达国家在提供发展援助时，可以更少地考虑结盟因素，而更多地从实际出发提供援助；使一个建设性的世界环保政策成为可能；地区冲突得到解决。不利因素是：东西方关系的改善也使第三世界国家的一些问题激化；东西方冲突本质上是发展援助的一个推动力，这一动力的消失不利于发展援助政策的保持；东欧将与南方国家争夺资金和市场；东西方可能成为一个新的针对第三

世界的巨大的利益共同体；世界强国政治上的节制会导致第三世界国家政治
上维持现状。①

　　实际上，在具体运行过程中，基于地缘政治的考虑，德国特别重视其在
东欧的利益，在东欧投入了巨额资金。这不能不引起第三世界国家的担心，
许多人认为第三世界将成为东欧改革的牺牲品。② 同时，在德国也出现了一
种被称为"发展援助厌倦症"的情绪，许多人认为德国政府应该减少发展援
助。"许多德国人公开希望建立一道墙，以保护自己的财富并离贫穷的国家
远一些。"基社盟在一条标语上写道："下去吧，船已经满了，现在该修改基
本法了。"③

　　当然也有不同的观点，1991 年在曼谷召开的世界银行和国际货币基金组
织发展中国家财政部长会议上，与会者一致认为，"支持苏联东欧改革进程，
不应减少对发展中国家的援助"。在会议结束时，世界银行行长莱威斯·佩
瑞斯滕（Lewis Preston）保证说："我们拥有的资本能力在支持新的要求者的
同时，仍将保证对发展中国家的项目和投资。"他还强调发展中国家不会成
为东欧改革的牺牲品，东欧和第三世界在一条船上。④

　　总之，东欧剧变、苏联解体对德国发展援助政策带来很大影响，这一影
响至少包括以下几个方面。

　　（1）对德国发展援助政策目标的确定和基本动力产生很大影响。由前所
述，德国发展援助政策是冷战的产物，在整个东西方对峙时期，德国发展援
助政策同其他西方国家的发展援助政策一样，带有与苏东集团争夺第三世界
国家的战略目的。冷战时期，德国由于自身的分裂和处于东西方对峙的最前
线，对安全问题非常敏感，更重视利用发展援助政策来改善自己的安全环
境。冷战结束后，德国的外部环境发生了重大变化，利用发展援助政策来与
苏东争夺第三世界国家的必要性不复存在，"在原东方集团解体后，世界政
治有了根本的变化。发展援助政策的背景框架也有了一个基本变化"⑤。这一
变化意味着德国需要按新的国际背景对发展援助政策做相应的战略调整，确

---

①　Klaus Lefringhausen, Deutsche Einheit in der Suedpolitik E + Z 3/89.

②　Ralf Joas, Die Dritte Welt sieht sich als Opfer auf dem Alter Osteuropas, Die Rheinpfalz, 19. Apr. 1991.

③　Volker Woerl, Reich auf Kosten der Armen, Sueddeutschland Zeitung, 2. Nov. 1991.

④　Osteuropa und Dritte Welt in einem Boot, Auslands-Kurier, 10/91.

⑤　BMZ, Entwicklungspolitische Konzeption des BMZ, aktuell 072, 1996.

定新的目标，寻求新的动力。

（2）苏联解体，东欧剧变，来自东方的军事威胁不复存在，德国可以享受部分"和平红利"，降低军事开支，调整资金结构，从而对发展援助政策产生间接影响。

（3）面对原苏东地区出现的民族冲突、难民潮、经济衰退、政治动荡的局面，出于自身利益的考虑，德国必须提供大量援助，以稳定原苏东地区的局势。1990～1994 年，德国对原苏东地区各国提供了 1000 亿马克的援助，占西方双边援助总额的一半以上，对中、东欧各国的援助金额也达到 460 亿马克。这还不包括德国参与的国际组织对中、东欧地区的多边援助。如此巨大的财政支出不可能不影响德国对第三世界国家的发展援助。

第四节　德国发展援助政策的利益分析

对发展援助政策的利益怎么看以及如何进行分析在南北方国家均有激烈的争论。尽管有一些慈善机构、私人组织和党派政治家一再宣称发展援助的目标是出于"人道主义考虑"帮助贫穷国家里的穷人。然而绝大多数人承认发展援助政策更多的还是出于利益考虑，德国涉及发展援助政策的著作都承认这一点。影响最大的《发展援助政策工作手册》和《政治学百科全书》都直截了当地承认，"发展援助政策是利益政策""发展援助政策是复合利益政策""发展援助政策的利益与外交、外贸、安全、思想意识形态一样，同属国际政治不可分割的有着共同利益的组成部分""只要发展援助政策的主要财政支出和执行由民族国家负责，这一政策就不可能不体现国家利益"。[①] 联邦德国的发展援助政策的实践足以说明德国发展援助政策有自己的利益。

值得注意的是，90 年代德国国家利益的驱动已成为德国发展援助政策的主要推动力，这些利益表现在经济、政治、文化等方面。

一　对外经济利益

德国作为一个经济大国和出口大国，历来重视自己的对外经济利益，包

---

① Franz Nuscheler, *Lern-und Arbeitsbuch Entwicklungspolitik*, Verlag J. H. W. Dietz Nachf. GmbH, Bonn, 1996, S. 376.

括促进出口，保证原材料供应，扩大对外私人投资等。发展援助政策在德国对外经济利益方面发挥了很大作用，"发展援助是对外经济政策的工具，德国发展援助政策应优先为自己的经济利益服务"①。

1. 保证原材料供应

德国是一个缺乏原材料的国家，也是世界上第三大原材料消费国，在原材料和能源供应方面德国主要依赖进口。根据德国政府统计，1993 年德国从发展中国家进口原材料及其他产品共计花费 835.8 亿马克，占进口总额的 15%。其中进口依存度较高的原材料和食品有：铁矿（占从发展中国家进口原材料及其他产品的 98%），铝（占从发展中国家进口原材料及其他产品的 90%），铜、锡、锰、钨、铬分别（占从发展中国家进口原材料及其他产品的 100%），咖啡（占从发展中国家进口原材料及其他产品的 91%），可可（占从发展中国家进口原材料及其他产品的 72%），茶叶（占从发展中国家进口原材料及其他产品的 89%），香料（占从发展中国家进口原材料及其他产品的 64%），天然橡胶（占从发展中国家进口原材料及其他产品的 94%）。②

为保证德国从发展中国家顺利进口原材料，德国在向发展中国家提供发展援助的许多项目上注重能保证原材料生产和出口的基础设施建设，并且致力于稳定原材料价格，扩大原材料生产和出口。一些企业还投资参与发展中国家的原料加工工业。德国采取了一些措施，包括在发展中国家出现政治风险时保护在那里的资本投资，对财政贷款提供担保，尽力开放工业国的市场，使更多的发展中国家的原材料可以顺利进入工业化国家等。

2. 促进出口

德国是世界贸易大国，1995 年德国进口商品额达 6342 亿马克，出口额为 7276 亿马克，其对外贸易额仅次于美国，居世界第二位。德国全国 1/3 劳动力生产出口商品。这种经济对外的严重依赖性使德国对世界贸易环境的任何变化都非常敏感，促进出口成为联邦政府一项重要政策。除主管对外贸易的联邦经济部外，联邦外交部、联邦财政部、联邦经济合作与发展部以及其他许多部委把促进出口作为一项重要任务。发展援助也被当作促进出口和扩展新市场的工具。1994 年德国对发展中国家（包括中东欧国家）的出口

---

① Franz Nuscheler, *Lern-und Arbeitsbuch Entwicklungspolitik*, Verlag J. H. W. Dietz Nachf. GmbH, Bonn, 1996, S. 360.

② BMZ, *Journalisten-Handbuch Entwicklungspolitik 1996*, Bonn, 1996, S. 256.

额为 1113 亿马克，占对外贸易总额 16.2%；从发展中国家的进口商品额为 1029 亿马克，占进口总额的 16.8%。1994 年与 1990 年相比，出口净增长 271.3 亿马克，增长率为 32%。[1] 为使发展援助达到促进向发展中国家出口的目的，联邦政府采取了以下措施。

（1）政府提供出口信贷担保。它虽然不属于官方发展援助的范围，但常被人看作对发展中国家总的援助的一部分。在联邦德国执行政府出口信贷担保的是德国复兴信贷银行，还有一个重要执行机构是赫尔梅斯贷款保险股份有限公司，它提供的赫尔梅斯贷款（hermes Buegschaften）对支持出口十分重要。[2] 对国家担保负有决策权的是一个跨部委员会，这个委员会是由联邦经济部、联邦财政部、联邦外交部和联邦经济合作与发展部组成。

（2）在官方发展援助财政资助下的货物援助是一种完全意义上的为促进出口的援助方式。

（3）使用发展援助资金购买援助国的设备、货物和服务，这些官方发展援助资金常与商业贷款混合使用，这实质上是一种资本和货物输出形式。例如德国向印度尼西亚雅加达地铁项目提供 4 亿马克的发展援助，采用的是混合贷款形式，并且要求援助项目所需的设备要从德国购买。发展中国家对于这一点颇有微词，因为用发展援助资金购买援助国的货物的价格高出世界市场平均价格的 15% 以上，在货物选择及其他条件上受援国也受到限制。

3. 为私人投资开路

发展中国家分布于亚洲、非洲和拉丁美洲，国家众多，国情各异，各国情况十分复杂，不仅政治和经济制度各有特点，而且文化、习俗也各不相同。这种复杂的情况往往使德国私人企业在对外技术投资上裹足不前。为了促进私人对外技术投资，德国发展援助政策的一项重要内容，就是为私人投资创造条件。第一任联邦经合部部长瓦尔特·谢尔明确指出：发展援助就是私人对外投资的先期投资。以后历届德国政府都认为发展援助应该为私人投资创造条件。为了促进私人投资，联邦政府采取了一些与发展援助项目有关的措施。

（1）联邦政府资助德国投资开发股份有限公司，向发展中国家提供咨询和财政援助，以促进德国的私人投资。1994 年，德国投资开发股份有限公司

---

① Deutscher Bundestag – 13，Wahlperiode Drucksache 13/3342.

② 〔德〕费·克劳瑟·布雷威尔：《德国的对外贸易寻求新途径》，德国驻华大使馆，1997 年，第 5 页。

向 30 个国家提供了 61 个项目的援助，总资金达 4.34 亿马克。

（2）为了保护对发展中国家的投资不受政治危机的影响，联邦政府同 104 个发展中国家签订了保护与促进投资条约。

（3）由经济发展咨询一体化中心对促进出口和投资的发展援助项目提供咨询和人员培训，以增强德国企业特别是中小企业的对外投资能力。

（4）德国中小企业在发展中国家建立分公司以及进行技术转让时可获得优惠的贷款和补助。

从私人对外投资情况来看，20 世纪 90 年代德国私人对外总投资是下降的，但是对发展中国家的投资上升了。20 世纪 90 年代德国私人对外直接投资如表 4-1 所示。

表 4-1 20 世纪 90 年代德国私人对外直接投资

单位：百万马克

国家	1990 年	1991 年	1992 年	1993 年	1994 年	1952～1994 年
发展中国家	1441	2036	1174	2033	2082	40556
发展中国家投资占总投资额的比重(%)	4.5	6.7	4.7	7.9	8.7	12.5
其他						
欧洲	423	411	259	379	229	7954
非洲	47	-1	-47	-38	73	4736
美洲	717	910	352	993	669	18251
亚洲	234	716	610	699	1111	9428
大洋洲	20	0	0	0	0	187
工业化国家	30242	28408	23604	23538	21870	283608
其他国家	23	107	52	23	-142	15
其他总计	31706	30551	24830	25617	23810	324202

资料来源：BMZ, *Journalisten-Handbuch Entwicklungspolitik 1996*, Bonn, 1996, S. 269。

注：表 4-1 中 1993 年德国私人对外直接投资总计应为 25594 百万马克，1952～1994 年德国私人对外直接投资总计应为 324179 百万马克。1993 年以及 1952～1994 年的德国私人对外直接投资总计数额计算有误，因德文资料的数据如此，故保留原数据。

90 年代以来，德国经济面临双重压力，一是因为自身经济政策、经济结构的影响，竞争力持续下降，债务负担不断增加，经济陷于困境之中；二是西方大国特别是美国，急剧扩张自己在全球的市场，对德国形成极大压力。在这种情况下，对外贸易依存度很高的德国更加重视对海外市场的争夺。

1992 年以后德国政府就开始调整对亚洲特别是中国的政策。1993 年后，德国总理科尔多次访问亚洲，德国政界、企业界联手争夺亚洲这块潜力巨大的市场。1994 年以后，随着拉丁美洲、非洲经济状况的好转，德国对拉丁美洲的政策也趋于积极。在德国企业界进军亚洲、非洲、拉丁美洲市场的过程中，联邦经合部发挥了很大作用。1993 年科尔政府在制定"新亚洲政策"的过程中，联邦经合部是主角之一。为了配合德国的总体经济政策，联邦经合部制定了各个地区纲领，并将援助重点转向对德国市场有重大意义的国家和地区。在亚洲，德国发展援助项目集中在环保、教育和基础设施建设领域，这些领域往往是私人投资不愿意涉及，而对扩大私人投资必不可少的领域。德国在这些领域的发展援助在很大程度上是为私人投资创造条件。1995年 10 月，联邦经合部国务秘书维格哈德尔·黑特尔（Wighard Hetel）访问东南亚时，强调德国会实施一些新的发展援助措施，这些措施将有利于德国经济发展。他还主张将发展援助政策与对外经济政策结合起来。

20 世纪 90 年代德国发展援助政策实用化的特征最主要的表现就是发展援助政策为德国经济利益服务，是德国经济界在发展中国家扩张势力的"开路先锋"。由于发展援助的特殊性质，德国政府很难用其他经济方式取代发展援助。因此，经济利益特别是对外经济利益就成为 90 年代支持和推动德国发展援助政策调整的重要推动力。

二 外交与安全利益

20 世纪 90 年代德国发展援助政策在外交、国际战略、安全等领域仍占有一定的位置。德国统一以后，成为西欧人口最多、经济实力最雄厚的国家。随着主权的完全恢复，德国迫不及待地要求得到与其经济地位相称的政治地位，也就是说，不仅要做经济大国，也要做政治大国。德国总理科尔多次强调统一的德国要"承担起自己的国际责任"，并声称国际责任不仅限于欧洲，德国还应在世界范围内做出"积极贡献"。德国总统赫尔佐格也强调"冷战后格局的变化将导致德国外交政策的全球化"。这些都表明，德国力求成为一个对国际事务有重大影响的大国。这种目标必然要求其外交战略具有全球视野。德国需要借用发展援助政策这一工具巩固和扩大自己在第三世界国家的利益。1992 年在联合国世界环境与发展会议上科尔再次承诺将履行联合国要求的官方发展援助达到国民生产总值 0.7% 的指标，向国际社会表明了统一后德国政府对发展援助政策的一种基本态度。

为什么德国政府要在国际场合公开表明自己的发展援助政策的立场呢？其主要原因是德国经济、外交和安全领域有着一系列利益，仍需要借助发展援助政策这一工具去实现。

1. 德国争取成为"世界政治大国"的需要

德国早在20世纪六七十年代就已成为世界经济大国了，然而主权完全恢复是在统一以后才实现的。统一以后，德国就迫不及待地表现出要成为一个真正的世界大国的强烈愿望，并且为此做出许多努力。其表现之一是加强德国在联合国的作用和影响，争取早日成为联合国安理会常任理事国。德国扩大自己在联合国影响的主要手段是提供更多的财政支持，包括对联合国发展援助机构的财政支持，以争取联合国会员国，特别是第三世界国家的支持。

2. 与美、日等国争夺世界市场的需要

冷战后，西方国家三大经济集团为争夺世界市场展开激烈角逐，这种争夺不仅是为了经济利益，而且是为了政治和战略利益。德国与美、日等国争夺的重点是第三世界国家。特别是90年代中期以后，随着发展中国家经济普遍好转，这一竞争进一步加剧，1998年美国和法国在非洲的激烈竞争充分体现了这一点。在这种角逐中，发展援助政策无疑是重要手段之一。法国在非洲的扩展主要靠发展援助政策，德国在亚洲的扩展也同样如此。目前德国援助最多的国家几乎都在亚洲（印度、中国、印度尼西亚、巴基斯坦、孟加拉国）。从发展援助的效果来看，德国受益的确不小，不仅在经济上扩大了市场，而且在政治上也扩大了影响。难怪联邦经合部的官员称，他们在亚洲有很好的"声誉"。

3. 解决全球性问题的需要

解决全球性问题是德国对外战略一个重点领域，是德国确保"未来安全"的重要组成部分。在这一领域，发展援助政策承担了主要责任。环境保护和可持续发展是解决全球性问题的关键，在20世纪90年代的德国发展援助政策的调整中，环境保护的地位得到进一步提升。德国认为，西方工业国的经济方式已导致全球对资源的过度消耗，如果发展中国家仍按西方工业化的模式实现自己的工业化，将会造成全球生态的崩溃，威胁包括德国在内的所有工业国的根本利益。为此，德国积极支持联合国制定的可持续性发展战略，在发展援助政策范围内帮助发展中国家保护环境，有效利用资源，制定新的发展战略，以此努力来共同确保世界的未来。在这一方面，发展援助政策发挥着重要的作用。此外，发展援助政策在解决难民问题、毒品问题、人口爆炸问题等全球性问题方面也可以发挥很大作用。

4. 确保德国安全的需要

在国家安全问题上，德国政府十分重视发展援助政策的作用。德国政府认为原苏东地区、地中海沿岸国家是对德国安全至关重要的地区，所以德国在发展援助政策调整中，专门制定了对这两个地区的发展援助纲领。例如，德国在《近东及地中海沿岸国家发展援助政策纲领》中指出："这一地区的贫困、失业、贩毒、恐怖活动、难民潮、水资源短缺、环境的破坏、民族冲突等都会对欧洲构成直接威胁，因此应实施发展援助计划来帮助这一地区消除贫困、保护环境、构建民主政体、推进和平进程，以确保欧洲的安全。"[①]1997 年 6 月 23 日，联邦经合部部长施普朗格在接受记者采访时指出"派出联合国维和部队是危机爆发以后采取的行动，而发展援助政策可以预先解决危机产生的根源，防止危机爆发，因此，在预防危机方面，发展援助比军人更为重要"[②]。

5. 发展援助政策为西方国家的全球战略服务

冷战结束后，从传统的东西方冲突角度来看，似乎西方国家的发展援助政策失去了政治推动力，实际上西方国家在国际政治和国际经济方面仍有共同利益，仍需要将发展援助政策作为维护其利益的工具。

从德国等西方国家对发展援助政策的一系列调整来看，一个新的全球利益目标逐步形成。如前所述，这一点突出表现在联邦经合部关于 90 年代发展援助政策五项新的政治标准上。这些标准也是经合组织成员国制定发展援助政策的新标准。这些新标准实质上是要利用发展援助为建立一个以西方国家为主体的世界新秩序的战略目标服务，即建立以私人经济为基础的市场经济；以人权、民主制度为基础的社会制度；以自由贸易为基础的全球贸易体系；以西方国家为主体的国际安全体系。换言之，发达国家要以发展援助为手段，向第三世界国家全面推行西方的政治制度、价值观念和社会模式。发达国家"利用金钱、商品和咨询输出经济、社会、消费模式和价值观念。发展援助应作为一种工具，使西方国家对第三世界国家的精英产生极大影响"[③]。作

---

① Druchsache 13/3342 S. 51.

② 〔德〕施普朗格：《发展援助人员比军人重要》，《时代》，1995 年 6 月 23 日。

③ Franz Nuscheler, *Lern-und Arbeitsbuch Entwicklungspolitik*, Verlag, J. H. W. Dietz Nachf. GmbH, Bonn, 1996, S. 372.

为一个西方工业大国和贸易大国和旧的国际秩序的受益者，德国在战略上十分注重维护符合西方利益的国际秩序。德国依赖一个稳定、能运作的和担负自由贸易责任的世界经济体系。为了达到这一目标，联邦经合部的纲领性文件都体现了五项政治标准的要求。"东欧、中欧和东南欧各国以及原苏联地区的各新兴国家和人民在实现创建自由制度和市场经济制度的目标时需要西方团结一致的援助。德国和其他援助国在近年来对亚洲发展中国家进行援助时应注意加强其政治、法律、经济框架条件的建设，其中最重要的是理顺一般人权。"[1] 以西方国家利益为目标，借助包括发展援助政策在内的所有手段，建立一个以西方国家为主体的世界新秩序，这肯定是冷战结束后德国发展援助政策一个新的推动力。

综上可知，20世纪90年代德国发展援助政策代表了德国经济、政治、安全、国际战略等方面的利益，是一种"复合利益政策"。德国对本国利益的考虑在制定发展援助政策中的作用越来越大，成为90年代德国发展援助政策调整的主要推动力。

在强调发展援助政策制定和调整中的利益关系时，也不能忽视德国民间，特别是以教会为主的非政府组织所提倡的"道义力量"的作用。从德国发展援助政策的实践过程可以看出，教会等非政府组织在动员民众"扶贫济困"、在制约政府发展援助政策行为过分实用化，以及在争取舆论同情和支持发展援助方面均发挥了特殊作用，是德国发展援助政策的支持力量之一。

---

① BMZ, Konzept fuer Entwicklungspolitische Zusammenarbeit mit den Laendern Asians, 1993, S. 9.

第五章

21 世纪初期可持续发展框架下的德国发展援助政策[*]

21 世纪以来，德国发展援助政策经历了施罗德任总理的两届政府（1998～2005 年）以及默克尔任总理的四届政府（2005～2020 年）[①]。历届政府的发展援助政策在战略定位、基本原则、援助方式、援助重点等方面既有延续性，也有调整和变化。21 世纪初，联合国的《联合国千年宣言》和《变革我们的世界：2030 年可持续发展议程》（以下称《2030 年可持续发展议程》）两大文件先后出台，德国亦制定了可持续发展国家战略，在此基础上，德国对发展援助政策进行了重要调整，制定了与之相适应的政策。这些政策的制定和实施可分为两大阶段：2000 年至 2014 年底，德国发展援助政策的主要依据是《联合国千年宣言》；2015 年之后，德国发展援政策以联合国《2030 年可持续发展议程》规定的目标为主要的政策基础。在这两个阶段，德国在保留和延续以往发展援助政策的同时，积极配合国际社会发展援助政策的新要求，特别是联合国的目标，制定了德国在 21 世纪初期的发展援助政策。

第一节 《联合国千年宣言》与德国发展援助政策

2000 年 9 月，来自 189 个国家的高级代表（其中大多数是国家元首和政

---

[*] 本书所指 21 世纪初期是指 2000～2020 年。

[①] 默克尔政府任期到 2021 年底。本书仅涉及 2020 年。

府首脑）聚在一起，参加了联合国千年首脑会议。9 月 8 日，会议通过了《联合国千年宣言》①，主要分为八个部分，分别为：价值和原则，和平、安全与裁军，发展与消除贫困，保护我们共同的环境，人权、民主和善政，保护易受伤害者，满足非洲的特殊需要，加强联合国的作用。

《联合国千年宣言》描述了 21 世纪国际政治面临的挑战，定义了各种行动领域。联合国对于发展与减贫和保护共同环境设定了八项具体目标，即所谓的千年发展目标（Millennium Development Goals，MDG），要求该目标于 2015 年实现。

千年发展目标具体如下。

目标 1：消灭极端贫穷和饥饿。

目标 2：实现普及初等教育。

目标 3：促进两性平等并赋予妇女权力。

目标 4：降低儿童死亡率。

目标 5：改善产妇保健。

目标 6：与艾滋病、疟疾和其他疾病做斗争。

目标 7：确保环境的可持续能力。

目标 8：建立促进发展的全球伙伴关系。

2000～2015 年，世界各国均按照《联合国千年宣言》以及千年发展目标要求，制定了本国实施的具体方案。此后联合国及相关国际组织密切跟踪和指导千年发展目标的落实，每年要发布目标实施报告。2015 年，千年发展目标到期之日，联合国出版了《千年发展目标报告 2015》，对 2000～2015 年国际社会实施千年发展目标的情况做了总结和汇报，指出取得的成就和存在的不足，并为下一步可持续发展战略提出要求。主要内容如下。

目标 1：消灭极端贫穷和饥饿。

实施效果：

● 1990 年以来，极端贫困率显著下降。1990 年发展中国家近一半的人每天依靠低于 1.25 美元生活，而到 2015 年这一比例下降至 14%。

● 全球生活在极端贫困中的人数下降超过一半，1990 年有 19 亿人，1999 年为 17.51 亿人，2015 年下降为 8.36 亿人。

① 联合国大会第五十四届会议议程项目 60（b），55/2，《联合国千年宣言》，2000 年 9 月 8 日，https://www.un.org/zh/documents/view_doc.asp? symbol = A/RES/55/2。

● 1991～2015 年，劳动中产阶级（日生活费高于 4 美元的人群）的人数几乎增长了 2 倍。该群体的人数目前占发展中国家和地区工作人数的 15%，这一比例比 1991 年有所提高。

● 1990 年以来，发展中地区营养不良的人口的比例接近减半，从 1990～1992 年的 23.3% 下降至 2014～2016 年的 12.9%。

目标 2：实现普及初等教育。

实施效果：

● 2015 年发展中国家及地区的小学净入学率达到 91%，比 2000 年的 83% 有所提高。

● 全世界小学教育适龄儿童失学人数接近减半，从 2000 年的 1 亿人减少到 2015 年的 5700 万人。

● 自千年发展目标确定以来，撒哈拉以南的非洲国家在小学教育方面取得明显进步。1990 年这些国家儿童的入学率为 52%，2000 年达到 60%，2015 增长到 80%。

● 1990 年至 2015 年，全球 15～24 岁的青年识字率从 83% 上升至 91%。女性青年与男性青年在识字率上的差距缩小。

目标 3：促进两性平等并赋予妇女权力。

实施效果：

● 相比 15 年前，2015 年有更多的女孩就学。发展中国家和地区已经实现消除小学、中学和高等教育中两性差距的具体目标。

● 在南亚的小学教育中，1990 年 100 个男孩入学的同时，只有 74 个女孩入学，而 1995 年 100 个男孩入学的同时，有 103 个女孩入学。

● 非农业部门有偿工作者中女性的比例从 1990 年的 35% 增加到 2015 年的 41%。

● 2015 年，脆弱就业的女性占整个女性就业的比例下降了 13%。与之相比，脆弱就业的男性比例下降了 9%。

● 在有 1990～2015 年数据的 174 个国家中，近 90% 的国家的女性在议会的代表数量增加。同期，女性在议会中的平均比例增长了近一倍，但每 5 个议员中仍然只有一位女性。

目标 4：降低儿童死亡率。

实施效果：

● 1990～2015 年，全球 5 岁以下的儿童的死亡率下降了超过一半，从每

1000 名活产婴儿有 90 人死亡降至 43 人死亡。

• 尽管发展中国家和地区人口增长，但全球 5 岁以下的儿童死亡人数还是从 1990 年的 1270 万人下降到 2015 年的近 600 万人。

• 20 世纪 90 年代初以来，全球 5 岁以下儿童死亡率的下降速度提高了 2 倍多。

• 在撒哈拉以南非洲，2005～2013 年 5 岁以下儿童死亡率的年下降速度比 1990～1995 年快了 4 倍多。

• 2000～2013 年，麻疹疫苗接种使死亡人数减少了近 1560 万人。同期，全球报告的麻疹病例数下降了 67%。

• 2013 年全世界约 84% 的儿童每人注射了至少一剂麻疹防治疫苗。2000 年全世界的 73% 的儿童每人注射了至少一剂麻疹防治疫苗。

目标 5：改善产妇保健。

实施效果：

• 1990 年以来，全世界孕产妇死亡率下降了 45%，其中大部分发生在 2000 年以后。

• 1990～2013 年，南亚的孕产妇死亡率下降了 64%，撒哈拉以南非洲的孕产妇死亡率下降了 49%。

• 2013 年孕妇由熟练的医护人员接生的比例超过 71%，比 1990 年的 59% 有所增长。

• 北非的孕妇获得四次或更多次的产前护理的比例从 1990 年的 50% 增长到 2014 年的 89%。

• 全世界 15～49 岁已婚或有伴侣的妇女采取避孕措施的比例从 1990 年的 55% 上升到 2015 年的 64%。

目标 6：与艾滋病、疟疾和其他疾病做斗争。

实施效果：

• 2000～2013 年，新感染艾滋病毒的人数下降了约 40%，从估计的 350 万人下降至 210 万人。

• 截至 2014 年 6 月，全球 1360 万名艾滋病毒携带者接受了抗反转录病毒疗法治疗，比 2003 年的 80 万人有大幅增长。1995 年至 2013 年，抗反转录病毒疗法使因艾滋病死亡人数减少了 760 万。

• 2000～2015 年，撒哈拉以南非洲的 5 岁以下儿童超过 620 万人免于因疟疾死亡。全球疟疾发病率下降了约 37%，疟疾死亡率下降了 58%。

● 2004～2014 年，发达国家向撒哈拉以南非洲疟疾盛行的国家发放了 9 亿多顶驱虫蚊帐。

● 2000～2013 年，结核病的预防、诊断和治疗挽救了约 3700 万人的生命。1990～2013 年，结核病的死亡率下降了 45%，流行率下降了 41%。

目标 7：确保环境的可持续能力。

实施效果：

● 1990 年以来，98% 的消耗臭氧物质已消除，预计到 21 世纪中叶臭氧层即可恢复。

● 1990 年以来，很多地区的陆地和海洋保护区大幅增加。1990 年至 2014 年，在拉丁美洲和加勒比地区，陆地保护区覆盖率从 8.8% 上升至 23.4%。

● 2015 年全球 91% 的人口使用经改善的饮用水源，而 1990 年只有 76% 的人口使用经改善的饮用水源。

● 1990 年以来新增的可获取经改善的饮用水的 26 亿人中，有 19 亿人在房舍获取了饮用自来水。目前全球有半数以上人口（58%）享受这种服务。

● 全球 147 个国家实现了饮用水使用的具体目标，95 个国家实现了卫生设施的具体目标，77 个国家这两个目标都已实现。

● 全世界可获取经改善的卫生设施的人口新增 21 亿人。1990 年以来，露天便溺的人口比例减少近半。

● 发展中国家和地区居住在贫民窟的城市人口比例从 2000 年的约 39.4% 下降至 2014 年的 29.7%。

目标 8：建立促进发展的全球伙伴关系。

实施效果：

● 2000～2014 年，来自发达国家的官方发展援助实际值增长了 66.9%，从 2000 年的 810 亿美元增加到 2014 年的 1352 亿美元。

● 2014 年，丹麦、卢森堡、挪威、瑞典和英国的官方发展援助占国民总收入的比值超过 0.7%。

● 2014 年，发达国家从发展中国家进口的 79% 的商品免税。2000 年发达国家从发展中国家进口的 65% 的商品免税。

● 发展中国家外债偿债支出相当于出口收入的比重从 2000 年的 12% 下降至 2013 年的 3%。

● 截至 2015 年，移动电话信号覆盖了 95% 的世界人口。

● 移动电话订户数量增长了近 9 倍，从 2000 年的 7.38 亿户增长到 2015

年的超过 70 亿户。

　　● 世界人口的互联网普及率从 2000 年的 6% 上升到了 2015 年的 43%。
2015 年 32 亿人接入了全球网络。

　　2000～2015 年在千年目标指引下，国际社会在减贫、环保、教育、改善
妇女地位、与全球性传染病做斗争、国际合作等发展合作领域取得了很大成
就。德国也做出了自己的贡献。

　　德国是《联合国千年宣言》的签署国，对联合国千年发展目标承担义务。
2001 年，联邦政府通过了 2015 年行动纲领，为德国实现千年发展目标制定了
目标和政策。在这些政策中，德国将减少贫困作为完成千年发展目标的主要任
务，同时依据德国的优势，确立了以下重点领域并且做出了突出贡献：在教育
以及与艾滋病做斗争方面做出突出贡献；在粮食安全、孕产妇健康以及保护生
物多样性和森林方面做出突出贡献。[①]

　　在发展援助资金支出方面，2000 年经合组织发展委员会成员国官方发展
援助净额为 810 亿美元，到 2014 年增长到 1352 亿美元，其中七国集团
（G7）占 71%，欧盟国家占 55%。德国是第三大援助国。七国集团和欧盟主
要发展援助成员 2000 年官方发展援助净额为 54.5 亿欧元，2014 年为 124.8
亿欧元，增长约 129%。

　　在 2015 年联邦经合部发布的《全球更美好生活的八个目标》文件中，
列举了德国为实现千年发展目标所做的贡献。[②]

　　目标 1：为消除极端贫困和饥饿，联邦经合部通过"一个没有饥饿的世
界"倡议，为实现这一目标做出了贡献。该倡议侧重粮食安全和加强农村发
展，在 2012 年和 2013 年，联邦经合部直接或间接地将其资金的 80% 用于消除
贫困。例如，联邦经合部在马拉维建立一种社会保障体系，该体系确保最需要
帮助的家庭，尤其是最需要帮助的儿童获得帮助。

　　目标 2：教育是德国发展援助政策的重点关注的领域之一。2002～2013
年，德国共向教育部门提供了 126 亿欧元的支持，其中 11.4 亿欧元专门用
于改善基础教育。巴基斯坦缺乏健全的学校基础设施、训练有素的教师和现
代化的课程和教材。对此，联邦经合部提供了发展援助，资助巴基斯坦教育

---

① 　BMZ, Der deutsche Beitrag zur Erreichung der Millenniumsentwicklungsziele, http://www.bmz.
　　de/de/themen/2030_agenda/historie/MDGs_2015/unser_beitrag/index.html.

② 　BMZ, Acht Ziele für ein besseres Leben weltweit, Die Millenniumsentwicklungsziele, Februar
　　2015.pdf.

部修订课程计划，对教师进行培训以及编写教学材料。

目标 3：促进两性平等。德国认识到发展中国家的男性和女性地位在初等教育和劳动力市场上存在很大差距。在西亚、北非地区，德国为年轻女性提供了专业指导，以实现就学和就业平等。德国在突尼斯与商业界合作，改善女雇员的工作条件。采取多项政策为发展中国家的妇女创造更加公平的就业前景。

目标 4：德国通过各种措施降低儿童死亡率和促进儿童健康，这些措施包括改善卫生系统、预防接种、加强教育、提供咨询和信息、改善供水和卫生条件。例如在坦桑尼亚落实没有婴儿被遗弃（Nobody Left Out，NBLO）计划，着重于对农村地区新生儿护理人员的培训，以使医护人员能够在新生儿出生后 24 小时内进行标准化的健康检查，更快地识别风险，在紧急需要时将新生儿直接转诊到医院。为改善疫苗接种条件，联邦经合部自 2009 年以来一直为全球疫苗免疫联盟提供支持。

目标 5：改善孕产妇保健。1990～2013 年，全球孕产妇死亡率下降了 45%。德国为此做出一些努力，例如针对孟加拉国卫生服务条件差、母亲和儿童的生命和健康面临很大的风险的困难，联邦经合部资助孟加拉国三个城市以改善卫生服务的质量和效能，培训助产士，改善产科护理条件并为年轻夫妇提供计划生育方面的建议。

目标 6：与艾滋病、疟疾和其他疾病做斗争。德国为支持全球抗击艾滋病、结核病和疟疾基金（The Global Fund to Fight AIDS，Tuberculosis and Malaria，GFATM）提供的资金每年超过 2 亿欧元，是世界第四大捐助者。南非是受艾滋病毒影响最严重的国家之一，估计 12% 以上的人口受到感染。为了阻止艾滋病毒的传播，联邦经合部自 2008 年以来一直为 love Life 组织提供支持，建立了南非最大的年轻人呼叫中心。在这里，年轻人可以向专业顾问进行咨询，获得有关艾滋病、性行为和计划生育问题的专业解答。

目标 7：确保环境的可持续能力。自 2013 年以来，联邦经合部每年为保护森林和其他生态系统贡献了 5 亿欧元，德国是全球此类预算的第三大捐助国。例如在印度，德国通过"德印环境伙伴关系"，在城市环境保护、可持续工业发展方面为印度政府提供支持，并就环境和气候政策提供建议。

目标 8：建立促进发展的全球伙伴关系。德国在贸易促进领域每年提供 30 亿欧元，成为仅次于美国和日本的第三大捐助国。例如蒙古是个严重依赖矿产和农业出口的国家，联邦经合部通过一项旨在改善贸易政策和促进全球贸易的基金，支持蒙古经济发展部就双边投资和贸易协定与德国进行谈判。

在联合国发布的《千年发展目标 2015》中，主管经济和社会事务的副秘书长吴洪波指出，尽管国际社会在实现千年发展目标方面成绩显著，但挑战依然严峻，体现在以下方面。

（1）性别不平等问题依旧严重。女性在获取工作、经济资产以及参与私人和公共决策方面仍受到歧视。在拉丁美洲和加勒比地区，生活在贫困家庭中的女性对男性的比率，从 1997 年的 108∶100 上升到了 2012 年的 117∶100。女性在劳动力市场上依然处于不利地位，全球符合劳动年龄的男性有 3/4 就业，而女性仅有 1/2 就业。就全球而言，女性的报酬比男性低 24%。

（2）最贫穷家庭和最富裕家庭以及农村和城市之间存在巨大差距。在发展中国家，最贫穷家庭的儿童失学率是最富裕家庭儿童的 4 倍；最贫穷家庭的 5 岁以下儿童死亡率是最富裕家庭的 2 倍。约有 16% 的农村人口无法使用经改善的饮用水源，而城市人口的这一比例为 4%。50% 居住在农村的人缺乏经改善的卫生设施，而城市人口只有 18% 缺乏经改善的卫生设施。

（3）气候变化和环境恶化危及已取得的进展，穷人受到的伤害最大。1990 年以来，全球二氧化碳排放量增加超过 50%。应对温室气体排放以及可能随之产生的气候变化，比如生态系统的改变、极端天气和社会风险，对全球社会来说仍是一个迫切的重大挑战。物种的数量和分布范围都在减少。水资源的短缺影响世界 40% 的人口。穷人的生计与自然资源的联系更为直接，由于穷人通常居住在环境较差的区域，他们受环境恶化的影响也最大。

（4）冲突依旧是对人类发展最大的威胁。截至 2014 年底，冲突已迫使近 6000 万人放弃他们的家园，这是自第二次世界大战结束以来的最高水平。由于冲突，平均每天有 4.2 万人被迫流离失所，这几乎是 2010 年 1.1 万失去家园的人数的 4 倍。

（5）数百万穷人仍然生活贫困、忍受饥饿，无法获取基本服务。尽管穷人的生活水平有所改善，但仍有约 8 亿人生活在极端贫困中，忍受着饥饿的煎熬。5700 万名本应接受小学教育适龄儿童失学。全球近一半的工人仍在脆弱的条件下工作，很少能获得体面工作带来的福利。发展中国家的孕产妇死亡率比发达地区高 14 倍。2015 年，24 亿人仍在使用未经改善的卫生设施，其中 9.46 亿人仍在露天便溺。在发展中国家的城市里估计有 8.8 亿人居住在类似贫民窟的地方。

联合国提出，要在总结千年发展目标经验的基础上，制定更加行之有效的新的议程。这也为联合国出台《2030 年可持续发展议程》奠定了基础。

德国政府赞同联合国的立场，认为以上国际社会面临的各种挑战，不仅对其他国家，而且对德国也构成威胁。发展援助政策无疑是解决这些问题最重要的工具之一。德国需要承担起自己的责任，与国际社会密切合作，致力于公平地塑造全球化并保护环境和自然资源，这符合国际社会的利益，也符合德国的利益。

2015 年，联合国千年发展目标时期结束。在此前后，德国就制定未来发展援助政策进行了广泛讨论，包括公民、非政府组织（含协会、基金会）、科学和商业企业等都以各种方式参与了讨论。例如，联邦经合部在 2014 年邀请各方参加"未来宪章世界，我们的责任"论坛的讨论。在这些讨论的基础上，2014 年 11 月 24 日，德国总理安格拉·默克尔（Angela Merkel）和联邦经合部部长格德·穆勒（Gerd Müller）在柏林提出了《未来宪章世界——我们的责任》（以下称《未来宪章世界》），描述了当今人类面临的挑战，并为发展援助政策列出了以下八个目标：

（1）在世界范围内确保有尊严的生活；

（2）保护自然资源及其可持续利用；

（3）可持续的经济增长与有尊严的就业相结合；

（4）发展人权与善政；

（5）实现和平，加强人的安全；

（6）尊重与保护文化和宗教多样性；

（7）利用创新、技术和数字化来实现变革；

（8）发展新的全球伙伴关系和更多参与伙伴。

《未来宪章世界》凝聚了德国的各方建议，是为实施联合国全球可持续发展目标（SDGs/《2030 年可持续发展议程》）而进行的国家准备工作的一部分。

第二节　德国落实联合国《2030 年可持续发展议程》的具体措施

2015 年 9 月 25 日，在纽约举行的联合国峰会上通过了《变革我们的世界：2030 年可持续发展议程》。① 该议程宣布要巩固联合国千年发展目标，

---

① 联合国大会 2015 年 9 月 25 日第 70/1 号决议：《变革我们的世界：2030 年可持续发展议程》，https://www.un.org/zh/documents/treaty/files/A-RES-70-1.shtml。

完成千年发展目标尚未完成的事业。在未来 15 年内，要实现 17 个可持续发展目标和 169 个具体目标。

《2030 年可持续发展议程》是第一个将发展的可持续性与减贫以及经济、生态和社会发展相结合的国际协定，是联合国历史上的一个里程碑。该议程针对国际社会的所有国家，要求它们为实现千年发展目标而努力，在议程中不得将国家分为"捐赠者（援助国）"和"接受者（受援国）"，也不能划分"第一世界""第二世界"和"第三世界"。议程规定了发达国家提供的官方发展援助应占其国民总收入的 0.7%，对最不发达国家的官方发展援助占其国民总收入的 0.15% 至 0.20% 的目标。议程在 2016 年 1 月 1 日生效，是国际社会 15 年内决策的指南。联合国会在考虑各国实际情况、能力和发展程度的同时，依照各国的政策和优先事项，努力在国家、区域和全球各级执行该议程。

联合国《2030 年可持续发展议程》发布后，德国发展援助即以落实和执行这一议程为轴心展开。2016 年，德国政府出台了《德国可持续发展战略（2016）》，这一战略列举了联邦政府为实现《2030 年可持续发展议程》的 17 个目标而采取的措施，例如减少贫困、保障粮食供应、促进健康、发展教育、可持续消费和经济发展等。相对联合国的要求，德国的新战略更加雄心勃勃，列举了更多的目标和措施。增加了 13 个主题领域和 30 个指标。例如，可持续消费和可持续生产的目标要创新，要根据以下三个参数进行检查：带有国家生态标签的产品的市场份额、二氧化碳消耗以及环境管理体系生态管理和审核计划（Eco-Management and Auditschem，EMAS）中的公司数量。公平分配原则也已首次确立，并引入了公认的标准，带有基于基尼系数的指标。善政也与透明度、腐败感知指数联系在一起。此外，该战略既加强了联邦政府内部就可持续政策的合作，也加强了与来自民间组织、商业和科学界的重要参与者的合作。联邦总理府成立了可持续发展委员会，将政府部委纳入其中，共同制定了新的可持续发展战略。在将近一年的对话阶段，来自公民、非政府组织的大量意见和建议被纳入该战略。

在《德国可持续发展战略（2016）》发布之后，联邦政府又陆续发布了一系列文件，逐条对照联合国《2030 年可持续发展议程》提出的具体指标，将其列为本国发展援助政策需要落实的目标，同时也提出自己的一些扩展指标，具体实施计划如下。

联合国《2030 年可持续发展议程》要求兼顾三个方面——经济、社会和环境，将发展与环境结合起来。

这些目标和具体目标将促使人们在那些对人类和地球五个至关重要的核心信息领域 5Ps〔人类（People）、地球（Planet）、繁荣（Prosperity）、和平（Peace）、伙伴关系（Partnership）〕采取行动。

（1）人类。决心消除一切形式和表现的贫困与饥饿，让所有人平等和有尊严地在一个健康的环境中充分发挥自己的潜能。

（2）地球。决心阻止地球的退化，包括以可持续的方式进行消费和生产，管理地球的自然资源，在气候变化问题上立即采取行动，使地球能够满足今世后代的需求。

（3）繁荣。决心让所有人过上繁荣和充实的生活，在与自然和谐相处的同时实现经济、社会和技术进步。

（4）和平。决心推动建设没有恐惧与暴力的和平、公正和包容的社会。没有和平，就没有可持续发展；没有可持续发展，就没有和平。

（5）伙伴关系。本着加强全球团结的精神，在所有国家、利益攸关方和全体人民参与的情况下，恢复全球可持续发展伙伴关系的活力，尤其注重满足最贫困、最脆弱群体的需求。

如前所述，议程的核心是 17 个可持续发展目标和 169 个具体目标。德国在一系列文件中，针对每一项都做出了自己的补充安排。

联合国目标 1. 在全世界消除一切形式的贫困。

1.1　到 2030 年，在全球所有人口中消除极端贫困，极端贫困目前的衡量标准是每人每日生活费不足 1.25 美元。

1.2　到 2030 年，按各国标准界定的陷入各种形式贫困的各年龄段男女和儿童至少减半。

1.3　执行适合本国国情的全民社会保障制度和措施，包括最低标准，到 2030 年在较大程度上覆盖穷人和弱势群体。

1.4　到 2030 年，确保所有男女，特别是穷人和弱势群体，享有平等获取经济资源的权利，享有基本服务，获得对土地和其他形式财产的所有权和控制权，继承遗产，获取自然资源、适当的新技术和包括小额信贷在内的金融服务。

1.5　到 2030 年，增强穷人和弱势群体的抵御灾害能力，降低其遭受极端天气事件和其他经济、社会、环境冲击和灾害的概率和易受影响程度。

1.a　确保从各种来源，包括通过加强发展合作充分调集资源，为发展中国家，特别是最不发达国家提供充足、可预见的手段以执行相关计划和政策，消除一切形式的贫困。

1.b　根据惠及贫困人口和顾及性别平等问题的发展战略，在国家、区域和国际层面制定合理的政策框架，支持加快对消贫行动的投资。

德国对应举措1. 消除贫困。

指标：解决物资匮乏和严重的物资匮乏。

目标：到2030年，物资匮乏人口比例大大低于欧盟28国水平；到2030年，物资匮乏人口比例远低于欧盟28国的可持续发展目标。

联合国目标2. 消除饥饿，实现粮食安全，改善营养状况和促进可持续农业。

2.1　到2030年，消除饥饿，确保所有人，特别是穷人和弱势群体，包括婴儿，全年都有安全、营养和充足的食物。

2.2　到2030年，消除一切形式的营养不良，包括到2025年实现5岁以下儿童发育迟缓和消瘦问题相关国际目标，解决青春期少女、孕妇、哺乳期妇女和老年人的营养需求。

2.3　到2030年，实现农业生产力翻倍和小规模粮食生产者，特别是妇女、世居民族、农户、牧民和渔民的收入翻番，具体做法包括确保平等获得土地、其他生产资源和要素、知识、金融服务、市场以及增值和非农就业机会。

2.4　到2030年，确保建立可持续粮食生产体系并执行具有抗灾能力的农作方法，以提高生产力和产量，帮助维护生态系统，加强适应气候变化、极端天气、干旱、洪涝和其他灾害的能力，逐步改善土地和土壤质量。

2.5　到2020年，通过在国家、区域和国际层面建立管理得当、多样化的种子和植物库，保持种子、种植作物、养殖和驯养的动物及与之相关的野生物种的基因多样性；根据国际商定原则获取及公正、公平地分享利用基因资源和相关传统知识产生的惠益。

2.a　通过加强国际合作等方式，增加对农村基础设施、农业研究和推广服务、技术开发、植物和牲畜基因库的投资，以增强发展中国家，特别是最不发达国家的农业生产能力。

2.b　根据多哈发展回合授权，纠正和防止世界农业市场上的贸易限制和扭曲，包括同时取消一切形式的农业出口补贴和具有相同作用的所有出口措施。

2.c　采取措施，确保粮食商品市场及其衍生工具正常发挥作用，确保及时获取包括粮食储备量在内的市场信息，限制粮价剧烈波动。

德国对应举措 2. 消除饥饿，实现粮食安全和营养，促进可持续农业。

指标一：以环境友好的方式种植农产品，解决氮肥过多问题，实现有机耕作。

目标一：2028～2032 年，德国将氮肥减少到每公顷 70 千克；未来几年，有机农业在农业领域的份额将达到 20%。

指标二：健康与营养，延长寿命。

目标二：降低过早死亡率，到 2030 年 70 岁以下每 10 万妇女死亡人数减少到 100 名，男性居民减少到 190 名。

到 2030 年，年轻人（12～17 岁）的吸烟率降至 7%；成人（15 岁以上）的吸烟率减少到 19%。

指标三：解决空气污染，保持健康的环境。

目标三：到 2030 年，空气污染物排放量（国家空气污染物 SO_2、NOx、NH_3、NMVOC 和 PM.2.5 的排放指数）比 2005 年的排放量减少 55%；尽可能达到世界卫生组织标准的 PM10 的年平均微尘值 20 微克/立方米。

联合国目标 3. 确保健康的生活方式，促进各年龄段人群的福祉。

3.1　到 2030 年，全球孕产妇每 10 万例活产的死亡率降至 70 人以下。

3.2　到 2030 年，消除新生儿和 5 岁以下儿童可预防的死亡，各国争取将新生儿每 1000 例活产的死亡率至少降至 12 例，5 岁以下儿童每 1000 例活产的死亡率至少降至 25 例。

3.3　到 2030 年，消除艾滋病、结核病、疟疾和被忽视的热带疾病等流行病，抗击肝炎、水传播疾病和其他传染病。

3.4　到 2030 年，通过预防、治疗及促进身心健康，将非传染性疾病导致的过早死亡减少 1/3。

3.5　加强对滥用药物包括滥用麻醉药品和有害使用酒精的预防和治疗。

3.6　到 2020 年，全球公路交通事故造成的死伤人数减半。

3.7　到 2030 年，确保普及性健康和生殖健康保健服务，包括计划生育、信息获取和教育，将生殖健康纳入国家战略和方案。

3.8　实现全民健康保障，包括提供金融风险保护，人人享有优质的基本保健服务，人人获得安全、有效、优质和负担得起的基本药品和疫苗。

3.9　到 2030 年，大幅减少危险化学品以及空气、水和土壤污染导致的死亡和患病人数。

3.a 酌情在所有国家加强执行《世界卫生组织烟草控制框架公约》。

3.b 支持研发主要影响发展中国家的传染和非传染性疾病的疫苗和药品，根据《关于〈与贸易有关的知识产权协议〉与公共健康的〈多哈宣言〉》的规定，提供负担得起的基本药品和疫苗，《多哈宣言》确认发展中国家有权充分利用《与贸易有关的知识产权协议》中关于采用变通办法保护公众健康，尤其是让所有人获得药品的条款。

3.c 大幅加强发展中国家，尤其是最不发达国家和小岛屿发展中国家的卫生筹资，增加其卫生工作者的招聘、培养、培训和留用。

3.d 加强各国，特别是发展中国家早期预警、减少风险，以及管理国家和全球健康风险的能力。

联合国目标 4. 确保包容和公平的优质教育，让全民终身享有学习机会。

4.1 到 2030 年，确保所有男女童完成免费、公平和优质的中小学教育，并取得相关和有效的学习成果。

4.2 到 2030 年，确保所有男女童获得优质幼儿发展、看护和学前教育，为他们接受初级教育做好准备。

4.3 到 2030 年，确保所有男女平等获得负担得起的优质技术、职业和高等教育，包括大学教育。

4.4 到 2030 年，大幅增加掌握就业、体面工作和创业所需相关技能，包括技术性和职业性技能的青年和成年人数。

4.5 到 2030 年，消除教育中的性别差距，确保残疾人、世居民族和处境脆弱儿童等弱势群体平等获得各级教育和职业培训。

4.6 到 2030 年，确保所有青年和大部分成年男女具有识字和计算能力。

4.7 到 2030 年，确保所有进行学习的人都掌握可持续发展所需的知识和技能，具体做法包括推动可持续发展、可持续生活方式、人权和性别平等方面的教育、弘扬和平和非暴力文化、提升全球公民意识，以及肯定文化多样性和文化对可持续发展的贡献。

4.a 建立和改善兼顾儿童、残疾和性别平等的教育设施，为所有人提供安全、非暴力、包容和有效的学习环境。

4.b 到 2020 年，在全球范围内大幅增加发达国家和部分发展中国家为发展中国家，特别是最不发达国家、小岛屿发展中国家和非洲国家提供的高等教育奖学金数量，包括职业培训和信息通信技术、技术、工程、科学项目的奖学金。

4.c 到2030年，大幅增加合格教师人数，具体做法包括在发展中国家，特别是最不发达国家和小岛屿发展中国家开展师资培训方面的国际合作。

德国对应举措4. 不断提高教育水平。

指标一：解决18～24岁没取得学位提前离校的学生问题。

目标一：到2030年，将这一比例降至10%以下。

指标二：改善家庭与工作的适应性。

目标二：到2030年，0～2岁儿童的全日托服务增加到35%；到2020年3～5岁儿童的全日托服务增加到60%，到2030年增加到70%。

联合国目标5. 实现性别平等，增强所有妇女和女童的权能。

5.1 在全球消除对妇女和女童一切形式的歧视。

5.2 消除公共和私营部门针对妇女和女童一切形式的暴力行为，包括贩卖、性剥削及其他形式的剥削。

5.3 消除童婚、早婚、逼婚及割礼等一切伤害行为。

5.4 认可和尊重无偿护理和家务，各国可视本国情况提供公共服务、基础设施和社会保护政策，在家庭内部提倡责任共担。

5.5 确保妇女全面有效参与各级政治、经济和公共生活的决策，并享有进入以上各级决策领导层的平等机会。

5.6 根据《国际人口与发展会议行动纲领》《北京行动纲领》及其历次审查会议的成果文件，确保妇女普遍享有性和生殖健康以及生殖权利。

5.a 根据各国法律进行改革，给予妇女平等获取经济资源的权利，以及享有对土地和其他形式财产的所有权和控制权，获取金融服务、遗产和自然资源。

5.b 加强技术特别是信息和通信技术的应用，以增强妇女权能。

5.c 采用和加强合理的政策和有执行力的立法，促进性别平等，在各级增强妇女和女童权能。

德国对应举措5. 实现所有妇女和女童的性别平等和自决。

指标一：缩小男女薪酬差距，增加妇女担任企业管理职务的机会。

目标一：到2020年，将男女薪酬差距缩小到10%，并保持到2030年；到2030年，在上市和完全共同决定的公司的监事会中，女性占30%。

指标二：在全球范围内加强妇女的经济参与。

目标二：通过德国发展合作培训，使男性和女性工作者获得职业资格，与 2015 年相比，到 2030 年将妇女经济的工作机会增加 1/3。

联合国目标 6. 为所有人提供水和环境卫生并对其进行可持续管理。

6.1　到 2030 年，人人普遍和公平获得安全和负担得起的饮用水。

6.2　到 2030 年，人人享有适当和公平的环境卫生和个人卫生，杜绝露天排便，特别注意满足妇女、女童和弱势群体在此方面的需求。

6.3　到 2030 年，通过以下方式改善水质：减少污染，消除倾倒废物现象，把危险化学品和材料的排放减少到最低限度，将未经处理废水比例减半，大幅增加全球废物回收和安全再利用。

6.4　到 2030 年，所有行业大幅提高用水效率，确保可持续取用和供应淡水，以解决缺水问题，大幅减少缺水人数。

6.5　到 2030 年，在各级进行水资源综合管理，包括酌情开展跨境合作。

6.6　到 2020 年，保护和恢复与水有关的生态系统，包括山地、森林、湿地、河流、地下含水层和湖泊。

6.a　到 2030 年，扩大向发展中国家提供的国际合作和能力建设支持，帮助它们开展与水和卫生有关的活动和方案，包括雨水采集、海水淡化、提高用水效率、废水处理、水回收和再利用技术。

6.b　支持和加强地方社区参与改进水和环境卫生管理。

德国对应举措 6. 确保所有人的水和卫生设施的可用性和可持续管理。

指标：减少水资源的物质污染；全球范围内更方便获得质量更好的饮用水和卫生设施。

目标：到 2030 年，降低河流中的总磷酸盐水；地下水中的硝酸盐阈值达到 "50 mg/L"。通过德国的支持，到 2030 年，每年将有 1000 万人获得更好的饮用水和卫生设施。

联合国目标 7. 确保人人获得负担得起的、可靠和可持续的现代能源。

7.1　到 2030 年，确保人人都能获得负担得起的、可靠的现代能源服务。

7.2　到 2030 年，大幅增加可再生能源在全球能源结构中的比例。

7.3　到 2030 年，全球能效改善率提高 1 倍。

7.a　到 2030 年，加强国际合作，促进获取清洁能源的研究和技术，包括可再生能源、能效，以及先进和更清洁的化石燃料技术，并促进对能源基础设施和清洁能源技术的投资。

7. b 到 2030 年，增建基础设施并进行技术升级，以便根据发展中国家，特别是最不发达国家、小岛屿发展中国家和内陆发展中国家各自的支持方案，为所有人提供可持续的现代能源服务。

德国对应举措 7. 确保每个人都能获得负担得起的、可靠的、可持续的现代能源。

指标一：节约和有效使用资源。

目标一：2008 ~ 2050 年，能源生产率年增长 2.1%。到 2020 年主要能源消耗与 2008 年相比减少 20%，到 2050 年减少 50%。

指标二：扩大可持续能源供应。

目标二：到 2020 年可再生能源在能源总量中的份额增加到 18%，到 2030 年增加到 30%，到 2050 年增加到 60%。

到 2020 年，可再生能源发电量占总用电量的比重至少增长 35%，到 2030 年至少增长 50%，到 2040 年至少增长 65%，到 2050 年至少增长 80%。

联合国目标 8. 促进持久、包容和可持续的经济增长，促进充分的生产性就业和人人获得体面工作。

8.1 根据各国国情维持人均经济增长，特别是将最不发达国家国内生产总值年增长率至少维持在 7%。

8.2 通过多样化经营、技术升级和创新，包括重点发展高附加值和劳动密集型行业，实现更高水平的经济生产力。

8.3 推行以发展为导向的政策，支持生产性活动、体面就业、创业精神、创造力和创新；鼓励微型和中小型企业通过获取金融服务等方式实现正规化并成长壮大。

8.4 到 2030 年，逐步提高全球消费和生产的资源使用效率，按照《可持续消费和生产模式方案十年框架》，努力使经济增长与环境退化脱钩，发达国家应在上述工作中做出表率。

8.5 到 2030 年，所有男女，包括青年和残疾人实现充分和生产性就业，有体面工作，并做到同工同酬。

8.6 到 2020 年，大幅减少未就业和未受教育或培训的青年人比例。

8.7 立即采取有效措施，根除强制劳动、现代奴隶制和贩卖人口，禁止和消除最恶劣形式的童工，包括招募和利用童兵，到 2025 年终止一切形式的童工劳动。

8.8 保护劳工权利，推动为所有工人，包括移民工人，特别是女性移民和没有稳定工作的人创造安全和有保障的工作环境。

8.9　到 2030 年，制定和执行推广可持续旅游的政策，以创造就业机会，促进地方文化和产品。

8.10　加强国内金融机构的能力，鼓励并扩大全民获得银行、保险和金融服务的机会。

8.a　增加向发展中国家，特别是最不发达国家提供的促贸援助支持，包括通过《为最不发达国家提供贸易技术援助的强化综合框架》提供上述支持。

8.b　到 2020 年，拟定和实施青年就业全球战略，并执行国际劳工组织（International Labour Organization，ILO）的《全球就业契约》。

德国对应举措 8. 促进包容性和可持续的经济增长，促进充分就业和体面劳动。

指标一：节约和有效利用资源。

目标一：到 2030 年保持 2000～2010 年原材料总生产率：（GDP＋进口）/原材料投入（RMI）。

指标二：主权债务，国家预算结构平衡。

目标二：到 2030 年，政府年度财政赤字低于 GDP 的 3%；广义政府结构赤字最高不超过 GDP 的 0.5%；最高负债率不超过 GDP 的 60%。

指标三：未来的经济准备，创造良好的投资条件，维持繁荣，提高就业水平。

目标三：到 2030 年，固定资本形成总额与国内生产总值的比率保持健康发展；以对环境和社会负责的方式提高经济绩效，稳定合理的经济增长；人员（20～64 岁）总就业率到 2030 年增加到 78%，老年人（60～64 岁）的就业率到 2030 年增加到 60%。

联合国目标 9. 建造具备抵御灾害能力的基础设施，促进具有包容性的可持续工业化，推动创新发展。

9.1　发展优质、可靠、可持续和有抵御灾害能力的基础设施，包括区域和跨境基础设施，以支持经济发展和提升人类福祉，重点是人人可负担得起并公平利用上述基础设施。

9.2　促进包容可持续工业化，到 2030 年，根据各国国情，大幅提高工业在就业和国内生产总值中的比例，使最不发达国家的这一比例翻番。

9.3　增加小型工业和其他企业，特别是发展中国家的这些企业获得金融服务，包括负担得起的信贷的机会，将上述企业纳入价值链和市场。

9.4 到 2030 年，所有国家根据自身能力采取行动，升级基础设施，改进工业以提升其可持续性，提高资源使用效率，更多采用清洁和环保技术及产业流程。

9.5 在所有国家，特别是发展中国家，加强科学研究，提升工业部门的技术能力，包括到 2030 年，鼓励创新，大幅增加每 100 万人口中的研发人员数量，并增加公共和私人研发支出。

9.a 向非洲国家、最不发达国家、内陆发展中国家和小岛屿发展中国家提供更多的财政、技术和技能支持，以促进其开发有抵御灾害能力的可持续基础设施。

9.b 支持发展中国家的国内技术开发、研究与创新，包括提供有利的政策环境，以实现工业多样化，增加商品附加值。

9.c 大幅提升信息和通信技术的普及度，力争到 2020 年在最不发达国家以低廉的价格普遍提供互联网服务。

德国对应举措 9. 建立有承受力的基础设施，促进包容和可持续工业化并支持创新。

指标：创新塑造未来。

目标：到 2030 年，私人和公共研发支出每年至少要占 GDP 的 3%。

联合国目标 10. 减少国家内部和国家之间的不平等。

10.1 到 2030 年，逐步实现和维持最底层 40% 人口的收入增长，并确保其增长率高于全国平均水平。

10.2 到 2030 年，增强所有人的权能，促进他们融入社会、经济和政治生活，而不论其年龄、性别、残疾与否、种族、族裔、出身、宗教信仰、经济地位或其他任何区别。

10.3 确保机会均等，减少不平等现象，包括取消歧视性法律、政策和做法，推动与上述努力相关的适当立法、政策和行动。

10.4 采取政策，特别是财政、薪资和社会保障政策，逐步实现更大的平等。

10.5 改善对全球金融市场和金融机构的监管和监测，并加强上述监管措施的执行。

10.6 确保发展中国家在国际经济和金融机构决策过程中有更大的代表性和发言权，以建立更加有效、可信、负责和合法的机构。

10.7　促进有序、安全、正常和负责的移民和人口流动，包括执行合理规划和管理完善的移民政策。

10. a　根据世界贸易组织的各项协议，落实对发展中国家，特别是最不发达国家的特殊和区别待遇原则。

10. b　鼓励根据最需要帮助的国家，特别是最不发达国家、非洲国家、小岛屿发展中国家和内陆发展中国家的国家计划和方案，向其提供官方发展援助和资金，包括外国直接投资。

10. c　到 2030 年，将移民汇款手续费减至 3% 以下，取消费用高于 5% 的侨汇渠道。

德国对应举措 10. 减少国家内部和国家之间的不平等。

指标：融合政策，发展在德国的外国学生教育。

目标：到 2030 年，增加拥有中学毕业证书的外国学生，调整毕业生比例。防止德国内部过度不平等，到 2030 年，基尼系数低于欧盟 28 国平均值。

联合国目标 11. 建设包容、安全、有抵御灾害能力和可持续的城市和人类住区。

11.1　到 2030 年，确保人人获得适当、安全和负担得起的住房和基本服务，并改造贫民窟。

11.2　到 2030 年，向所有人提供安全、负担得起的、易于利用、可持续的交通运输系统，改善道路安全，特别是扩大公共交通，要特别关注处境脆弱者、妇女、儿童、残疾人和老年人的需要。

11.3　到 2030 年，在所有国家加强包容和可持续的城市建设，加强参与性、综合性、可持续的人类住区规划和管理能力。

11.4　进一步努力保护和捍卫世界文化和自然遗产。

11.5　到 2030 年，大幅减少包括水灾在内的各种灾害造成的死亡人数和受灾人数，大幅减少上述灾害造成的与全球国内生产总值有关的直接经济损失，重点保护穷人和处境脆弱群体。

11.6　到 2030 年，减少城市的人均负面环境影响，包括特别关注空气质量，以及城市废物管理等。

11.7　到 2030 年，向所有人，特别是妇女、儿童、老年人和残疾人，普遍提供安全、包容、无障碍、绿色的公共空间。

11. a　通过加强国家和区域发展规划，支持在城市、近郊和农村地区之间建立积极的经济、社会和环境联系。

11. b　到 2020 年，大幅增加采取和实施综合政策和计划以构建包容、资源使用效率高、减缓和适应气候变化、具有抵御灾害能力的城市和人类住区数量，并根据《2015—2030 年仙台减少灾害风险框架》在各级建立和实施全面的灾害风险管理。

11. c　通过财政和技术援助等方式，支持最不发达国家就地取材，建造可持续的、有抵御灾害能力的建筑。

德国对应举措 11. 建立具有包容性、安全性、有抵御能力和可持续性的城市和居民区。

指标：土地可持续利用，增加定居点和交通面积，保护环境的交通运输，使每个人能够承担住房费用。

目标：减少与居民有关的开放空间的损失，每个定居点的居民交通密度不降低；到 2030 年，货运和客运最终能耗降低 15% ~ 20%；缩短公共交通耗时；到 2030 年承受过多住房费用的人口降低 13%。

联合国目标 12. 采用可持续的消费和生产模式。

12. 1　各国在照顾发展中国家发展水平和能力的基础上，落实《可持续消费和生产模式十年方案框架》，发达国家在此方面要做出表率。

12. 2　到 2030 年，实现自然资源的可持续管理和高效利用。

12. 3　到 2030 年，将零售和消费环节的全球人均粮食浪费减半，减少生产和供应环节的粮食损失，包括收获后的损失。

12. 4　到 2020 年，根据商定的国际框架，实现化学品和所有废物在整个存在周期的无害环境管理，并大幅降低它们排入大气以及渗漏到水和土壤的概率，尽可能降低它们对人类健康和环境造成的负面影响。

12. 5　到 2030 年，通过预防、减排、回收和再利用，大幅减少废物的产生。

12. 6　鼓励各个公司，特别是大公司和跨国公司，采用可持续的做法，并将可持续性信息纳入各自报告周期。

12. 7　根据国家政策和优先事项，推行可持续的公共采购做法。

12. 8　到 2030 年，确保各国人民都能获取关于可持续发展以及与自然和谐的生活方式的信息并具有上述意识。

12. a　支持发展中国家加强科学和技术能力，采用更可持续的生产和消费模式。

12. b　开发和利用各种工具，监测能创造就业机会、促进地方文化和产品的可持续旅游业对促进可持续发展产生的影响。

12. c　对鼓励浪费性消费的低效化石燃料补贴进行合理化调整。为此，应根据各国国情消除市场扭曲，包括调整税收结构，逐步取消有害补贴以反映其环境影响，同时充分考虑发展中国家的特殊需求和情况，尽可能减少对其发展可能产生的不利影响并注意保护穷人和受影响社区。

德国对应举措 12. 确保可持续的消费和生产方式。

指标：可持续消费，使消费对环境和社会负责；持续降低能耗，确保可持续生产。

目标：到 2030 年，具有国家生态标签的产品的市场份额为 34%；持续削减能源消耗和二氧化碳排放量；按照环境管理体系生态管理和审核计划要求，设立 5000 个组织地点。

联合国目标 13. 采取紧急行动应对气候变化及其影响。

13. 1　加强各国抵御和适应气候相关的灾害和自然灾害的能力。

13. 2　将应对气候变化的举措纳入国家政策、战略和规划。

13. 3　加强气候变化减缓、适应、减少影响和早期预警等方面的教育和宣传，加强人员和机构在此方面的能力。

13. a　发达国家履行在《联合国气候变化框架公约》（UNFCCC）下的承诺，即到 2020 年每年从各种渠道共同筹资 1000 亿美元，满足发展中国家的需求，帮助其切实开展减缓行动，提高履约的透明度，并尽快向绿色气候基金（GCF）注资，使其全面投入运行。

13. b　促进在最不发达国家和小岛屿发展中国家建立增强能力的机制，帮助其进行与气候变化有关的有效规划和管理，包括重点关注妇女、青年、地方社区和边缘化社区。

德国对应举措 13. 立即采取措施应对气候变化及其影响。

指标：减少温室气体排放，对国际气候融资的贡献。

目标：与 1990 年相比，温室气体排放量到 2020 年至少减少 40%，到 2030 年至少减少 55%，到 2040 年至少减少 70%，到 2050 年减少 80% ~ 95%。到 2020 年，德国对国际气候融资比 2014 年翻一番。

联合国目标 14. 保护和可持续利用海洋和海洋资源以促进可持续发展。

14. 1　到 2025 年，预防和大幅减少各类海洋污染，特别是陆上活动造成的污染，包括海洋废弃物污染和营养盐污染。

14.2 到 2020 年，通过加强抵御灾害能力等方式，可持续管理和保护海洋和沿海生态系统，以免产生重大负面影响，并采取行动帮助它们恢复原状，使海洋保持健康、物产丰富。

14.3 通过在各层级加强科学合作等方式，减少和应对海洋酸化的影响。

14.4 到 2020 年，有效规范捕捞活动，终止过度捕捞、非法、未报告和无管制的捕捞活动以及破坏性捕捞做法，执行科学的管理计划，以便在尽可能短的时间内使鱼群量至少恢复到其生态特征允许的能产生最高可持续产量的水平。

14.5 到 2020 年，根据国内和国际法，并基于现有的最佳科学资料，保护至少 10% 的沿海和海洋区域。

14.6 到 2020 年，禁止某些助长过剩产能和过度捕捞的渔业补贴，取消助长非法、未报告和无管制捕捞活动的补贴，避免出台新的这类补贴，同时承认给予发展中国家和最不发达国家合理、有效的特殊和差别待遇应是世界贸易组织渔业补贴谈判的一个不可或缺的组成部分。

14.7 到 2030 年，增加小岛屿发展中国家和最不发达国家通过可持续利用海洋资源获得的经济收益，包括可持续地管理渔业、水产养殖业和旅游业。

14.a 根据政府间海洋学委员会《海洋技术转让标准和准则》，增加科学知识，培养研究能力和转让海洋技术，以便改善海洋的健康，增加海洋生物多样性对发展中国家，特别是小岛屿发展中国家和最不发达国家发展的贡献。

14.b 向小规模个体渔民提供获取海洋资源和市场准入机会。

14.c 按照《我们希望的未来》第 158 段所述，根据《联合国海洋法公约》所规定的保护和可持续利用海洋及其资源的国际法律框架，加强海洋和海洋资源的保护和可持续利用。

德国对应举措 14. 保护和利用海洋、海洋资源，促进可持续发展。

指标：保护和可持续利用海洋和海洋资源。

目标：流入波罗的海的河流中的总氮的年平均值不得超过每升 2.6 毫克；流入北海的河流中的总氮的年平均值不得超过每升 2.8 毫克；北海和波罗的海可持续捕鱼鱼类种群的百分比按照欧盟要求。

联合国目标 15. 保护、恢复和促进可持续利用陆地生态系统，可持续管理森林，防治荒漠化，制止和扭转土地退化，遏制生物多样性的丧失。

15.1　到 2020 年，根据国际协议规定的义务，保护、恢复和可持续利用陆地和内陆的淡水生态系统及其服务，特别是森林、湿地、山麓和旱地。

15.2　到 2020 年，推动对所有类型森林进行可持续管理，停止毁林，恢复退化的森林，大幅增加全球植树造林和重新造林。

15.3　到 2030 年，防治荒漠化，恢复退化的土地和土壤，包括受荒漠化、干旱和洪涝影响的土地，努力建立一个不再出现土地退化的世界。

15.4　到 2030 年，保护山地生态系统，包括其生物多样性，以便加强山地生态系统的能力，使其能够带来对可持续发展必不可少的益处。

15.5　采取紧急重大行动来减少自然栖息地的退化，遏制生物多样性的丧失，到 2020 年，保护受威胁物种，防止其灭绝。

15.6　根据国际共识，公正和公平地分享利用遗传资源产生的利益，促进适当获取这类资源。

15.7　采取紧急行动，终止偷猎和贩卖受保护的动植物物种，处理非法野生动植物产品的供求问题。

15.8　到 2020 年，采取措施防止引入外来入侵物种并大幅减少其对土地和水域生态系统的影响，控制或消灭其中的重点物种。

15.9　到 2020 年，把生态系统和生物多样性价值观纳入国家和地方规划、发展进程、减贫战略和核算。

15.a　从各种渠道动员并大幅增加财政资源，以保护和可持续利用生物多样性和生态系统。

15.b　从各种渠道大幅动员资源，从各个层级为可持续森林管理提供资金支持，并为发展中国家推进可持续森林管理，包括保护森林和重新造林，提供充足的激励措施。

15.c　在全球加大支持力度，打击偷猎和贩卖受保护物种，包括增加地方社区实现可持续生计的机会。

德国对应举措 15. 保护和恢复土地生态系统并促进其可持续利用，可持续管理森林，防治荒漠化，制止和扭转土壤退化以及制止生物多样性丧失。

指标：保护生物多样性和景观质量。

目标：到 2030 年使保护物种—保护栖息地指标值达到 100；与 2005 年相比，生态系统富营养化到 2030 年将减少 35%；避免森林砍伐。

联合国目标 16. 创建和平、包容的社会，以促进可持续发展，让所有人都能诉诸司法，在各级建立有效、负责和包容的机构。

16.1 在全球大幅减少一切形式的暴力和降低相关的死亡率。

16.2 制止对儿童进行虐待、剥削、贩卖以及一切形式的暴力和酷刑。

16.3 在国家和国际层面促进法治，确保所有人都有平等诉诸司法的机会。

16.4 到2030年，大幅减少非法资金和武器流动，加大追赃和被盗资产返还力度，打击一切形式的有组织犯罪。

16.5 大幅减少一切形式的腐败和贿赂行为。

16.6 在各级建立有效、负责和透明的机构。

16.7 确保各级的决策反应迅速，具有包容性、参与性和代表性。

16.8 扩大和加强发展中国家对全球治理机构的参与。

16.9 到2030年，为所有人提供法律身份，包括出生登记。

16.10 根据国家立法和国际协议，确保公众获得各种信息，保障基本自由。

16.a 通过开展国际合作等方式加强相关国家机制，在各层级提高各国尤其是发展中国家的能力建设，以预防暴力、打击恐怖主义和犯罪行为。

16.b 推动和实施非歧视性法律和政策以促进可持续发展。

德国对应举措16. 促进可持续发展的、和平和包容的社会，使每个人都有诉诸司法的机会，并建立有效、负责和包容的各级机构。

指标：进一步提高人身安全；采取切实措施制止武器扩散，特别是小型武器；反腐败。

目标：到2030年，每10万名居民记录的犯罪数量预计将降至7000例以下；到2030年，德国每年在世界相关地区登记和销毁小武器和轻武器数量至少有15个项目；到2030年，改善德国发展合作伙伴国家的腐败指数。

活动领域：①善政：促进民主、国家与法律、反腐败、个人收入、社区结构、社会保障；②保障和平与预防危机；③难民与移民。

联合国目标17. 加强执行手段，重振可持续发展全球伙伴关系。

筹资

17.1 通过向发展中国家提供国际支持等方式，以改善国内征税和提高财政收入的能力，加强筹集国内资源。

17.2 发达国家全面履行官方发展援助承诺，包括许多发达国家向发展中国家提供占发达国家国民总收入0.7%的官方发展援助，以及向最不发达国家提供占比 0.15% 至 0.2% 的官方发展援助的承诺；鼓励官方发展援助方设定目标，将占国民总收入至少 0.2% 的官方发展援助提供给最不发达国家。

17.3 从多渠道筹集额外财政资源用于发展中国家。

17.4 通过政策协调，酌情推动债务融资、债务减免和债务重组，以帮助发展中国家实现长期债务可持续性，处理重债穷国的外债问题以减轻其债务压力。

17.5 采用和实施对最不发达国家的投资促进制度。

技术

17.6 加强在科学、技术和创新领域的南北、南南、三方区域合作和国际合作，加强获取渠道，加强按相互商定的条件共享知识，包括加强现有机制间的协调，特别是在联合国层面加强协调，以及通过一个全球技术促进机制加强协调。

17.7 以优惠条件，包括彼此商定的减让和特惠条件，促进发展中国家开发以及向其转让、传播和推广环境友好型的技术。

17.8 促成最不发达国家的技术库和科学、技术和创新能力建设机制，加强促成科技特别是信息和通信技术的使用。

能力建设

17.9 加大国际社会对在发展中国家开展高效的、有针对性的能力建设活动的支持力度，以支持各国落实各项可持续发展目标的国家计划，包括通过开展南北合作、南南合作和三方合作。

贸易

17.10 通过完成多哈发展回合谈判等方式，推动在世界贸易组织下建立一个普遍、以规则为基础、开放、非歧视和公平的多边贸易体系。

17.11 大幅增加发展中国家的出口，尤其是到 2020 年使最不发达国家在全球出口中的比例翻番。

17.12 按照世界贸易组织的各项决定，及时实现所有最不发达国家的产品永久免关税和免配额进入市场，包括确保对从最不发达国家进口产品的原产地优惠规则是简单、透明和有利于市场准入的系统性问题。

系统性问题政策和机制的一致性

17.13 加强全球宏观经济稳定，包括为此加强政策协调和政策一致性。

17.14 加强可持续发展政策的一致性。

17.15 尊重每个国家制定和执行消除贫困和可持续发展政策的政策空

间和领导作用。

多利益攸关方伙伴关系

17.16 加强全球可持续发展伙伴关系，以多利益攸关方伙伴关系为补充，调动和分享知识、专长、技术和财政资源，以支持所有国家，尤其是发展中国家实现可持续发展目标。

实现可持续发展目标

17.17 借鉴伙伴关系的经验和筹资战略，鼓励和推动建立有效的公共、公私和民间组织伙伴关系。

数据、监测和问责

17.18 到 2020 年，加强向发展中国家，包括最不发达国家和小岛屿发展中国家提供的能力建设支持，大幅增加获得按收入、性别、年龄、种族、民族、移徙情况、残疾情况、地理位置和各国国情有关的其他特征分类的高质量、及时和可靠的数据。

17.19 到 2030 年，借鉴现有各项倡议，制定衡量可持续发展进展的计量方法，作为对国内生产总值的补充，协助发展中国家加强统计能力建设执行手段和全球伙伴关系。

德国对应举措 17. 振兴全球可持续发展伙伴关系。

指标：发展援助支持可持续发展、国际技术转移、开放市场、改善发展中国家的贸易机会。

目标：到 2030 年，官方发展援助资金在国民总收入中的份额增加到 0.7%。

到 2020 年，每年（学期）来自发展中国家和最不发达国家的学生和研究人员的数量增长 10%；以 2014 年为基准，到 2030 年从最不发达国家进口的产品占德国总进口量的份额增加 100%。

第三节　可持续发展议程与德国发展援助政策的调整

德国具有可持续发展的理论和经验。1992 年在里约热内卢召开联合国环境与发展会议，通过了《21 世纪议程》，可持续发展已被国际社会接受为全球指导原则，目标是发展要以不限制子孙后代的可能性的方式满足当前的需求，保持全球资源可持续使用，可持续性主要体现为经济高效、社会公正和生态可持续。2001 年，德国总理格哈德·施罗德（Gerhard Schröder）成立了可持续发展委员会（Der Rat für Nachhaltige Entwicklung, RNE）。2002 年，德国第一个国家可持续发展战略以"德国的视角"为标题发布，大多数联邦州也制定了自己的可持续发展战略。

在联邦政府内部，可持续发展被视为外交、经济、环境和安全政策的共同任务，联邦经合部致力于通过协调各个联邦部门的政策，以便提高发展援助政策的效率、透明度和可预见性。为达到这一目标，德国发展援助机构进行了结构性改革。2011 年，在德国国际合作公司的框架下，各技术合作实施组织被统合起来。2012 年以来，联邦经合部一直通过全球参与服务中心集中促进民间组织和市政活动。独立的德国发展合作评估研究所（DEval）也在分析和评估发展援助政策领域取得了很大成就。[1]

为贯彻实施联合国《2030 年可持续发展议程》，德国政府在各界广泛地征求意见，联邦经合部负责起草新的发展援助报告。2016 年，德国政府在联邦经合部起草的文件基础上发布了《德国可持续发展战略（2016 年新版）》并于 2017 年 1 月发布，这是德国可持续发展战略自 2002 年实施以来最全面的进一步发展，也是德国实施《2030 年可持续发展议程》的重要框架。[2] 这一文件的发表意味着德国发展援助政策进入 21 世纪第二阶段，这一阶段最大的变化是发展援助政策整体被纳入德国可持续发展战略，各方公认应把可持续发展作为 2015 年后德国发展援助的核心目标。

此后，德国政府先后颁布了《为了世界将来的条约：2030 年可持续发展议程》（2017 年）、《作为未来和平政策的发展政策——第十五届联邦政府发展政策报告》（2017 年）、《2030 年发展政策：新挑战，新回答——BMZ 战略文件》（2018 年）、《发展政策是未来政策——关于德国可持续发展战略和可持续发展目标执行情况的部门报告》（2018 年）、《可持续发展目标 2019 年报告》（2019 年）、《BMZ 制定强有力的欧洲和多边发展政策的战略》（2020 年）、《改革纲要"BMZ 2030"》（2020 年）、《一起进一步展望未来——BMZ 2030》（2020 年）等文件。这些文件以德国《2030 年可持续发展议程》为核心内容，对 2015～2030 年德国发展援助政策做了规划。

《德国可持续发展战略（2016 年新版）》是 2015 年后德国发展援助政策的奠基之作。这一战略报告对可持续发展面临的挑战进行了分析。

---

① BMZ, Die Geschichte des Ministeriums, http://www.bmz.de/de/ministerium/geschichte/index.html.

② Die Bundesregierung, Deutsche Nachhaltigkeitsstrategie Neuauflage 2016, 1. Oktober 2016, Kabinettbeschluss vom 11. Januar 2017.

德国作为发达国家，按照联合国和经合组织要求，应该承担对世界的发展援助义务。联邦经合部在回答为什么我们需要发展援助政策时，提到全球化比以往任何时候都更紧密地将世界各国人民联系在一起，这带来了很多好处，但也使各国面临越来越多的全球性问题，特别是发展中国家面临的困境和解决全球性问题的紧迫性：发展中国家每天有成千上万的孩子死于饥饿、疾病、暴力和战争，超过 7 亿人生活在极端贫困中；每年有 1300 万公顷的森林被破坏，大约相当于联邦共和国面积的 1/3；越来越多的动植物物种和整个生态系统遭受了无法挽回的损失；约有 26 亿人（几乎是发展中国家人口的一半）无法获得冲水马桶和其他卫生形式的卫生设施；大约有 6700 万名小学生没有上学的机会。

要解决这些问题，世界各国都要承担责任，德国政府也应承担自己的责任，发展援助政策既对发展中国家很重要，也对德国和发达国家很重要，因为许多发展问题和全球性问题没有国界，与德国利益息息相关。

（1）恐怖主义、战争和一些国家的内战等往往跨越边界，危及德国民众的安全。德国提供发展援助合作有助于预防危机和处理冲突。

（2）环境退化和气候变化是全球挑战。化石燃料的高消耗以及二氧化碳对大气的污染影响着世界各地的气候，促进环境保护和可再生能源使用的发展合作，有助于全球环境保护。

（3）由于全球经济体系的紧密结合，没有任何经济体能够不受其他国家和地区危机的影响。非洲、亚洲或南美的金融和经济危机破坏了稳定的全球经济，导致德国经济受损。德国经济的重要基础是出口业务，旨在稳定发展合作伙伴国家的经济，这对发展德国的经济十分重要。

为此，德国政府出于自身利益和国际责任，提出必须与国际社会密切合作，致力于消除贫困，维护和平、自由和民主，公平塑造全球化并保护环境和自然资源。德国发展援助政策是实现这些目标的最重要工具之一。推行发展援助目标，要注意这一政策不仅仅是对穷人的慈善援助，它的目标是促进自助，帮助人们摆脱贫困。援助方不能仅依靠国家，所有社会力量，如公民、企业、社会组织等都要承担责任并进行建设性的合作。

联邦经合部作为主要职能部门的作用之一，是获取重要参与者的支持，包括民众、民间组织、各州、市政当局和私营部门，目标是营造一种可持续发展的文化，并使其成为变革过程的一部分。

民间组织、科学界和企业界通过与政府的对话与多种合作形式，密切参与了德国可持续发展战略。以科学界为例，科学界是实施《2030 年可持续发展议程》的重要推动力，为改善可持续发展提供了科学依据。在《德国可持续发展战略（2016 年新版）》的实施过程中，联邦政府与科学家一道创造了一个平台，该平台由德国可持续发展解决方案网络（SDSN 德国）、德国未来地球可持续性研究委员会（DKN）和高级可持续性研究所（IASS）提供支持，主要任务是为《2030 年可持续发展议程》的实施提供科学支持。

联邦经合部以"促进商业中的可持续发展"为座右铭，加深了与商业伙伴的对话，创造了新的激励措施和合作形式，支持商界承担起更多的可持续发展责任。

德国可持续发展战略于 2018 年再次更新，并增加了其他指标。联邦经合部负责为德国在全球反饥饿斗争中的贡献提供一项指标（可持续发展目标 2），为可持续公共采购提供另一项指标（可持续发展目标 12）。更新的其他重要创新如下。

（1）提出可持续发展新的管理规则，加强了德国的全球角色。

（2）更新后的可持续发展战略强调了各部门在可持续发展方面的一致性，加强了部门之间相互协调，紧密联系，建立新的协调机制，推进可持续性发展。

（3）推进更广泛的公众参与，使可持续发展更牢固地融入社会。

2018 年，联邦经合部出台了《2030 年发展政策：新挑战，新回答——BMZ 战略文件》（以下称《2030 年发展政策》）①，提出德国发展援助政策必须面对全球化、数字化带来的新机遇和挑战，以及需采取的有效措施。

首先，《2030 年发展政策》提出未来的发展援助政策面对的挑战和需要采取行动的领域。

（1）人口发展。世界人口每年增长 8000 万人，其中发展中国家和新兴国家占 90%。到 2050 年，世界人口将增长到约 90 亿人，非洲人口将增加一倍。发展中国家人口的迅速增长带来了巨大的挑战，仅在非洲大陆，每年就需要 2000 万个新工作以满足不断增长的年轻人口，但不断增长的人口也带来了巨大的机遇，发展中国家需要在建筑、贸易、运输、教育、卫生和就业方面投资新型智能基础设施。

---

① BMZ, Entwicklungspolitik 2030, Neue Herausforderungen-neue Antworten, BMZ Strategiepapier, Oktober 2018.

（2）资源稀缺。水、土地、粮食和其他原材料等自然资源日益稀缺。经合组织的研究估计，到2030年，能源需求将增长50%，水资源的需求将增长40%。今天20%的工业化国家人口就需要80%的资源。资源的日益短缺增加了冲突和战争的风险，是全球治理的主要挑战。

（3）气候变化。气候变化和环境恶化对发展中国家的生活条件产生越来越大的负面影响。

（4）数字化和相互依赖。由于数字化，知识和信息现在可以在全球范围内实时获得。这为发展中国家的教育创新等创造了巨大的机会。新的和可持续的技术解决方案必须与新的经济和增长模式齐头并进，以实现发展中国家和新兴国家有效就业、生态和社会可持续结构变革。全球市场和贸易创造了未来，也创造了就业机会。发展中国家需要有约束力的社会和生态法规，以维护基本人权和文化特色。

（5）移民和难民。移民和难民问题是一项长期的全球挑战。移民人数在增加，全球已有超过2.4亿移民。全世界有超过6800万难民，其中主要来自发展中国家。人口快速增长、战争、饥饿、气候变化和缺乏发展前景，是移民和难民，特别是年轻移民产生的主要原因。发达国家需要采取措施使移民们留在当地，否则将有成百万人前往欧洲。

其次，为应对以上挑战，《2030年发展政策》提出应对措施。

（1）在欧盟和国家一级增加发展援助资金并有效加以利用。要求官方发展援助必须达到占国民总收入0.7%的目标，改善欧盟成员国、欧盟委员会和世界银行的合作。

（2）促进可持续私人投资。改善发展中国家私人投资的框架条件，世界银行、区域开发银行、私人银行和私人投资者需要扩大对发展中国家基础设施、职业培训和医疗保健方面的投资。

（3）实现公平贸易。近年来，全球化和数字化促进了全球经济发展，使十亿多人摆脱了贫困，同时导致不平等现象加剧、环境严重恶化、气候变化等。必须重新设计世界贸易体系，使其成为可持续和公平的世界贸易体系，WTO也必须从自由贸易组织转变为公平贸易组织。

（4）个人能力和贡献的提高是进步的前提。德国对发展目标有效性的评估有明确的要求：个人能力的增强和贡献的增加，反腐败斗争，遵守人权和建立法治国家。德国将减少发展援助伙伴国家的数量，使合作更有效。

（5）扩大与地方政府、政党基金会和民间组织的合作。在发展援助政策中继续加强辅助性原则，进一步加强非国家行为者的作用和参与力度。

（6）加强多边发展合作。提高联合国及其下属组织的行动能力，支持对联合国进行全面改革，特别是在改善协调力方面。加强与世界银行和区域开发银行的合作，重视扩大与联合国儿童基金会、联合国开发计划署和联合国难民高级专员办事处（United Nations High Commissioner for Refugees，UNHCR）的合作。

再次，这份战略报告提出塑造公平全球化的十个重点。

（1）与贫困做斗争并确保粮食安全。鉴于仍有超过7亿人生活在绝对贫困中，贫困和饥饿人口中有70%生活在农村地区，德国将重点关注农村地区发展。

（2）投资教育。全世界仍然有大约7.5亿年轻人无法阅读和写作，其中近2/3是妇女。德国把教育（从基础教育到职业培训）作为发展合作的重点，在未来提供25%的资金用于教育和职业培训。

（3）促进健康与人口发展。德国启动了"非洲卫生"特别方案，在培训、设备和教育领域投资2亿多欧元，以扩大非洲卫生系统。通过"自主计划生育和孕产妇保健"倡议，使用现代计划生育方法和培训助产士。截至2019年德国提供2亿欧元以促进健康与人口发展。

（4）气候保护。降低碳含量，尽可能放弃使用化石燃料。德国通过关于气候风险保险的倡议，与保险业合作，以确保到2020年发展中国家的4亿人能够抵御气候风险。到2020年，德国用于国际气候融资的资金增加到40亿欧元。

（5）发展可再生能源。发展中国家和新兴国家的许多人仍然无法获得现代能源供应，每天有27亿人（占世界人口的40%）依靠木材、木炭或植物残渣进行日常烹饪和取暖。德国通过建立在可再生能源基础上的"非洲绿色公民能源"计划和振兴能源发展计划，支持可再生能源和能源供应多样化。德国已经在非洲、拉丁美洲和亚洲的26个合作伙伴国家和地区，通过19400个社会机构和38600个小企业进行了绿色电源供应，它涉及1730万人。

（6）重视并保护自然环境与生物多样性。当前全球物种灭绝速度超过自然灭绝速度100~1000倍。每年有1300万公顷的森林被摧毁，海洋鱼类种群中有1/4处于危险之中。为了保护海洋，德国制定了海洋保护和发展可持续渔业的十点行动计划。德国为200多个森林计划提供了约20亿欧元的资金，到2020年将森林砍伐减少一半，到2030年结束对天然林的破坏，并恢复 3.5 亿公顷的森林砍伐和受损森林景观。

（7）公平贸易和数字化、跨越式发展。几乎所有发展中国家最重要的外部资金来源是商品和服务出口收入。2016 年，这些产品的总价值达到 8.3 万亿美元，几乎占全球出口额的一半。公平贸易是实现经济可持续发展的关键。公平贸易是指在整个价值链中原材料和产品的公平价格，同时遵守最低的生态和社会标准。为此，德国建议改革世界贸易组织，使之成为一个公平的贸易组织。建立进入欧盟内部市场的免税和免配额制度，并消除所有非洲国家的非关税贸易壁垒。德国希望利用数字化的潜力帮助发展中国家实现跨越式发展，包括建设数字基础设施、为提高人们的技能而投资（如通过 eS-kills4Girls 倡议）以及创建公平和开放发展的数字化世界。

（8）经济与就业。到 2050 年，每年将有 2000 万年轻人进入非洲劳动力市场。为解决就业问题，德国通过新的特殊培训和就业倡议，希望为非洲创造更多的就业岗位；开发 15 个经济特区、工业园区和产业集群，并在 5 年内分别创造 3 万至 7 万个工作岗位；投资支持针对非洲的中小企业计划。

（9）善政。善政既是发展政策的前提，也是目标。德国的措施是加强税务学院对税务专家的培训；支持确保合理使用资金的机构，如审计办公室和反腐败部门；将援助资金与经济和政治发展的明显改善联系起来，用国际认可的指数（如透明国际的腐败感知指数、世界银行的营商环境指数和贝塔斯曼转型指数）衡量善政；防止国际公司转移和减少发展中国家应得的利润。

（10）促进人权与提高妇女地位。德国发展政策也是人权政策，主张在发展合作伙伴国家以及在商业中切实遵守和执行维护人权的相关规定。德国特别关注妇女权利，发展政策的原则是：确保男女平等的责任、平等的机会和平等的权利。

最后，《2030 年发展政策》还就战争与危机地区的政策、德国针对非洲的马歇尔计划、发展援助政策欧洲化和国际化等议题做出政策宣示。

联邦经合部于 2019 年进一步修订《德国可持续发展战略（DNS）2020》，并于 2020 年 1 月出台了《进一步展望未来——BMZ 2030》的报告，对联邦经合部 2030 战略进行了进一步专业性检查和讨论。该报告指出德国发展援助政策除了要应对人类面临的共同挑战，如气候变化和环境破坏、危机与冲突、逃亡和移民、确保世界人口基本需求等之外，还提出要应对民粹主义的挑战，认为民粹主义使二十国集团（G20）、欧洲联盟和联合国等国际机构的合作更加困难。报告中一个引人注目之处在于，它指出新的发展援助政策参与者，例如中国、印度和海湾国家等，这些国家通过其他发展合作模式获得不断扩大的影响，对德国构成挑战。

2020年6月，联邦经合部颁布《改革纲要"BMZ 2030"》（下称《"BMZ 2030"》）①，提出进一步的改革构想，以更具战略性、更高效的方式利用发展政策应对挑战，其改革框架具体如下。

（1）改革概念的核心是新的合作质量。要求发展合作伙伴国在善政、遵守人权和打击腐败方面比以往有更多可衡量的进步；发展合作伙伴国在发展合作项目上要有更多的主动性，必须做更多的事情。

（2）《"BMZ 2030"》在气候保护、健康和家庭政策、可持续供应链、数字化、技术转让、加强私人投资等领域提供新的探索和答案。

（3）引入新的发展合作伙伴类别，以使德国与其他国家进行更具战略意义的合作，可以更有效、更快、更灵活地为冲突地区和难民地区的人们提供支持。

（4）为了尽可能有效地执行以上主题，决定重新设计合作类型。那些不再是德国双边合作国家，德国会通过国际发展多边机构、教会、民间组织等开展合作。

德国出于多方面考虑，决定借助《"BMZ 2030"》，将2020年与85个国家和地区的发展合作伙伴国削减为60个，将最不发达国家在发展合作伙伴国家总数中的比例从39%增加到42%。部分国家被削减的原因是没有执行改革方案，如缅甸和布隆迪；不再需要直接援助，如哥斯达黎加和蒙古；仅做出有限的改变，不能满足发展援助条件，如海地、尼加拉瓜、菲律宾、塞拉利昂和土库曼斯坦。

德国将通过国际发展援助多边机构、欧盟和非政府机构，与经合组织发展委员会确定的受援国展开多边和非政府间发展援助合作。

改革纲要强调，执行《2030年可持续发展议程》及其17个可持续发展目标仍然是德国发展援助的最重要的目标。为此，定义了五个"核心主题"：维护和平、食品安全、教育与可持续增长、气候和能源、环境和自然资源。十个"倡议性主题"：德国针对非洲的马歇尔计划，健康，人口发展和计划生育，可持续供应链，数字化，家乡视角，发展与气候联盟，绿色大众能源，合成燃料，运动、医学和文化。

---

① BMZ, Reformkonzept, BMZ 2030 "Umdenken—Umsteuern", 2020.

2020 年，新冠肺炎疫情出现，发展中国家 1 亿人重新陷入绝对贫困，100 万人由于药物和疫苗缺乏死于疟疾、艾滋病和结核病。在此背景下，德国发展援助政策将应对新冠肺炎疫情挑战列为重点，增加了针对新冠肺炎疫情的发展援助资金。德国总理默克尔承诺提供 1 亿欧元，用于为发展中国家购买疫苗。联邦经合部部长格德·穆勒指出，面对新冠肺炎疫情的挑战，德国将提供价值 30 亿欧元的援助计划，用于因新冠肺炎疫情陷入困境的发展中国家。[①]

2020 年 9 月 17 日，联邦经合部部长格德·穆勒在议会强调可持续发展的重要性。他表示，联邦经合部应改名为联邦国际合作与可持续发展部（Bundesministerium für internationale Zusammenarbeit und nachhaltige Entwicklung）[②]，并提出联邦议会和所有部委应该在能源消耗方面保持气候中和；联邦政府、联邦国防军、警察、各州和地方政府转向可持续采购；拯救热带雨林等举措。他表示，通过推行可持续发展战略，要做到"德国制造"不仅代表德国乃至世界的高质量，而且代表责任感和可持续生产。

① BMZ, Rede von Bundesentwicklungsminister Dr. Gerd Müller zum Haushaltsgesetz 2021, vor dem Deutschen Bundestag am 30. September 2020 in Berlin, http://www. bmz. de/de/presse/reden/minister_ mueller/2020/september/200930_ rede_ bundestag. html.

② BMZ, Rede von Bundesentwicklungsminister Dr. Gerd Müller zum Lieferkettengesetz, vor dem Deutschen Bundestag am 17. September 2020 in Berlin.

第六章

21 世纪初期德国发展援助机构与运行机制

　　20 世纪 60 年代以来，德国形成了以联邦经合部为中心的发展援助机制，此后依据需求不断与时俱进，对发展援助机制进行调整和改革。到 21 世纪初，鉴于国内外的发展形势，发展援助政策更多地被纳入德国总体战略。为贯彻实施联合国《2030 年可持续发展议程》，2017 年德国政府发布了《德国可持续发展战略（2016 年新版）》，德国发展援助政策整体被纳入德国可持续发展战略，成为其中最重要的组成部分。为执行新的发展战略，德国也在可持续发展战略框架下对发展援助机构进行了新的调整。

　　这一调整的特点是有更多的发展合作参与者参与其中，权限和分工调整了。联邦经合部依旧是发展援助主管部门，但业务重心转向可持续发展。联邦总理府对发展援助政策的领导与协调权加强了。政府其他部委，如联邦外交部，联邦财政部，联邦经济与能源部（BMWi），联邦粮食与农林部，联邦环境、自然保护与核安全部（BMU），联邦教育与研究部等部门依据不同议题，越来越多地参与发展援助事务。其他参与的角色也日益增多。联邦议会在预算、拨款、监督等方面扮演着重要角色，在发展援助政策制定、监督中发挥重要作用。德国实行联邦制，各州在发展援助政策方面都有自己的权限。德国发展援助政策的执行部门，如德国复兴信贷银行、德国国际合作公司等也进行了必要调整。德国在制定和运行发展援助政策时，公民社会参与程度越来越高。各种经济社团、利益集团、教会、基金会以及大量非政府组织纷纷介入其中。在国际合作方面，德国与许多从事发展援助的国际组织开展了密切合作，包括联合国系统、经合组织、欧盟发展援助机构等。以上机构相互作用、相互影响，不断调整，努力适应 21 世纪德国发展援助政策的需要。

调整后，德国发展援助机制形成四个支柱：(1) 财政发展援助。主要执行部门是德国复兴信贷银行和德国国际合作公司。(2) 技术发展援助。(3) 与公民社会合作开展发展援助。(4) 与欧盟等多边组织进行发展援助合作。

第一节　总理与总理府以及相关部委的职责

德国发展援助政策最高负责人是联邦总理。根据《基本法》第六十五条，总理确定政府重大政策的指导方针并对此负责。在总理制定了重大政策指导方针后，每位联邦部长的职责是完善具体政策并独立管理自己的业务领域，这种工作方式被称为部门原则。依据这一原则，发展援助政策主要职能部门是联邦经合部，但其他部委依据分工也有不同程度的介入。由于发展援助政策的跨部门特性，联邦总理为了协调各个部门的发展援助政策，将协调权赋予联邦总理府。在联邦总理府内设有内阁委员会，由总理主持，主要协调解决复杂的跨部门问题。① 鉴于可持续发展战略成为国家战略，德国总理默克尔对发展援助政策非常重视。2013 年 12 月至 2020 年 7 月初，德国联邦政府网站发布的有关发展援助政策的发言、谈话、文件高达 480 多份。②

联邦总理府是总理领导下的总协调部门，负责协调发展援助政策涉及的各个部门。

首先，协调政府内部各部门的发展援助工作，如联邦经合部、联邦外交部、联邦经济部、联邦国防部、联邦财政部等部门。其次，联系议会以及议会相关委员会，包括与议会各党派、各部门负责人的会谈沟通。再次，联系与协调各州的发展援助政策。联邦和州政府的领导人每年举行两次会议，讨论联邦与州之间的各种问题，包括协调发展援助政策。最后，联系相关社会团体的发展援助事宜。

联邦总理府还负责领导可持续发展委员会，该委员会的任务包括实施国家可持续发展战略、制定政策、负责协调、定期审查实施情况。

自 2018 年 3 月以来，赫尔格·布劳恩博士（Dr. Helge Braun）一直担任

---

① Die bundeskanzlerin, Aufgaben der Bundeskanzlerin, https：//www. bundeskanzlerin. de/bkin-de/kanzleramt/aufgaben-der-bundeskanzlerin.

② Https：//www. bundesregierung. de/breg-de/suche/992800！search？f＝1495774％3A93016－992742％3A1132456&page＝30.

联邦总理府部长（Chef des Bundeskanzleramtes Bundesminister）。联邦总理府除设有总理办公室外，还有7个业务司，其中第2司（Abteilung 2）负责外交、安全和发展援助政策，是发展援助政策的主管单位。①

第2司下设3个组（Gruppe），第21组负责外交与安全政策。下设3个处（Referat），第211处负责安全政策、防扩散和军备控制；负责维护德国与美国、加拿大、土耳其、北欧、西欧和南欧等国家和地区的双边关系。第212处负责维护德国与中欧、东欧、东南欧国家以及与中亚、南高加索地区国家的双边关系。第213处负责维护德国与中东、马格里布、亚洲、太平洋和拉丁美洲国家和地区的关系。

第22组是发展援助政策的主要协调部门，负责全球性问题、撒哈拉以南非洲的发展援助政策以及外国移民政策。下设3个处，第221处负责全球问题、联合国系统、撒哈拉以南非洲和萨赫勒地区的发展援助事务。第222处负责联系联邦经合部，负责经济合作与发展事务。第223处负责外国移民政策。

第23组负责联系联邦国防部和联邦安全委员会。下设的第231处负责联邦国防军防务和军备事务；第232处负责安全政策的军事方面事务、联邦国防军的协调以及联邦安全委员会事务。

从联邦总理府第2司的职能划分可以看出，德国发展援助政策与外交和安全政策紧密相连，是外交与安全政策的重要组成部分。值得注意的是，总理府其他部门，如主管经济、财政、能源、G7、G20的第4司，主管欧洲事务的第5司，主管政策规划、创新与数字政策的第6司，主管情报的第7司，多少涉及发展援助政策的制定和协调。

由联邦总理府负责人领导的可持续发展国务秘书委员会，是德国可持续发展战略的中心。作为可持续发展最高级别的政府机构，其任务是确保在所有政策领域中都应用可持续发展这一指导原则。

联邦政府机构中，还有一些联邦部委参与讨论发展援助的相关议题，部分承担发展援助政策项目。

（1）联邦外交部。联邦外交部部分参与发展援助政策的制定和执行，其负责的一些业务，如人权、人道援助、危机预防、移民难民、反恐怖、文化交流、环境与气候、能源、对外经济事务、卫生健康等，与发展援助政策相

---

① Bundesregierung, Organisationsplan des Bundeskanzleramtes, 30 April 2020, PDF.

关，因此联邦外交部与联邦经合部有合作关系。鉴于《2030 年可持续发展议程》本身就是跨部委发展援助合作项目，联邦外交部长海科·马斯（Heiko Maas）就此表态，对于联邦外交部而言，可持续发展意味着为《2030 年可持续发展议程》和全球可持续发展寻找新盟友，如果德国与它们共同努力，将能解决全球性问题。联邦外交部以与埃及发展合作为例，指出埃及是德国发展政策的优先国家，也是最大的发展援助合作伙伴国家之一，德国对埃及的发展援助资金达到 16 亿欧元。援助的优先事项有：促进就业，促进可持续经济发展、水资源和废物管理，发展可再生能源和提高能源使用效率，促进小学建设，增加女童和妇女权益，推动行政改革以及大开罗地区的市区发展。①

（2）联邦财政部。联邦财政部是联邦政府中权限很大的一个部门，负责财政方面许多重要事务，如税收、公共财政、欧洲事务、金融和货币政策等。联邦财政部长可以对内阁会议做出的有关联邦预算问题的决议表达意见，可以通过预算这一手段干预其他部委的计划，包括与联邦议会财政委员会一起对发展援助资金预算做出决定，参与决定减免发展中国家债务问题。联邦财政部可以为发展援助提供投资担保。例如保证金融合作项目（所谓的FC 项目），将德国复兴信贷银行的符合官方发展援助规定的贷款用于发展援助项目。② 联邦财政部还参与国际财政政策制定，包括与世界银行以及国际货币基金组织的合作，决定是否减免发展中国家债务。

（3）联邦经济与能源部。联邦经济与能源部主要负责指导和管理国内外经济活动，在涉及与发展中国家的经济关系时，常常与联邦经合部进行协调。它还负责一个跨部委员会，该委员会通过对发展中国家提供出口担保等手段，对德国与发展中国家的经济关系，包括对发展援助政策领域的一些经济关系产生影响。

（4）联邦环境、自然保护与核安全部。它主要负责环境与资源保护、气候政策、核安全、可持续发展等方面的工作。这些工作也是可持续发展战略

---

① AA, Deutschland und Aegypten: bilaterale Beziehungen, 21. 02. 2020 - Artikelhttps://www. auswaertiges-amt. de/de/aussenpolitik/laender/aegypten-node/bilaterale-beziehungen/212610.

② BMF, Die Auslandsgewährleistungen des Bundes, 12. 06. 2020, https://www. bundesfinanzministerium. de/Content/DE/Standardartikel/Themen/Internationales _ Finanzmarkt/Internationale _ Finanzpolitik/Auslandsgewaehrleistungen _ des _ Bundes/2020 - 06 - 12 - auslandsgewaehrleistungen-des-bundes. html.

的重要组成部分。联邦环境、自然保护与核安全部通过与欧盟、联合国、经合组织、世贸组织等合作致力于环境保护。

其他一些部委也都不同程度地参与发展援助政策的制定与执行，如联邦粮食与农林部、联邦教育与研究部等也在执行具体发展援助项目上拥有一些权力和影响。

第二节　德国发展援助主管部门：联邦经济合作与发展部

联邦经合部是德国发展援助的主管部门，主要任务包括：制定德国发展援助政策和战略；对发展援助机构进行政治管理；与民间组织和经济界合作；与发展援助伙伴国以及国际多边组织合作；提供与发展援助有关的信息和教育培训工作。

2019年，联邦经合部在德国国内拥有约1100名员工，其中57%的人员在联邦经合部波恩办公室工作，其余43%在联邦经合部柏林总部工作。

联邦经合部的领导层组成如下：联邦经合部部长格德·穆勒博士（Dr. Gerd Müller, CSU）、两位议会国务秘书玛丽亚·弗拉克斯巴特博士（Dr. Maria Flachsbarth, CDU）和诺伯特·巴特勒（Norbert Barthle, CDU）以及国务秘书马丁·耶格（Martin Jäger）。

领导层还有两位要员：马库斯·格鲁贝尔（Markus Grübel, CDU），联邦政府全球宗教自由专员；昆特·努克（Günter Nooke, CDU），联邦经合部非洲专员以及联邦总理在联邦经合部的非洲事务代表。

联邦经合部部长格德·穆勒博士出生于1955年8月，曾任欧洲议会议员、联邦议会议员与联邦食品、农业和消费者保护部国务秘书，自2013年12月17日起担任联邦经合部部长。

部长直接管理领导办公部门和媒体办公部门。领导办公部门下设部长办公室、政治分析和规划办公室、议会和内阁办公室、国际合作协调办公室。媒体办公部门有演讲和文字稿办公室、出版物办公室、数字媒体传播办公室和公共关系办公室。

其他部的领导各有自己的职权分工，例如国务秘书马丁·耶格负责内部审核、数据保护、秘书处、专家委员会、难民事务和BMZ 2030项目组等事务。

联邦经合部下设6个司。

Z司（Abteilung Z，中心司）是中心部门，负责行政管理事务以及与民间组织、教会的合作事宜。下设 3 个处：一处（Unterabteilung Z 1）、二处（Unterabteilung Z 2）和三处（Unterabteilung Z 3）。

一处有 5 个办公室，分别负责财务、人事管理与培训、组织机构与发展、法律事务。

二处也设 5 个办公室，负责内部管理与服务、外部审计、信息与通信技术、IT 发展与组织、官员、环境管理代表、语言服务等事务。二处还兼管联邦经合部气候与环境保护 2020 项目组。

三处有 6 个办公室，负责各州、社团、私人团体、政党基金会、教会、图书资料、规范化、数据保护等事务。

第一司（Abteilung 1）主管发展援助基本问题以及经济、贸易和农业发展。下设 3 个处：十处（Unterabteilung 10）、十一处（Unterabteilung 11）和十二处（Unterabteilung 12）。

十处下设 6 个办公室，负责双边发展援助各种事务，包括与新兴经济体国家合作事宜，双边发展援助的计划与财政管理，指导德国复兴信贷银行、德国投资开发公司以及财政援助工作，监管德国国际合作机构和技术援助，财政和技术援助的程序、评估和相关部门研究。

十一处下设 5 个办公室，负责经济可持续发展、贸易政策、数字化、媒体、文化、创意产业、体育运动等事务。

十二处下设 4 个办公室，负责农林牧副等事务。

第二司（Abteilung 2）下设 3 个处：二十处（Unterabteilung 20）、二十一处（Unterabteilung 21）和二十二处（Unterabteilung 22），负责非洲和难民、移民事务。

二十处下设 4 个办公室，负责制定、执行非洲发展援助政策基本原则以及北非地中海国家、撒哈拉和西非地区事务。

二十一处下设 4 个办公室，负责中非、东非和南部非洲事务。

二十二处下设 5 个办公室，负责移民、难民以及危机管理事务。

第三司（Abteilung 3）下设三十处（Unterabteilung 30）和三十一处（Unterabteilung 31），负责东欧和东南欧、近东、亚洲和拉丁美洲事务。

三十处下设 5 个办公室，负责中东、拉丁美洲、东欧和东南欧事务。

三十一处下设 4 个办公室，负责亚洲事务，其中 311 办公室负责中国、中亚、东亚、老挝和柬埔寨相关事务。

第四司（Abteilung 4）下设 3 个处：四十处（Unterabteilung 40）、四十一处（Unterabteilung 41）和四十二处（Unterabteilung 42），负责全球事务。

四十处下设 5 个办公室，负责民主、人权、平等、社会发展、法治国家、教育、卫生健康、人口和社会安全事务。

四十一处下设 4 个办公室，负责联合国 2030 年议程、环境、能源、基础设施、城市发展、可持续发展等事务。

四十二处下设 3 个办公室，主要负责气候相关事务。

第五司（Abteilung 5）下设两个处：五十处（Unterabteilung 50）和五十一处（Unterabteilung 51），主要负责国际发展援助合作。

五十处下设 5 个办公室，主要负责与欧盟、世界银行集团、国际货币基金组织、地区开发银行、联合国等国际组织在发展援助政策方面的合作。

五十一处下设 3 个办公室，负责全球流程、数据和有效性、多边发展政策基本问题、G7/G20、经合组织与官方发展援助统计、捐助者伙伴关系、有效性和透明度、质量标准等事务。

联邦经合部为了协调与受援合作伙伴国家和国际组织的工作，通过外交部定期向这些国家和国际组织派遣经济合作顾问，2019 年有 125 名员工在国外工作。

联邦经合部把工作人员派往驻外大使馆和领事馆工作，这些人员被派往阿比让、阿布贾、阿克拉、安曼、安卡拉、亚的斯亚贝巴、塔那那利佛、巴格达、巴马科、贝鲁特、贝尔格莱德、比什凯克、波哥大、巴西利亚、基希讷乌、科托努、达喀尔、朱巴、达累斯萨拉姆、达卡、杜尚别、埃尔比勒、哈博罗内、危地马拉、河内、伊斯兰堡、雅加达、雅温得、喀布尔、开罗、坎帕拉、加德满都、基辅、基加利、金沙萨、拉巴斯、利隆圭、利马、洛美、卢萨卡、马普托、马扎里沙里夫、墨西哥城、内罗毕、恩贾梅纳、新德里、尼亚美、努瓦克肖特、瓦加杜古、金边、比勒陀利亚、普里什蒂纳（科索沃地区）、基多、拉巴特、拉马拉、拉贡、特古西加尔巴、第比利斯、地拉那、突尼斯、乌兰巴托、万象、温得和克。

联邦经合部还向以下国际机构的德国常驻代表团派出工作人员：联合国机构（日内瓦、纽约和罗马）、经合组织（巴黎）、欧盟（布鲁塞尔）。

此外，联邦经合部在世界银行以及非洲、亚洲、美洲和加勒比开发银行的董事会派有代表。

第三节　德国发展援助主要执行部门

德国发展援助机制的其中一个特点是政府主管部门——联邦经合部负责制定发展援助纲领、计划、预算、谈判等方针，但它并不负责发展援助项目的具体实施，具体实施是由专门的执行机构完成的。联邦经合部指示和委托这些机构执行发展援助项目，对这些机构进行指导和监督。执行机构主要有德国复兴信贷银行、德国投资开发公司和德国国际合作公司。

发展援助执行机构的任务如下。

1. 实施财政合作项目

主要机构有德国复兴信贷银行和德国投资开发公司，德国投资开发公司是德国复兴信贷银行的子公司。

2. 实施技术合作和人员合作项目

这类项目涉及德国专家和开发人员准备和派遣、对发展合作伙伴国家的专家和管理人员进行专业培训。主要机构有德国国际合作公司，它负责与合作伙伴国家进行技术合作、开发人员准备和派遣、人员发展和进一步培训。德国国际合作公司还通过国际移民与发展中心安排发展伙伴国家的专家。其他专门从事个别任务的技术合作实施组织还有联邦地球科学与自然资源研究所（BGR）、联邦物理技术协会等。

这些执行机构具有高度专业的技能，它们在发展合作伙伴国家中执行具体的发展援助项目，彼此有分工，也有合作。

一　德国复兴信贷银行

德国复兴信贷银行①负责与发展中国家在财政发展援助领域合作，这是德国发展援助最重要的手段之一。德国复兴信贷银行代表联邦政府，与相关部委特别是联邦经合部合作，为发展中国家和新兴国家的发展援助计划和项目提供资金支持。目标是减少贫困，改善贫困人口的生活条件；促进对基础设施、财政金融系统和环境保护的投资；支持中小企业；增加收入和就业机会；通过投资就业计划来帮助稳定社会环境；保护环境以及使全球化公平发展。

---

① KfW, Unsere Aufgaben und Ziele, https://www.kfw-entwicklungsbank.de/Internationale-Finanzierung/KfW-Entwicklungsbank/Aufgaben-und-Ziele/.

　　德国复兴信贷银行资助的项目是由德国政府和受援国政府谈判提出和确定的，需要签署政府间协议。在谈判期间，德国复兴信贷银行要以自己的专业，提供拟议项目的意义、风险、影响以及可行性。项目确定后，德国复兴信贷银行代表联邦政府监督项目执行过程，为项目提供资金并在整个项目中与其他机构密切合作，保证项目顺利推进。

　　德国复兴信贷银行的资金来源主要是联邦预算，同时从资本市场融资。财政援助一般分为赠予、开发贷款和促进贷款。赠予主要提供给贫穷和欠发达国家，重点是撒哈拉以南非洲国家以及保护热带雨林等全球治理项目。对于开发贷款，德国复兴信贷银行主要提供低息贷款；对于促进贷款，德国复兴信贷银行主要提供市场融资贷款，用于促进经济发展的项目。资助对象是发展中国家和新兴国家政府或政府担保的金融机构的再融资、小额信贷、私人和政府对基础设施的投资（如电信、交通、能源和供水）等。[①]

　　项目完成后，德国复兴信贷银行要审计项目完成情况。德国复兴信贷银行有一个独立的评估部门（FZ-E），该部门要评估项目是否按时保质完成。在项目完成大约五年后，FZ-E 会抽取已完成项目的样本，并分析项目结束时取得的效果。德国复兴信贷银行项目长期平均成功率约为 80%。

　　2019 年，德国复兴信贷银行为 100 多个国家和地区的大约 2200 个项目提供了资金。

　　德国复兴信贷银行与德国发展援助的其他机构合作，协调项目和计划，其中最重要的合作伙伴是德国国际合作公司。德国复兴信贷银行代表联邦政府与欧盟机构紧密合作，包括与欧盟委员会以及其他欧洲发展援助组织的合作，以便提高欧洲发展援助的有效性。例如与法国开发银行法国开发署（AFD）和欧洲投资银行合作推出"相互依赖倡议"。

　　德国复兴信贷银行与众多国际组织保持着密切的合作关系，包括与日本国际协力机构（Japan International Cooperation Agency，JICA）等非欧洲双边发展机构合作，与非洲、亚洲和美洲开发银行等区域性开发银行的合作，与世界银行、联合国等多边组织的合作。

　　德国复兴信贷银行还与各种非政府组织合作，包括世界自然基金会（World Wide Fund for Nature or World Wildlife Fund，WWF）、世界饥饿援助

---

　　① KfW, Finanzprodukte der FZ Förderkredit, https://www.kfw-entwicklungsbank.de/Download-Center/PDF-Dokumente-Finanzprodukte/Merkblatt_ Förderkredit_ DE. pdf.

组织（Welthungerhilfe）、教会援助组织、政党基金会等。扶植私营企业是德国复兴信贷银行合作的一个重点，包括采用公私伙伴关系（Public Private Partnerships，PPP）。

德国复兴信贷银行在法兰克福、柏林和布鲁塞尔设办事处，在近 70 个国家设有分支机构。表 6-1 为德国复兴信贷银行 2019 年项目支出。

表 6-1 德国复兴信贷银行 2019 年项目支出

地区	资金（欧元）	占比（%）	项目（个）
亚洲	2909260318	33	91
撒哈拉以南非洲	2055183593	23	137
中东北非	1431348018	16	85
欧洲	1379496305	16	83
拉美	858053919	10	38
全球项目	172226973	2	13
总计	8805569126	100	447

资料来源：KfW，Neuzusagen 2019。

二　德国投资开发公司

德国投资开发公司[1]是德国复兴信贷银行集团下属的一家子公司，注册资金为 7.5 亿欧元。[2] 其总部设在科隆，有大约 630 名员工，克里斯蒂安·莱巴赫（Christiane Laibach）担任首席执行官。到 2019 年，它的投资总额约为 90 亿欧元，它投资大约 80 个国家/地区的项目。

德国投资开发公司于 1962 年 9 月 14 日在科隆成立，当时的名称为德国经济合作公司（Deutsche Gesellschaft für wirtschaftliche Zusammenarbeit mbH）。联邦经合部建立德国投资开发公司的初衷是支持德国的中小型公司进入国际市场，支持第三世界国家建立私营部门。德国投资开发公司的第一个项目是与坦桑尼亚经济部合作成立金融公司，该公司的任务是为小型生产公司融资。在最初的十年中，德国投资开发公司投资了 1.71 亿德国马克，在 40 个

---

[1] DEG，Unser Leitbild，https://www.deginvest.de/Internationale-Finanzierung/DEG/Über-uns/Wer-wir-sind/Unser-Leitbild.

[2] Gesellschaftsvertrag der DEG-Deutsche Investitions-und Entwicklungsgesellschaft mbH.

国家和地区建立了120家投资金融公司。这些公司成立初期由联邦经合部提供资金，但规定的融资形式是要与德国公司合资，同时必须与受援国的项目合作伙伴合作。

由于20世纪80年代初期全球经济衰退，公共资金不足。德国投资开发公司进行了改革：以国际银行业标准为基础，更多转变为一个发展援助金融机构；为了确保其项目的盈利能力，制定了自己的评估程序；从资本市场借入越来越多的资金。

德国投资开发公司于2001年被德国复兴信贷银行收购，成为德国复兴信贷银行集团及其国际项目活动的一部分。合并后，德国投资开发公司借助德国复兴信贷银行良好的资本信用等级和在全球70多个驻外办事处的便利，更顺利地开展与发展中国家的财政合作。

德国复兴信贷银行实施政府合作项目时，德国投资开发公司的任务是为德国在发展中国家和新兴国家的发展合作伙伴国的私人公司提供咨询、投资和项目跟踪服务，以此为发展合作伙伴国可持续发展做出贡献，改善当地人民的生活条件。

德国投资开发公司主要投资经济领域中有利可图的、具有发展效益的私营企业，特别是私人基础设施公司的项目，包括农业、制造业、服务业和基础设施的相关项目。德国投资开发公司投资的另一个重点是发展合作伙伴的金融市场。

德国投资开发公司拥有大量的专业人才，可以为合作伙伴提供积极的专业咨询服务。德国投资开发公司在巴西、中国、印度、印度尼西亚、墨西哥、南非和泰国等地设有办事处，以更好地支持与这些国家的合作项目。

德国投资开发公司还为联邦经合部的公私伙伴关系计划提供服务，为德国和欧洲公司的公私伙伴关系计划项目提供有力的专业建议。自该计划于1999年启动以来，德国投资开发公司已为全球600多个公私伙伴关系计划项目提供了共同资助。

德国投资开发公司的特长是有在发展中国家成功实施投资的经验和专有技术，熟悉投资国政治、经济、文化和法律，因此它把服务于德国中小企业在发展中国家和新兴国家投资作为重要任务。

三　德国国际合作公司

2011年1月1日，德国负责发展援助政策的三个执行机构合并成新的德国国际合作公司。① 这三个机构是：德国技术合作公司、德国发展服务局和国际继续教育与发展有限公司（InWEnt）。德国技术合作公司成立于1975年，主要负责技术援助；德国发展服务局，成立于1963年，主要负责对外人员援助；国际继续教育与发展有限公司主要负责人员发展、培训和对话，2002年由卡尔·杜伊斯堡协会和德国国际发展基金会合并而成。

德国国际合作公司在德国有两个公司总部：一个在波恩，另一个在美因河畔法兰克福的埃施博恩。德国国际合作公司有股东会、监事会和执行董事会（管理层）。2020年执行董事会有两名负责人：坦贾·贡纳（Tanja Gönner）和托尔斯滕·舍弗－君贝尔（Thorsten Schäfer-Gümbel）。

德国国际合作公司在柏林、杜塞尔多夫、汉堡和慕尼黑等地设地区办事处，与其他德国发展援助机构合作或单独在世界有关国家和国际组织设90个办事处。它在大约120个国家和地区拥有20726名员工，其中近70%是当地的工作人员。德国国际合作公司在2018年的业务量约为30亿欧元。

德国国际合作公司的股东是德意志联邦共和国，作为国家所属公司，德国国际合作公司支持联邦政府实现其发展政策目标，促进可持续发展和国际教育工作方面的国际合作，其基础是联邦经合部为德国发展政策制定的原则和目标。联邦政府以及所属各部委、联邦各州政府都可以委托德国国际合作公司执行发展援助项目，其中最主要的是联邦经合部和联邦财政部。

作为德国发展援助执行机构，德国国际合作公司利用其专业知识和队伍，贯彻执行联邦政府各项发展援助基本原则，如尊重人权、平等、诚信、法治和人民的政治参与，致力于建立市场友好、生态和社会导向的经济秩序。

德国国际合作公司的主要工作内容是：促进经济可持续发展；促进就业；推进国际教育交流；派遣和培训专家；支持私营部门发展；在危机和冲突地区预防和稳定危机；打击犯罪和促进法治建设；建立国家民主机构；促进和平、安全与动乱地区重建；保护环境、资源和气候。

德国国际合作公司或者德国复兴信贷银行项目申请和运行一般都有严格的程序，下列为项目运行程序。②

（1）发展中国家与德国政府签订合作意向协议。

（2）联邦经合部审查协议项目，征求德国国际合作公司或者德国复兴信

---

① GIZ, profil, https://www.giz.de/de/ueber_die_giz/1689.html.
② Franz Nuscheler, *Lern-und Arbeitsbuch Entwicklungspolitik*, 7. Auflage, 2012, Verlage J. H. W. Dietz Nachf. GmbH, S324.

贷银行对财务、人员、具体事项的意见并拿出初审意见。

（3）联邦经合部要求取得德国国际合作公司或者德国复兴信贷银行项目审查结果并与联邦外交部商定这一结果。

（4）德国国际合作公司或者德国复兴信贷银行对计划中的项目做出详细审查并向联邦经合部提供报告样本。

（5）联邦经合部决定项目资格，为项目执行取得积极结果做出规划。

（6）联邦经合部研究项目审查报告并与联邦外交部协调后将项目交给德国国际合作公司或者德国复兴信贷银行去执行。

（7）德国政府与受援国政府正式签订协定，规定项目的纲领，双方确定机制、任务、专家的权利与义务、项目在当地的合作伙伴以及项目进度安排等具体事宜。

（8）在某些情况下（如技术援助的财务支出），德国国际合作公司在政府协议的基础上可以签订私法合同。

（9）德国国际合作公司或者德国复兴信贷银行依据自己的职权执行和监督项目。

（10）联邦经合部依据执行机构定期的报告全程监督项目执行情况。

（11）项目完成后，德国国际合作公司或者德国复兴信贷银行向联邦经合部提交项目结项报告。联邦经合部依据报告检查项目执行的结果，检查是否达到预期目标。

（12）必要时德国国际合作公司依据联邦经合部或自己的评估部门的评估，拿出评估报告。

（13）联邦审计署可能审计项目程序、资金运用等情况。

第四节　联邦议会

德国联邦议会参与制定和处理发展援助政策，主要职责是：参与发展援助政策基本原则、具体议题或个别地区发展援助政策的辩论，讨论经济合作与发展委员会或其他委员会和机构的决议。

联邦议会讨论和辩论相关议案，这些议案主要是联邦政府提供的报告。这些报告涉及重要的国内外政治事件和国际会议、危机管理和预防、外贸和外交政策等。每年秋天，联邦议会都会对联邦政府下一年度的发展援助预算提案进行辩论。自第14届立法会议（1998～2002年）以来，联邦政府有关发展政策的声明已成为德国联邦议院辩论的组成部分。联邦议会负责具体事宜的是各个专门委员会，第 19 届联邦议会设有 23 个常设委员会，2018 年 4 月 25 日又设立了建筑、住房、城市发展和市政委员会。以下是负责发展援助政策的专门委员会。

1. 经济合作与发展委员会

它是议会主要负责发展援助政策的委员会，主席是彼得·拉姆绍尔博士。该委员会的主要任务是对政府提交的议案进行讨论，在必要时征求其他议会委员会的意见，最后将这些议案提交议会大会，为大会的辩论和决定做好预案和准备。该委员会还负责处理德国和国际发展合作的其他问题。它在需要时举行专家听证会，邀请专家和利益相关者公开听证。经济合作与发展委员会处理许多具体的发展援助议题，例如城市发展与气候保护、基础设施和农村发展、公共行政管理和善政、全民教育和培训、体面劳动和可持续增长、与疾病和性别不平等做斗争。

2. 预算委员会（Der Haushaltsausschuss）

它审议各部门经费预算，包括联邦经合部的经费预算，听取专家委员会建议，向联邦议会提供预算意见。也就是说，联邦政府预算要经过预算委员会就年度预算程序提供建议。该委员会还负责监督联邦政府的预算管理和赠款。根据议会习俗，最大的反对党派人担任预算委员会主席。

3. 外交事务委员会（Der Auswärtige Ausschuss）

它是享有宪法特权的委员会，并且是《基本法》规定的最早的四个委员会之一。该委员会是讨论和监督德国外交政策的重要机构，商讨许多重要的外交和安全政策议题，也处理发展援助政策问题。该委员会的议题往往比较敏感，例如是否允许联邦政府将德国士兵派往国外。

4. 人权与人道主义援助委员会（Der Ausschuss für Menschenrechte und humanitäre Hilfe）

在第 14 届立法会议期间，联邦议院将其从一个小组委员会升格为正式委员会。该委员会主要负责处理发展中国家的人权问题。当前的优先事项包括阿富汗、苏丹、伊拉克、中东和其他危机地区的人权问题，以及伊斯兰国家的人权保护。

5. 议会可持续发展咨询委员会（Parlamentarischer Beirat für nachhaltige Entwicklung）

2004 年成立，它主要负责可持续发展政策咨询工作。"今天不以明天为代价!"这是可持续发展政策的指导原则，该政策对当今和子孙后代承担责任。该委员会后来职权不断扩大，包括监督工作，在议会中发挥"警犬功能"，一旦有的项目无视国家可持续发展战略，它就会"吠叫"。

第五节 可持续发展战略的管理机构

2015 年以后，德国政府为呼应和执行联合国《2030 年可持续发展议程》，推出了德国的可持续发展战略。发展援助政策成为这一战略的重要组成部分，体现了德国可持续发展战略的国际责任。

自 2002 年以来，德国已经建立了国际认可的可持续发展管理体系，它是德国政府可持续发展战略的一部分。这一体系的结构和程序旨在确保政府在实际工作中切实落实可持续发展的指导原则。这一体系的基本架构如下。

1. 由联邦总理府领导

可持续性发展战略在国内涉及政府各部门、联邦议会、各州政府以及民间组织，在国际上与欧盟、经合组织、联合国机构相关。因为可持续发展战略对政治领导和部门协调要求很高，联邦总理授权联邦总理府直接领导这一战略。与此同时，联邦政府各部门在各自的职权范围负责实施可持续发展战略。

2. 实施可持续发展战略的重要机构

实施可持续发展战略三个非常重要的机构是：可持续发展国务秘书委员会（der Staatssekretärsausschuss）、议会可持续发展咨询委员会（Der Parlamentarische Beirat für nachhaltige Entwicklung, PBnE）和可持续发展理事会（Rat für Nachhaltige Entwicklung）。

（1）可持续发展国务秘书委员会。该委员会由联邦总理府领导，是可持续发展战略的中心指导机构，各部门均在该委员会派有国务秘书级别代表。该委员会致力于各部门之间的政策协调，确保各部门交换有关其可持续性发展政策的重要信息，促成政策的一致性。作为可持续发展战略的主要指导机构，该委员会的主要任务是战略规划，重点是深入研究该战略并出台一些重大政策。例如设立"从国家和国际角度看可持续城市发展"工作组；出台联邦政府出行和燃料战略；建立政府可持续采购能力中心；颁布《未来宪章》；建立子部门领导小组（UAL-AG），处理与该部门有关的所有可持续发展问题。

议会可持续发展咨询委员会和可持续发展理事会的代表应邀定期参加可持续发展国务秘书委员会的会议。

（2）议会可持续发展咨询委员会。2004 年联邦议会设立了可持续发展咨询委员会，由 17 名成员组成。议会可持续发展咨询委员会主要负责可持续发展议题，例如准备在联邦议院处理可持续发展问题时提供专家意见和建议；提出在预算、补贴和采购上的政策建议；深入讨论法律政策，提议赋予可持续性宪法地位原则；与其他行为者（各州、欧盟等）建立网络以促进可持续发展；对联邦政府的可持续性评估开展再评估。

（3）可持续发展理事会。[①] 可持续发展理事会有 15 位成员，主要是专业公众人物，由德国政府每三年任命一次，是联邦政府重要的咨询机构，由联邦总理府支持的办公室给予资助。该理事会的任务是：对德国可持续发展战略做出贡献；命名具体行动领域和项目；加强公众对可持续发展的关注和辩论。可持续发展理事会是独立机构，负责政府与各界的沟通，主要工作成果有：审核修订《德国可持续发展守则》，开发各种工具为可持续发展服务；发表有关数字化、气候、原材料、农业等主题的各种政治声明；召集市长参加"可持续城市"对话；组织 2018 年德国可持续发展战略同行评议；为企业可持续发展服务；通过区域网络可持续发展战略与行为者建立联系；通过可持续发展文化基金和各种形式的竞赛促进日常文化项目的开展；发布"德国可持续性架构和 SDG"声明，进一步制定可持续性战略；发起德国可持续发展行动日。该理事会 2019 财政年度资金为 6359000 欧元，2020 年为 5968000 欧元。

3. 联邦各州和地方市镇的职权与责任

（1）联邦与各州的合作。各州和直辖市在实施德国可持续发展目标和 2030 年议程中发挥着至关重要的作用。在联邦政府的领导下，它们在可持续发展的重要领域拥有立法和执法权。由于各州和直辖市更靠近公民、企业和社会团体，因此各州可以根据当地情况有针对性地在不同领域支持可持续发展。联邦参议院主张加强联邦政府与各州之间的交流，以便使联邦和各州在可持续发展指标体系上达到最大限度的兼容，同时尊重各自的政治优先事项。

为了促进联邦政府与各州之间在可持续发展领域的经验交流，德国建立

---

① RNE, Über den Rat, https://www.nachhaltigkeitsrat.de/ueber-den-rat/.

了"联邦与州之间关于可持续发展的经验交流（BLE NHK）"机制，这一机制在总理府和各州州长联席会议主席领导下工作。2015～2016 年，该机制的工作主要集中在《2030 年可持续发展议程》的国际谈判和在国家一级的实施。考虑可持续发展的总体特征，联邦政府提议成立了一个联邦政府可持续发展工作组（Bund-Länder-Arbeitsgemeinschaft für nachhaltige Entwicklung），作为国家和各州政府领导人会议（CdS）以及联邦总理府领导机制的一部分。此外，联邦总理府负责人与国家和各州政府领导人会议之间定期展开对话，促进联邦政府与各州政府之间关于可持续发展的合作。截至 2016 年 9 月，已有 11 个州制定或正在制定可持续发展战略。

（2）地方一级（州、市、县、乡镇）的合作。地方各级政府是实现《2030 年可持续发展议程》的重要角色和推动力，联邦政府支持地方政府制定地方可持续发展战略，根据 17 个发展目标建立地方政府之间的合作伙伴关系。州一级支持全球伙伴关系的主要工具是联邦州试点计划，它促进了各州对发展援助政策的参与，并将其与联邦政府的发展援助政策联系在一起。城市一级根据可持续发展国务秘书委员会的决定，于 2015 年 3 月成立了一个跨部委工作组——"国家和国际视野中的可持续城市发展（IMA Stadt）"工作组。这个机构由联邦环境部主管。在德国城市协会代表的积极合作下，国家和国际视野中的可持续城市发展工作组成为各方共享的信息库，将各部门的工作联系在一起，可持续发展理事会以及科学和民间组织也参与其中。

4. 社会的参与

由各种协会、团体组成的民间组织为在社会、政治和商业领域确立可持续发展原则做出了重要贡献。民间组织的大力支持对实现《2030 年可持续发展议程》非常重要。民间组织凭借其专业知识、承诺、社会联系网络和资源，在执行全球和国家可持续发展目标方面发挥着重要的作用，是德国政府新的全球合作伙伴。全面迈向可持续发展需要每个人做出决定和贡献，民间组织在联系个人方面起积极作用。

（1）经济界。企业不仅是国家可持续发展战略重要的对话参与者，在具体实施可持续发展目标方面也是重要的执行者。企业还从技术进步角度为社会和生态问题解决提供了方案。企业社会责任（Corporate Social Responsibility，CSR）有助于在全球化背景下社会和生态的建构。由企业、工会、非政府组织参加的全国企业社会责任论坛，为企业的具体行动提供了指导。联邦政府设立的企业社会责任奖（CSR-Preis der Bundesregierung）旨在鼓励企业依据可持续发展原则调整经营模式。该奖项自 2013 年起颁发，授予那些节约自然资源、保护气候和环境、在可持续发展实践中表现突出的企业。德国还设立了可持续发展奖基金会（Stiftung Deutscher Nachhaltigkeitspreis），联邦政府也参加了该基金会。该基金会的奖项旨在表彰那些将经济成功与社会责任和环境保护相结合，并采取可持续行动来实现进一步发展的企业。

（2）科学界。联邦政府认为，没有科学，各国就无法应对《2030 年可持续发展议程》中提到的社会、生态和经济挑战。德国具有很强的科学体系和创新能力，可以为国家和国际两级的可持续发展做出贡献。高级可持续发展研究所（Institute for Advanced Sustainability Studies，IASS）支持联邦政府提出的建立科学平台的建议，并做了大量工作。来自科学界各方力量在政府支持下，建立了可持续发展科学平台，该平台被系统地纳入《2030 年可持续发展议程》的管理、对话和执行程序。这样的平台促进科学界与政府或社会的交流，以便科学地处理有关可持续性政策的辩论以及实施可持续发展目标。

（3）文化艺术界。联邦政府鼓励文化艺术家在他们的作品和理论上，借助创意产业的概念，对文化、自然、环境的可持续发展做出贡献。他们特有的创造性思维，以及跨学科和实验性方法，在可持续发展辩论中起到很大作用。文化机构（博物馆、图书馆、剧院、乐团等）在可持续发展中发挥了积极作用，如柏林世界文化之家重视在艺术与科学界的一系列活动中增强可持续性；洪堡论坛为不同世界文化之间的平等对话创造一个场所；联邦文化基金会与各州、县、乡镇合作，制订了"TRAFO – 变革中的文化模式"计划。

5. 与欧盟和多边国际组织合作

在欧盟委员会中，设有专门委员对可持续发展负责任。时任欧盟委员会主席容克委托欧洲政治战略中心可持续发展特别顾问卡尔·福肯伯格（Karl Falkenberg），编写关于《2030 年可持续发展议程》执行情况的报告。卡尔·福肯伯格在报告中提出了欧盟可持续发展愿景，"在地球范围内生活得很好并公平分享"。报告确定了能够在欧盟实现《2030 年可持续发展议程》目标的五个政策领域：农业、国际贸易、海洋、可持续城市和金融，还为机构和流程提出建议。根据 2016 年 5 月 12 日的决议，欧洲议会要求欧盟委员会提交一项新的可持续发展战略草案。

德国在制定欧盟可持续发展战略过程中发挥了重要作用，许多德国官员和专家在欧洲可持续发展网络（ESDN）和欧洲环境咨询委员会（Equal Employment Advisory Council, EEAC) 中担任要职。德国还与法国、奥地利共同发起了首个欧洲可持续发展周 (The European Sustainable Development Week, ESDW),并开展了一系列活动。

德国政府致力于在国际组织中实施《2030 年可持续发展议程》,包括与世界银行、经合组织和联合国成员为实现可持续发展目标进行磋商。德国还参加了由瑞典发起的高级别支持小组 (High-Level Support Group),该小组由九个成员组成(德国、瑞典、巴西、哥伦比亚、突尼斯、利比里亚、南非、坦桑尼亚和东帝汶)。

在 2012 年"里约 + 20 峰会"上可持续发展高级别政治论坛 (High-level Political Forum on Sustainable Development, HLPF) 成立了。该论坛在 2016 年 6 月举行的会议上,决定根据《2030 年可持续发展议程》的"跟进和审查"条款,确定将论坛作为可持续发展审查机构。德国政府支持建立强大而高效的可持续发展高级别政治论坛,德国总理默克尔在其政府声明 (2015 年 9 月 24 日) 中宣布,德国是在 2016 年高级别政治论坛报告首批提交国家之一 (共有 22 个国家自愿向 2016 年高级别政治论坛提交报告)。德国在 2021 年发布下一份高级别政治论坛报告。未来德国将定期提供有关全球发展指标的数据,作为联合国查询国际可持续发展数据的一部分。

德国将可持续发展作为七国集团和二十国集团重要任务,不断加以推动。2015 年,德国在担任 G7 轮值主席国期间,提出气候保护和多项发展政策举措,为 2015 年 12 月成功缔结《巴黎气候协定》奠定了重要基础。德国还在 G7 机制内推动筹资行动议程;推行国际认可的劳工、社会和环境标准;支持贫穷的生产国改善职业安全与卫生;加强投诉机制;提高妇女参与度;提出改善营养和使农业更加可持续发展的具体措施;提高海洋环境保护和资源使用效率;加强卫生系统和执行国际卫生条例,提供预防和打击流行病的帮助 (IHR 2005) 等。

G20 集团致力于全球可持续发展,在 2016 年杭州 G20 峰会上,国家元首和政府首脑通过了一项行动计划,推动 G20 对实施《2030 年可持续发展议程》做出贡献。2017 年,德国在担任 G20 轮值主席国期间,德国继续在全球供应链中实施《2030 年可持续发展议程》,在气候保护、可持续能源利用、全球卫生、可持续农业以及更好地应用国际认可的劳工等方面有所作为。

第七章

21 世纪初期德国发展援助资金分配
与双边发展援助

第一节 德国发展援助财政预算与支出

21 世纪以来，德国官方发展援助在 20 世纪 90 年代中期大幅下滑之后，到 2005 年进入一个快速增长阶段。2000 年，德国官方发展援助资金为 54.58 亿欧元，占国民总收入的 0.27%。2016 年达到 223.68 亿欧元，占国民总收入的 0.70%，达到国际官方发展援助标准。然而，2016 年后德国官方发展援助有所下降。1976～2018 年德国官方发展援助占国民总收入的比例如图 7－1 所示。

图 7－1　1976～2018 年德国官方发展援助占国民总收入的比例

资料来源：BMZ, Entwicklung der deutschen ODA-Quote1976－2018, 2020.4, PDF.

2000～2018年德国官方发展援助支出如表7-1所示。

表7-1　2000～2018年德国官方发展援助支出

单位：百万欧元

ODA	2000年	2005年	2010年	2015年	2016年	2017年	2018年
总计	5458.0	8112.0	9804.0	16173.1	22368.2	22182.2	21750.5
双边	2915.0	5992.0	6082.0	12722.8	17756.9	17581.0	16487.1
多边	2543.0	2120.0	3722.0	3450.3	4611.3	4601.2	5263.4
ODA占GNI的比重（%）	0.27	0.36	0.39	0.52	0.7	0.67	0.62

图7-2　2013～2018年德国双边与多边发展援助资金的占比

资料来源：①BMZ, Entwicklung der bi-und multilateralen Netto-ODA 2013–2018, 2020. 4, PDF。

②BMZ, Auf Augenhoehe, Nomos, S. 194, 2012。

联邦经合部作为发展援助政策的主管部门，在官方发展援助资金的预算和支出方面，始终居于德国政府部门之首。2012年，德国政府总预算为3116亿欧元，给联邦经合部的资金为63.8亿欧元；2013年政府总预算为3100亿欧元，给联邦经合部的资金为62.9亿欧元；2014年政府总预算为2965亿欧元，给联邦经合部的资金为64.4亿欧元；2015年政府总预算为3069亿欧元，官方发展援助总资金为161.7亿欧元，其中给联邦经合部的资金为65.4亿欧元；2016年政府总预算为3169亿欧元，官方发展援助总资金为223.7亿欧元，其中给联邦经合部的资金为74亿欧元；2017年政府总预算为3291亿欧元，发展援助总资金为221.8亿欧元，其中给联邦经合部的资金为85.4亿欧元；2018年政府总预算为3436亿欧元，官方发展援助总资金为 217.5 亿欧元，其中给联邦经合部的资金为 89.3 亿欧元；2019 年政府总预算为 3564 亿欧元，联邦经合部的资金突破百亿欧元，达到 102.4 亿欧元。[①] 2020 年联邦经合部发展援助资金预算如图 7 - 3 所示。

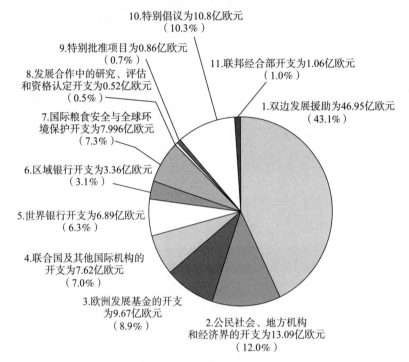

总金额:108.84亿欧元

10.特别倡议为10.8亿欧元（10.3%）

9.特别批准项目为0.86亿欧元（0.7%）

8.发展合作中的研究、评估和资格认定开支为0.52亿欧元（0.5%）

7.国际粮食安全与全球环境保护开支为7.996亿欧元（7.3%）

6.区域银行开支为3.36亿欧元（3.1%）

5.世界银行开支为6.89亿欧元（6.3%）

4.联合国及其他国际机构的开支为7.62亿欧元（7.0%）

3.欧洲发展基金的开支为9.67亿欧元（8.9%）

11.联邦经合部开支为1.06亿欧元（1.0%）

1.双边发展援助为46.95亿欧元（43.1%）

2.公民社会、地方机构和经济界的开支为13.09亿欧元（12.0%）

中央预算的行政支出为-0.21亿欧元（-0.2%）

图 7 - 3　2020 年联邦经合部发展援助资金预算

资料来源：BMZ, Die Ansätze des Haushalts 2020。

注：图 7 - 3 中的总金额应为 108.606 亿欧元，但是德文资料中标出的总金额为 108.84 亿欧元。此处作者保留原文数值。图中括注的百分比为各部分开支占 2020 年联邦经合部发展援助资金预算的百分比。

进入 21 世纪，特别是德国执行联合国 2030 年议程以来，可持续发展成为德国政府的国家战略，政府各部门对此都有规划，越来越多的政府部门参与制定发展援助政策，联邦经合部占比相对减少。2000 年联邦经合部的资金为 36.7 亿欧元，占当年德国官方发展援助总额 54.5 亿欧元的 67.3%，2010 年这一比例为 61%，2014 年为 50.7%，2015 年这一比例骤降为 40%，2016

① BMF, Bundeshaushalt, https://www.bundeshaushalt.de/#/2020/soll/ausgaben/einzelplan.html.

年为 33%，2017 年回升为 38.6%，2018 年为 41.1%。

以下以 2018 年为例，分析各部门官方发展援助占比。2018 年德国相关部委的官方发展援助预算如表 7-2 所示。

表 7-2　2018 年德国相关部委的官方发展援助预算

单位：百万欧元

单位	资金	占比	双边	多边
联邦经合部	8933.0	41.1	6084.0	2849.0
联邦外交部	2822.6	13.0	2579.0	243.6
联邦环境、自然保护与核安全部	432.0	2.0	352.0	80.0
联邦财政部	289.0	1.3	153.0	136.0
联邦教育与研究部	216.0	1.0	216.0	—
政府文化与媒体专员（BKM）	166.5	0.8	166.5	—
联邦卫生部（BMG）	97.9	0.4	77.4	20.5
联邦经济与能源部	53.0	0.2	36.5	16.5
联邦粮食与农业部	43.3	0.2	21.5	21.8
联邦家庭、老年人、妇女和青年部（BMFSFJ）	3.5	0.0	3.5	—
联邦劳动和社会事务部（BMAS）	13.9	0.1	1.5	12.4
联邦司法与消费者保护部（BMJV）	5.2	0.0	5.2	—
联邦内政、建筑和地方部（BMI）	7.4	0.0	4.4	3.0
联邦运输和数字基础设施部（BMVI）	1.0	0.0	0.8	0.2
德国联邦议院	0.7	0.0	0.7	—
联邦国防部	0.2	0.0	0.2	—
德国在欧盟官方发展援助的预算	1880.3	8.6	—	1880.3
联邦各州	1170.3	5.4	1170.3	—
联邦资产（债务减免）	3.0	0.0	—	—
市场资金*	2245.1	10.3	2245.1	—
德国投资开发公司	84.3	0.4	84.3	—
其他	3280.3	15.1	3280.3	—
总计	21748.5	99.9	16482.2	5263.3

资料来源：BMZ, Deutsche ODA-Leistungen, Mittelherkunft der bi-und multilateralen ODA 2017-2018, 04.2020。

*德国复兴信贷银行在资本市场上筹集的资金，可在贴现条件下作为联邦政府的贷款，提供给德国发展合作伙伴。

从经合组织发展委员会成员对比来看，2019 年，德国发展援助资金为 238.1 亿美元，仅次于美国的 346.2 亿美元，居经合组织发展委员会第二位，是继美国之后经合组织第二大发展援助国。从官方发展援助占国民总收入的比例来看，德国在卢森堡、挪威、瑞典、丹麦和英国之后居第六位。2019 年 6 个经合组织发展委员会国家官方发展援助对比如图 7 - 4 所示。

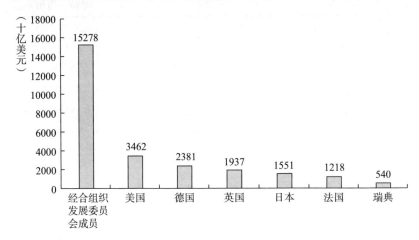

图 7 - 4 2019 年 6 个经合组织发展委员会国家官方发展援助对比

资料来源：BMZ, ODA-Zahlen, Geber im Vergleich 2019, 04, 2020。

第二节 德国双边发展援助政策

一 双边发展合作伙伴

经合组织规定受援国包括所有低收入和中等收入国家（由世界银行定义，基于人均国民总收入计算）。此外，受援国还包括联合国定义的所有最不发达国家。经合组织发展委员会每三年修订一次受援国列表。在审查时，连续三年超过高收入门槛的国家将被删除。根据此审核过程，经合组织发展委员会于 2017 年 11 月对受援国名单进行了修订。

经合组织确定的受援国名单有一个变迁过程。自 1961 年成立以来，经合组织发展委员会就已经开始收集受援国相关数据。早期双边受援国包括除南非以外的非洲国家和地区、除美国和加拿大以外的美洲国家和地区、除澳大利亚、日本、新西兰以及社会主义国家之外的亚洲和大洋洲国家和地区，还包括塞浦路斯、直布罗陀、希腊、马耳他、西班牙、土耳其和南斯拉夫。

20世纪70年代之后，亚洲社会主义国家，特别是中国和越南被列入受援国。1983年西班牙被从受援国名单删除。

冷战结束后，东欧转型经济国家提出了援助要求，经合组织将发展援助分为两大部分：（1）"传统"的发展中国家继续享有官方发展援助，联合国的长期目标是要求援助国提供的官方发展援助要达到国民总收入的0.7%。（2）将"较先进的"发展中国家和东欧国家的援助列为官方援助。这些国家主要是：白俄罗斯、保加利亚、捷克共和国、爱沙尼亚、匈牙利、拉脱维亚、立陶宛、波兰、罗马尼亚、俄罗斯、斯洛伐克共和国、乌克兰、摩尔多瓦。

2005年经合组织发展委员会废除了第二部分受援国获得的官方援助，统一为发展中国家受援国提供的官方发展援助。

依据经合组织报告，2018～2020年有143个国家和地区被列为发展援助受援方，其中欧洲10个、北非5个、撒哈拉以南非洲49个、中南美28个、大洋洲16个、近东和中东7个、南亚和中亚17个、东亚11个。

德国是经合组织发展委员会29个成员之一，其发展援助指标主要依据OECD/DAC的标准。

双边发展合作是德国发展援助政策最重要的手段之一，也是德国非常认可的有效的对外合作方式。德国在选择双边合作伙伴时，既考虑经合组织确定的发展援助受援方名单，也根据自己的政策重点、财力等做出自己的选择。因此，德国双边发展合作伙伴一直在不断调整中。

依据经合组织报告，2018～2020年经合组织发展援助受援方的名单如下。

（1）欧洲的10个受援国和地区：阿尔巴尼亚、白俄罗斯、波黑、科索沃地区、摩尔多瓦、黑山、北马其顿、塞尔维亚、土耳其（德国将其列入欧洲）和乌克兰。

（2）北非的5个受援国和地区：埃及、阿尔及利亚、利比亚、摩洛哥和突尼斯。

（3）撒哈拉以南非洲的49个受援国和地区：安哥拉、赤道几内亚、埃塞俄比亚、贝宁、博茨瓦纳、布基纳法索、布隆迪、佛得角、科特迪瓦、吉布提、厄立特里亚、斯威士兰、加蓬、冈比亚、加纳、几内亚、几内亚比绍、喀麦隆、肯尼亚、科摩罗、刚果（布）、刚果（金）、莱索托、利比里亚、马达加斯加、马拉维、马里、毛里塔尼亚、毛里求斯、莫桑比克、纳米比亚、尼日尔、尼日利亚、卢旺达、赞比亚、圣多美和普林西比、塞内加尔、塞拉利昂、津巴布韦、索马里、圣赫勒拿岛、苏丹、南非、南苏丹、坦桑尼亚、多哥、乍得、乌干达和中非共和国。

（4）中南美的 28 个受援国和地区：安提瓜和巴布达、伯利兹、哥斯达黎加、多米尼克、多米尼加共和国、萨尔瓦多、格林纳达、危地马拉、海地、洪都拉斯、牙买加、古巴、墨西哥、蒙特塞拉特（岛）、尼加拉瓜、巴拿马、圣露西亚、圣文森特和格林纳丁斯、阿根廷、玻利维亚、巴西、厄瓜多尔、圭亚那、哥伦比亚、巴拉圭、秘鲁、苏里南和委内瑞拉。

（5）大洋洲的 16 个受援国和地区：库克群岛、斐济、基里巴斯、马绍尔群岛、密克罗尼西亚联邦、瑙鲁、纽埃（Niue）、帕劳、巴布亚新几内亚、所罗门群岛、萨摩亚、托克劳、汤加、图瓦卢、瓦努阿图、瓦利斯和富图纳群岛。

（6）近东和中东的 7 个受援国和地区：伊拉克、伊朗、也门、约旦、黎巴嫩、巴勒斯坦和叙利亚。

（7）南亚和中亚的 17 个受援国：阿富汗、亚美尼亚、格鲁吉亚、阿塞拜疆、孟加拉国、不丹、印度、哈萨克斯坦、吉尔吉斯斯坦、马尔代夫、缅甸、尼泊尔、巴基斯坦、斯里兰卡、塔吉克斯坦、土库曼斯坦和乌兹别克斯坦。

（8）东亚 11 的个受援国：中国、印度尼西亚、柬埔寨、朝鲜、老挝、马来西亚、蒙古、菲律宾、泰国、越南和东帝汶。

德国的双边发展援助对象并非覆盖经合组织所指认的全部范围，德国在不同阶段对双边发展援助对象有所选择和调整。德国第十五次发展援助报告中，2016 年联邦经合部确定的双边发展援助国家和地区有 85 个。

（1）亚洲的 19 个受援方：阿富汗、孟加拉国、印度、印度尼西亚、柬埔寨、吉尔吉斯斯坦、老挝、蒙古、尼泊尔、巴基斯坦、塔吉克斯坦、乌兹别克斯坦、越南、缅甸、菲律宾、斯里兰卡、东帝汶和中亚跨境合作（包括哈萨克斯坦和土库曼）。

（2）南欧和高加索地区的 9 个受援方：阿尔巴尼亚、科索沃地区、塞尔维亚、乌克兰、波斯尼亚和黑塞哥维那、摩尔多瓦、高加索倡议（亚美尼亚、阿塞拜疆、格鲁吉亚）。

（3）拉丁美洲和加勒比地区的 15 个受援方：玻利维亚、巴西、厄瓜多尔、危地马拉、洪都拉斯、哥伦比亚、墨西哥、秘鲁、哥斯达黎加、萨尔瓦多、加勒比海计划（多米尼加共和国、海地、古巴）、尼加拉瓜和巴拉圭。

（4）近东地区的6个受援方：伊拉克、巴勒斯坦、也门、约旦、黎巴嫩和叙利亚。

（5）非洲的36个受援方：埃及、埃塞俄比亚、贝宁、布基纳法索、布隆迪、加纳、喀麦隆、肯尼亚、刚果（布）、马拉维、马里、摩洛哥、毛里塔尼亚、莫桑比克、纳米比亚、尼日尔、卢旺达、赞比亚、南非、南苏丹、坦桑尼亚、多哥、乌干达、阿尔及利亚、"西非脆弱国家"计划（科特迪瓦、塞拉利昂、利比里亚、几内亚）、利比亚、马达加斯加、尼日利亚、塞内加尔、索马里、乍得、突尼斯和中非共和国。

2020年6月，联邦经合部颁布《改革纲要"BMZ 2030"》（2020），决定引入新的合作伙伴类别，以使德国与合作伙伴进行更具战略意义的合作，可以更有效、更快、更灵活地为冲突地区和难民地区的人们提供支持。为此，联邦经合部决定将2020年与85个国家和地区的发展合作削减为60个，把最不发达国家在发展合作伙伴国家总数中的份额从39%增加到42%。新的发展合作伙伴类别如下。[1]

（1）双边发展合作伙伴关系。这些双边发展合作伙伴国家与德国长期合作，有共同的发展目标并使用所有发展政策工具，也是"经典"的合作关系。双边发展伙伴关系总共涉及42个国家和地区。双边发展合作伙伴中还有两种特殊形式的伙伴关系。

A. 改革伙伴关系。它主要是支持那些以改革为导向的国家，如埃塞俄比亚、科特迪瓦、加纳、摩洛哥、塞内加尔和突尼斯。

B. 转型伙伴关系。转型伙伴专指欧盟周边那些处于政治和经济转型进程的国家和地区，如阿尔巴尼亚、波斯尼亚和黑塞哥维那、格鲁吉亚、科索沃地区、摩尔多瓦、塞尔维亚和乌克兰。

（2）全球伙伴关系。这是一种新的合作伙伴关系。全球伙伴指那些和德国一起共同努力解决未来全球性问题的合作伙伴。这些国家有巴西、印度、印度尼西亚、墨西哥、秘鲁、南非、越南和中国。

（3）和平伙伴关系。主要合作国家有：伊拉克、也门、刚果（金）、利比亚、索马里、苏丹、南苏丹、叙利亚、乍得、中非共和国。德国与它们合作并提供援助，共同研究危机和难民地区的暴力、冲突和流离失所的原因，

---

[1]　BMZ, Reformkonzept, "BMZ 2030" Umdenken-Umsteuern, 2020.

稳定这些国家的局势和维护和平。

二 双边发展援助政策

(一) 资金分配

德国政府历来重视双边发展援助合作,认为这样更能贯彻德国发展援助政策目标,更好体现国家利益,更有效与合作伙伴解决贫困、气候、难民等全球性挑战,因此双边发展援助资金始终是发展援助总资金的大项。

2000～2010 年和 2015～2019 年德国双边发展援助支出如表 7 - 3 所示。

表 7 - 3　2000～2010 年和 2015～2019 年德国双边发展援助支出

单位:百万欧元

年份	总计	双边	年份	总计	双边
2000	5458	2915	2008	9692	6283
2001	5571	3186	2009	8604	5096
2002	5649	3531	2010	9803	6082
2003	6004	3593	2015	16173	12723
2004	6064	3077	2016	22368	17757
2005	8112	5992	2017	22182	17581
2006	8313	5604	2018	21750	16487
2007	8978	5807	2019	23810	—

资料来源:①BMZ, Auf Augenhoehe, Nomos, S. 194, 2012。
②BMZ, Bilaterale Netto-ODA 2014 - 2018。

双边发展援助资金主要分布在社会、经济、人道救援等领域。2018 年德国双边发展援助资金总计 164.87 亿欧元。这笔资金可划分为两类,第一类是按照援助领域划分的资金,共有 100.64 亿欧元,占比约为 61%,涉及以下具体领域。

(1) 社会基础设施和服务领域,共计 57.4 亿欧元,占比约为 34.8%,包括教育、健康、人口政策、供水和污水处理、国家和公民社会、其他社会领域等,其中教育以及国家和公民社会占比最高,分别达到 12.7% 和 13.2%。

(2) 经济基础设施和服务领域,共计 15.26 亿欧元,占比约为 9.3%,包括运输和仓储、通信、能源生产与分配、金融、私有经济及其他服务。

(3) 生产领域,共计 8.2 亿欧元,占比约为 5.0%,包括农业、林业、渔业、工业、自然资源与采矿、建筑、贸易政策、旅游业等。

（4）多部门合作领域，共计19.75亿欧元，占比约为12%，包括环境保护和其他措施。

第二类是其他发展援助，共有资金64.23亿欧元，占比约为39%，包括以下部分。

（1）货物援助和一般项目援助为4.2亿欧元，约占双边发展援助的2.5%，包括预算资助、粮食安全援助以及其他货物援助。

（2）债务减免300万欧元（比例可忽略不计）。

（3）人道主义援助为22.42亿欧元，约占双边发展援助的13.6%。

（4）其他措施花费37.58亿欧元，约占双边发展援助的22.8%，包括援助国的行政管理费用、援助国的难民援助等。值得注意的是，2015年以后，援助国难民援助资金急剧上升，从2014年的1.29亿欧元（占官方发展援助的1.5%）上升为2015年的27.2亿欧元（占官方发展援助的21.4%），2016年的59.55亿欧元（占官方发展援助的33.5%），2017年的53.7亿欧元（占官方发展援助的30.6%）和2018年的32.8亿欧元（占官方发展援助的19.9%），反映了德国处理难民问题巨大的应急需求。

2018年德国双边发展援助资金从国家和地区资金分配看，欧洲为7.65亿欧元，非洲为36.8亿欧元，美洲为12亿欧元，亚洲为50亿欧元，大洋洲为0.13亿欧元，其他为58.22亿欧元。

德国发展援助双边合作分为不同形式，政府间合作是最重要的合作形式，也是德国发展援助的第一根支柱。这一形式要求德国政府与其发展合作伙伴国之间通过谈判签订正式协议，通常每两年进行一次谈判。在政府间谈判中，双方共同制定项目计划，商议财政和技术合作的范围与方式。双方签订的正式协议具有国际法约束力。2019年在双边发展合作框架内，德国与50个发展中国家在共同商定的国家协议基础上开展合作，联邦经合部还与33个国家开展主题或区域合作。

德国发展援助的第二根支柱是由非政府组织在发展合作伙伴国家实施的项目，这些非政府组织包括教会、政党基金会和自由非政府组织。这种形式的发展合作得到了国家的财政支持，非政府组织负责实施项目，但它们保持独立性。

为了更好地协调个人、协会、非政府组织、企业和市政当局的发展援助政策活动，德国政府于2012年初确立了"全球参与性有限公司——服务促进发展计划"。它的任务是协调和促进各类非政府组织和地方社区发展合作工作，提供信息和建议，支持资格认证等服务。

新的服务机构统合其他世界范围的服务单位，如世界志愿者服务秘书处、民间和平服务秘书处、非政府组织发展援助政策咨询中心、青年工作和学习访问计划、一个世界社区服务中心。

德国通过各类服务机构，每年向大约 1780 个非政府组织提供财政支持，超过 7600 名专家和志愿者被派往 100 多个国家。联邦政府与 5000 多个政府发展合作伙伴开展合作。此外，发展合作服务机构每年通过各种活动、社交网络和其他通信方式与 100 万公民保持联系。

（二）合作形式

德国与发展合作伙伴国的合作有多种形式，包括财政发展援助、技术发展援助以及人员发展援助等。

1. 财政发展援助合作

德国向发展合作伙伴国提供优惠贷款，对于最不发达国家，这笔钱是赠款，不必偿还。财政发展援助合作的主要任务是支持发展合作伙伴国采取对发展至关重要的融资措施，例如基础设施、金融系统、物资产品或有效结构的开发，包括教育、卫生、供水、能源、农业、气候保护等部门的财政发展资助，资助范围和目标是德国与发展合作伙伴国之间通过合同约定的。联邦新闻办公室为了使此类投资能够持续改善发展合作伙伴国状况，强调发展合作伙伴必须进行政治改革和结构改革。财政发展援助资金主要来自联邦政府预算，德国复兴信贷银行也在资本市场上筹集部分资金，通过这种方式，可以提高德国发展援助的资金规模，从而产生广泛的影响。

负责德国财政发展援助合作的组织是德国复兴信贷银行。在政府间签订正式合作协议后，德国复兴信贷银行具体负责发展中国家的财政援助合作项目，并与德国技术合作项目以及其他双边和多边措施密切协调。德国复兴信贷银行为发展合作伙伴国家项目进行前期准备工作，政府签约后负责落实项目实施，在项目进展中负责监视项目进度，项目结束时检查项目是否达到了预期发展目标。

联邦经合部与联邦财政部、联邦外交部和联邦经济技术部达成协议，规定了财政合作资金的分配条件。这些条件考虑到各个发展中国家的不同经济表现和债务可持续性。一是向最不发达国家提供财政资助，这笔资助属于赠款，无须这些国家偿还。二是人均收入较低的发展中国家可获得德国的金融合作贷款，贷款利率为 0.75%，贷款期限为 40 年，包括宽限期。三是其他发展合作伙伴国家都可以以 2% 的利率获得低息贷款，贷款期限为 30 年，包括 10 年的宽限期。

21 世纪以来，与国际社会发展援助资金来源多样化相一致，德国发展援助资金的来源也更加广泛，发展援助资金的使用方式更加灵活。

在经济实力较强的发展中国家，可以将联邦预算中的官方发展援助资金与德国复兴信贷银行在资本市场上筹集的资金结合起来。

（1）混合融资（Mischfinanzierung）。混合融资主要以联邦预算中的财政援助资金为主，由德国复兴信贷银行的市场资金进行补充。国家出口担保是此类信贷的先决条件。混合融资项目通常根据发展援助政策标准选择，并由德国复兴信贷银行进行检查。混合融资项目必须满足出口信贷保险公司的要求。由于期限较长，混合融资主要用于较大的基础设施项目，例如能源、水供应以及运输。近年来，低息贷款和联合融资在很大程度上取代了混合融资。

（2）联合融资（Verbundfinanzierung）。通过联合融资，联邦预算资金（贷款）与德国复兴信贷银行的市场资金结合在一起，贷款的条件远低于通常的市场条件下的贷款。联邦政府可以为德国复兴信贷银行的市场资金承担 90% 的违约风险。此类担保是为信用风险良好的国家提供的。如果认为风险可以接受，德国可以为那些发展援助项目提供担保。融资期限可以根据项目的需要灵活调整，最长为 25 年。这种贷款特别适合促进基础设施和金融部门的发展项目。

（3）低息贷款（Zinsverbilligte Darlehen）。为能够提供低息贷款，联邦经合部以赠款的形式提供预算资金，以降低德国复兴信贷银行市场资金的利率。联邦政府还为使用的德国复兴信贷银行市场资金承担 80% 的违约风险。低息贷款的期限为 10～12 年。这一贷款适合促进金融机构资助的发展援助项目，如通过发展合作伙伴银行来发展目标项目，如中小型公司、环境保护投资、基础设施的相关项目。

2003 年初以来，德国复兴信贷银行推行了一种开发贷款（Förderkredite der KfW），这一贷款未使用政府财政发展援助预算资金，是德国复兴信贷银行代表联邦政府提供的接近市场条件的贷款，用于发展中国家符合发展政策又在经济上可行的项目。开发贷款旨在弥补各种发展政策贷款与普通商业银行融资之间的供应缺口，适用于扩展经济基础设施的项目、落实气候保护领域的项目以及先进发展中国家的金融部门。这种开发贷款支持为小企业和私人客户提供贷款的小额信贷机构。

出口信贷担保（Exportkreditgarantien und bürgschaften）。出口信贷担保是促进对外贸易的国家工具。出口信贷担保的申请由部际委员会（Interministe-rieller Arbeitskreis，IMA）处理，联邦经济部、联邦财政部、联邦外交部和联邦经合部达成共识后，联邦经济部具体负责出口信贷担保。联邦经合部在制定政策时充分提供发展援助政策方面的意见，包括经合组织的环境准则，确保在评估出口的生态、发展和社会影响时使用国际认可的标准。出口信贷担保涵盖了对发展中国家和新兴国家的大部分出口项目，可以促进德国企业向发展中国家出口，减轻德国企业，特别是中小型企业对向发展中国家出口风险的担忧。

2. 技术发展援助合作

技术发展援助合作是德国双边发展援助合作又一重要形式。这一合作主要由联邦经合部代表德国政府与发展合作伙伴国达成合作协议，然后委托德国国际合作公司执行。在个别情况下，联邦地球科学与自然资源研究所或联邦物理技术协会也参与技术合作项目。

技术发展援助合作主要涉及以下工作：专业人士的报告与建议；咨询服务的经费筹措；为受资助的设施提供设备和材料；提供研究报告和鉴定报告。

技术发展援助合作项目集中于发展合作伙伴国进行双边发展合作的优先领域，这些项目是在与财政发展援助措施密切协调下得以规划和实施的。

3. 人员发展援助合作

派遣专家和熟练工人是双边合作的重要领域。在这一领域，德国政府的派遣政策是基于辅助（从属）原则：只有在发展合作伙伴国没有合适的专家时，才派遣德国专家和熟练工人，其费用在发展合作伙伴国无力承担的情况下由德国方面承担。

向发展合作伙伴国派遣的专家是德国发展援助实施组织或其承包商的员工。这些机构根据合同派遣技术和财政合作项目的技术顾问。除了德国国际合作机构和德国复兴信贷银行派遣专家外，政党基金会和其他私人组织也派遣专家前往发展合作伙伴国。

还有一类专家是合作专家（Integrierte Fachkräfte），由国际移徙与发展中心（CIM）负责管理。这类专家是德国公民或另一个欧盟国家的公民，由发展合作伙伴国的公共或私人机构雇用，旨在弥补临时的人员短缺。合作专家将获得发展合作伙伴国的薪金，同时获得到德国公共基金的资助和社会保障补贴。

《发展援助者法》定义了发展援助工作者（Entwicklungshelfe）。发展援助工作者是指那些"与国家认可的发展服务机构合作至少一年而没有中断的人，为合作伙伴关系发展做出贡献"。《发展援助者法》规定，他们在工作时应获得津贴和社会保障。

只有以下 7 个公认的机构有权派遣发展援助工作者：

- AGIAMONDO（AGEH），得到天主教组织和机构的支持；
- 德国国际合作公司；
- 新教发展援助机构"面包为了世界"支持的"海外服务公益有限公司"（Dienste in Übersee gGmbH）；
- 基督教专业人士国际（CFI），由新教使团与德国新教联盟共同建立；
- 国际基督教和平组织（EIRENE）；
- 世界和平机构（Weltfriedensdienst）；
- 公民和平服务论坛（Forum ZFD）。

这 7 个机构于 1993 年联合成立了发展援助服务工作组（AGdD）。它们每年共同向非洲、亚洲、拉丁美洲和东欧国家的发展援助项目派遣 1500 多名开发人员。发展援助服务工作组还包括资助完成发展援助任务回归的援助人员。

4. 培训青年发展援助人才

（1）ASA 项目。该项目是在 1960 年由一个学生倡议组织发起的，自 2012 年初以来，新成立的全球参与公益有限公司（Engagement Global gGmbH）负责这一项目。项目的目的是为 30 岁以下的在校生、毕业生和年轻专业人士提供在非洲、拉丁美洲和亚洲的实习费用。出国实习期通常为 3 个月，整个计划包括大约一年的准备和培训。到 2020 年初，已有 6000 多人参加了该项目。

（2）促进青年人才参与发展援助的政策。联邦政府支持各种组织培训和教育德国青年从事发展援助合作工作。

自 1976 年以来，准专业人士国际组织在培养年轻人才方面发挥了重要作用。这一组织一直由联邦经合部资助，向联合国及其各分组织和专门机构以及世界银行和区域开发银行派遣了准专业人士。

波恩德国发展学院（DIE）的年度研究生培训课程是提升年轻人才的重

要课程。这一课程持续 9 个月，其中包括在一个发展中国家或转型期国家逗留 11 周，每年大约有 20 名大学毕业生参加该课程。

农村发展研讨会（SLE）是柏林洪堡大学的项目，每年为多达 20 名大学毕业生提供为期 12 个月的培训课程，专家教授农村发展的方法和手段。培训课程的重要内容是参与者在国外进行为期 3 个月的实习，目的是参与者在实践中处理发展问题并增强参与者的分析和社交技能。

联邦经合部为年轻学者提供 17 个月的"发展合作培训生计划"，由德国国际合作公司负责进行。学员在完成一个月预备课程后，可以在发展中国家的一个双边发展合作项目中实习 8 个月，然后在其他德国或国际组织的职位锻炼，并在联邦经合部进行为期 5 个月的实习。这样的培训使学员从不同角度了解德国的双边和多边发展援助政策。

除了实习计划（其中还包括留在发展中国家的实习机会）外，德国国际合作公司还在德国办事处以及发展合作伙伴国家和地区为具有专业资格的年轻专业人员提供各种初级职位。

5. "面向世界"（weltwärts）发展援助志愿项目

许多年轻人有兴趣支持国外的发展援助项目，为此联邦经合部于 2008 年启动了公共资助的志愿服务项目"面向世界"。该项目针对 18 ~ 28 岁的年轻人，为他们参与发展合作伙伴国家的项目提供支持。成立以来的十年中，约有 34000 名年轻人参加了"面向世界"项目，他们在非洲、亚洲、拉丁美洲或东南欧为完成的发展援助项目而工作。

2013 年以来，来自发展合作伙伴国的年轻人也在德国提供志愿服务。这些志愿服务工作是联邦家庭、老年人、妇女和青年部的联邦志愿服务处提供的。这种南北合作方式有助于促进德国与发展合作伙伴之间的平等交流，并进一步加强现有的伙伴关系。

发展援助伙伴国有大约 160 个派遣机构和众多发展合作伙伴机构，它们是"面向世界"的主要行动者。它们会为派遣人员提供各种服务，包括为出差提供离境手续，并在项目所在地照顾他们等。

6. 专业人员培训

发展中国家需要大量合格的本地专家来解决它们的发展问题。因此，发展合作的一个重要工作是对当地专业人员和管理人员开展专业培训。对专业人员和管理人员的培训旨在使发展中国家的管理人员获得职业资格并提高其管理技能。培训和对话是人员发展援助的手段，既有助于人员培训，也有助于在发展合作伙伴国建立和加强有关的培训机构。以实践为导向的培训计划为参与者提供长达一年的量身定制的专业知识，这些知识是参与者在本国无法获得的。除了长期措施外，德国在国内外还为专业人员培训提供大量短期研讨会和课程。在这些课程中，专家传授技术知识。这类课程促进发展援助伙伴国之间的对话和经验交流。

联邦州、国家机构和德国经济界也为来自发展中国家的申请人提供专业培训职位，一些高级培训课程主要由德国国际合作公司负责。

德国还支持一个特别项目，即支持在德国居留的来自发展中国家的熟练专业人员返回祖国的措施。许多居住在德国的来自发展合作伙伴国的外国人是训练有素且经验丰富的专业人员。借助这个特别项目，联邦经合部希望帮助这些人返回自己的国家，将他们的专业知识用于母国的经济和社会发展。

7. 与科学界和高校合作

这一合作可确保发展合作伙伴国家与全球先进的知识网络联系。科学界和高校合作计划主要由两个组织实施。一个是德国学术交流中心，该中心是德国大学的联合机构。它的任务是通过交换在校生、毕业生和科学家来发展德国大学与其他国家的大学的关系。2011 年，德国学术交流中心从联邦经合部预算中获得 3500 万欧元的经费资助。它每年为来自发展合作伙伴国家的大量学生提供支持，使他们（如通过奖学金）能够继续深造。通过其校友计划，德国学术交流中心还开展校友暑期学校或专家研讨会之类的高级培训活动，与学生建立了稳定的联系。

另一个是亚历山大·冯·洪堡基金会（Alexander von Humboldt，AvH），主要支持基础研究领域的高素质科学家。在发展援助政策领域，亚历山大·冯·洪堡基金会每年提供多达 60 项乔治·福斯特研究奖学金，资助发展合作伙伴国家的经验丰富的科学家。他们可以在 6～18 个月里从事与本国相关的科学研究项目。该基金会也资助具有博士学位的发展合作伙伴国的研究人员，这些研究人员正处于科学研究职业的初期，他们可以获得 6～24 个月的资助。

三　执行和参与双边发展援助的机构和组织

德国双边发展援助合作的执行和参与机构众多，但主要有两大部分组成：一是国家官方机构，二是非政府组织。

1. 发展援助实施组织或执行机构

这些机构由联邦经合部领导，具体实施联邦政府的发展援助项目。这些组织的任务包括：实施财政和技术发展合作项目；派遣德国专家和开发人员；负责发展合作伙伴国家的专家和管理人员的专业培训。

负责财政发展合作的主要机构是德国复兴信贷银行。

负责技术发展合作的是德国国际合作公司，这个机构也负责发展援助人员的派遣以及培训。

国际移民与发展中心在发展援助合作和劳动力市场政策方面拥有30多年的专业经验，负责发展合作伙伴国技术工人的安置。国际移民与发展中心还为移民提供建议和支持，促进移民组织参与发展援助政策或支持移民在其原籍国建立企业。

此外，还有其他专门从事技术合作实施的机构，例如联邦地球科学与自然资源研究所、联邦物理技术协会。

执行组织的多样性是德国发展援助合作的一个特色。各个组织发展了高度专业化的技能，并在发展合作伙伴国家的项目中相互配合，深入合作。

2. 教会

教会在德国的发展援助政策中扮演着重要角色，参与德国发展援助合作已有50多年的历史。

教会参与发展援助合作有许多优势，例如可以借用全球教会力量，包括发展合作伙伴国的教会力量；更了解发展合作伙伴国家的宗教背景，有利于德国在这些国家制定政策时参考；更有利于跨文化交流；更接近基层和生活贫困的人们；可以减少或避开战乱、动荡等不利环境。

教会的发展援助资金主要为自有资金和捐款，联邦经合部也拨出一定资金支持教会的发展援助活动。2015年，联邦经合部向驻波恩的新教中央发展援助机构和驻亚琛的天主教中央发展援助机构拨款2.25亿欧元，支持它们的工作。

教会是制定国家发展援助政策的力量之一，联邦经合部定期邀请高级宗教代表就价值观、宗教与发展援助问题提出建议，听取教会在冲突管理和危机预防方面的意见，以及它们在涉及减贫、农村发展和维护人权方面的经验。

新教教会（福音教会）的主要机构如下。

（1）"面包为了世界"。它是德国新教教会和自由教会的全球援助组织，是公民和平服务的载体之一，也是"weltwärts"自愿服务的派遣组织之一。该组织在世界 90 多个国家和地区中从事发展援助活动，包括扶贫、粮食安全、可持续农村发展、应对气候变化、加强民间组织和人权、冲突管理等。

（2）海外服务公益有限公司（Dienste in Übersee gGmbH）。它是"面包为了世界"100% 的子公司，也属于德国新教发展援助组织。

（3）基督教专业人士国际（CFI）。它由新教使团与德国新教联盟共同建立。

（4）国际基督教和平组织（EIRENE）。

德国天主教设主教发展委员会和天主教中央发展援助中心（KZE）。1962 年以来天主教中央发展援助中心一直是联邦经合部的联系人和资金接受者。在天主教主教会议领导下，1958 年天主教发展援助组织 Misereor 创立，这一组织的总部位于亚琛，其宗旨是"抗击世界上的饥饿与疾病"，是天主教会在非洲、亚洲、拉丁美洲和大洋洲的发展合作组织。2010 年，Misereor 资助了大约 1200 个项目，总金额约为 1.53 亿欧元。自 1958 年成立以来，它已为 98000 多个项目提供了近 60 亿欧元的支持。

除了 Misereor 外，德国还有许多天主教援助组织，如 Adveniat、Caritas International、Kindermissionswerk、Die Sternsinger、Missio、Renovabis 等，它们从事传教、紧急援助等工作。

3. 联邦州和地方市镇

德国 16 个联邦州和大约 11500 个市镇是联邦经合部制定德国发展政策的重要合作伙伴。这些联邦州和市镇在发展援助过程中提供的信息对改进发展援助政策有很大贡献，它们也直接参与发展援助工作，包括与发展中国家的非政府组织、高校和学校合作，在教育领域的贡献尤其引人注目。

自 1962 年以来，16 个州的州长就发展援助问题做出六项决议。现行的发展援助政策的指导方针是 2008 年 10 月由州长会议决议（MPK-Beschluss）决定的。在《确保未来的生存能力——联邦政府、联邦州和市政府共同责任的发展政策》文件中，联邦各州为参与发展援助政策确定了八个重点领域：气候保护与能源、粮食安全与农村地区、移民与发展、科技合作、经济可持续发展、善政和权力下放、文化与发展以及发展援助政策信息和教育工作。

在此基础上，许多联邦州制定了自己的发展援助政策准则，即各州根据《巴黎宣言》和《阿克拉宣言》，相互协调其发展援助政策，以便提高效率和协调工作。

联邦政府和州政府通过每年召开一次的"联邦－州合作委员会"协调其发展援助政策。各联邦州每年还邀请其他州和联邦经合部参加一次发展援助展望会议。各个联邦州也参加了联邦经合部组织的主题会议或各州介绍经验的会议。

为了能够有效分工，各州高度重视发展援助政策的信息和教育工作。在这些方面，各州具有自己的权限和优势。许多活动具有突出效应，例如实施联合国十年"教育为了可持续发展"，将发展问题纳入德国学校的课程中。联邦各州还为德国内部发展政策目标的实施做出了重要贡献，确保公共客户仅购买符合社会和生态标准的商品来实现可持续发展。

事实证明，联邦各州与发展中国家地方之间的伙伴关系机制是一种很好的机制，有利于动员双方地方政府和民间组织促进发展援助合作。

联邦各州还在职业培训、继续教育以及科学技术合作领域做出了重要贡献。此外，它们经常提供发展援助政策所需各方面专家，让他们发挥专业特长。

联邦各州对德国官方发展援助做出很大贡献。

2013 年，所有 16 个联邦州都赞助了发展中国家的项目，参与了德国的发展援助工作。这一年联邦各州为发展援助合作提供的财政捐款约为 3270 万欧元。此外，联邦各州还为发展中国家的年轻人提供大学学位资助，加上这些支出，各州官方发展援助资金总计达到 7.034 亿欧元，占德国官方发展援助总额的 6.6%。在联邦州中，北莱茵－威斯特法伦州和巴登－符腾堡州所占份额最大，分别超过 1.2 亿欧元。

大约 11500 个市镇是德国政治体系中最小的行政单位，它们不仅负责地方一级执行国家决议和建议，而且还为公民参与各种事务，包括发展援助提供动力。越来越多的德国城市、乡镇和县参与了发展援助合作。市镇一级的主要发展政策参与者包括地方性协会，如德国城市联合会、德国城市和乡镇联合会以及德国农村地区联合会。它们提供了交流经验的机会，有利于德国政府在发展中国家找到合作伙伴。由于诸如气候变化或实现千年发展目标之类的全球挑战需要在各级政府开展活动，因此各级地方政府对发展援助政策的承诺非常重要并且日益受到国际社会重视。

地方发展援助政策有其基础和原则。2010 年 6 月，在德国城市与地区协会的参与下，德国通过了一项有关地方发展援助政策的决议。该决议不仅形成了对地方发展政策的作用和优先事项的共识，还就在政治和法律可行的框架内鼓励更多的城市参与发展政策达成协议。2008 年 10 月，欧盟部长理事会通过了《欧洲支持地方政府行动宪章》，承认地区和市镇政府是发展合作的重要参与者，并鼓励它们更多地参与其中。

地方政府的发展援助职责如下。

（1）提供发展援助各种信息，开展教育工作。市镇为提高德国国内发展援助政策的透明度做出了重大贡献。它们与公民的关系亲密，可以为提高公民对发展问题的认识做出重大贡献。

（2）地方政府有责任提升发展援助政策在国内的影响，在公共采购或气候保护等议题上做出榜样。

（3）积极支持民间组织参与发展援助事务。市镇政府通过与国内外民间组织的众多发展援助伙伴的密切联系，例如与地方协会加强联系，提高当地公民对发展援助的参与度。

（4）与发展中国家的地方政府建立伙伴关系。通过城市伙伴关系或发展项目合作伙伴关系，市镇政府可与发展合作伙伴国的地方政府、机构、大学、学校和非政府组织建立长期、可持续的合作关系。

（5）提供有地方特点的发展合作知识。在对外发展合作行动领域，地方政府在权力下放、加强地方行政能力建设、地方服务以及基础设施等领域具有宝贵的知识。市镇政府可以为国家发展援助提供专家，这种合作对双方都是有益的。

德国政府非常重视地方政府参与发展援助政策的特长和作用，要求地方政府必须对全球共同利益负责，支持地方政府制定发展援助政策并将其付诸实践，以使地方行动具有全球可持续性。[①]

德国地方政府发展援助政策有如下三大支柱。

（1）从自己做起。每个市镇政府都可以在其行政管理范围内的活动中，承担起全球可持续发展责任。例如市政可持续性发展战略的国际定位、可持续公共采购、移民组织参与的培训课程、发挥文化多样性的潜力。

（2）与发展合作伙伴国地方政府合作，落实的优先事项为：促进地方的可持续发展和气候保护；与约旦、黎巴嫩和土耳其的市政当局合作，稳定难民收容社区，加强市政服务（废物回收利用、污水处理等）；加强马格里布的改革进程；加强与乌克兰市政当局的合作。

---

① BMZ, Lokal handeln, global wirken, Kommunen in der Entwicklungspolitik, Januar 2020.

（3）开展国际合作。支持市政当局进行国际合作，在国际社会传播德国经验；通过国际城市平台联通各市镇；为市政专家提供了机会，就有关可持续城市发展的主题进行交流；在国际谈判进程中发挥更大作用。

2012 年 1 月以来，由非营利组织"全球参与发展服务倡议"赞助的"一个世界社区服务中心"（SKEW）① 是联邦政府支持市镇发展活动的主要手段。它代表联邦经合部与地方合作，是德国各级地方政府合作的平台，任务是促进地方之间的活动与合作、交流信息，其主题涉及移民与发展、2030年议程、气候保护等。

4. 非政府组织

德国政府将非政府组织定义为：不依赖政府或国家机构，代表共同利益而不追求商业目标的所有协会或团体。在发展援助政策中，非政府组织发挥着一定的作用，是民间组织参与发展援助合作的一种重要形式。非政府组织具有较高的积极性和专业水平。它们靠近贫困人口群体，比国家机构更容易取得当地民众的信任。在那些由于各种原因难以进行国家合作的环境中，它们可以为处于危机局势中的人们提供支持。非政府组织最重要的工作是与贫困做斗争，促进可持续发展并参与行动，解决粮食短缺问题，处理紧急情况和难民援助，保护环境以及发展教育。

多年来，联邦政府与非政府组织在重大政策问题和具体的地方合作方面一直进行着深入的经验交流。非政府组织与教会、政党基金会和其他私人赞助商一起定期参与国家发展援助政策的制定。

非政府组织具有多样性。在德国有数千个非政府组织，包括协会、倡议团体、行动联盟、工作组、伙伴关系机构、政策网络等。它们以各种方式参与发展援助政策，这些组织大多数是发展援助合作方案和项目的私人、教会或政治方面的赞助者。2015 年，124 个面向发展援助的非政府组织组成了德国非政府组织发展政策和人道主义援助协会（VENRO）。许多较小的非政府组织也通过相应的国家网络参与了德国非政府组织发展政策和人道主义援助协会的工作，这样该协会总数扩展为约 2000 个。

大多数非政府组织依靠志愿者的工作和捐款实现它们的发展合作项目，同时欧盟、联合国、德国政府、联邦各州、市镇政府均可应要求为非政府组织的工作提供资金，这些资金成为非政府组织自有资金的重要补充。2014

---

① Https://skew.engagement-global.de/.

年，联邦经合部为私营发展合作机构的项目提供了近 6400 万欧元的资金。

联邦政府对德国私营发展合作机构的项目进行补贴，但要求它们符合以下条件。

（1）这些机构必须是根据私法成立的法人实体，其注册办事处和业务在德意志联邦共和国，其非营利地位在税法下得到承认。

（2）具有专业技术能力和行政能力。

（3）原则上，有与发展中国家非营利性合作伙伴组织合作至少 3 年的经验。

（4）要资助的项目必须可持续改善贫困人口的经济、社会或生态状况，或为实现发展中国家的人权做出贡献。

（5）申请人首次申请，最多可以获得 5 万欧元的资助；经验丰富的私营发展合作机构个案金额可超过 50 万欧元。

（6）原则上，联邦经合部最多为私营发展合作机构提供占合作资金 75% 的资金。

与私营发展合作机构并列的还有社会发展合作机构，例如联邦经合部承认的工人福利（AWO 国际）、德国工会联合会（DGB）下属的教育协会、不来梅海外研究与发展协会（BORDA）、德国明爱协会（Caritas international）；德国合作社和雷菲森协会（DGRV）、德国成人教育协会（dvv international）国际合作研究所、科尔平社会和发展援助协会（SEK）和德国红十字会（DRK）。

为社会发展合作机构提供资金是德国政府在 20 世纪 60 年代就制定的政策，目的是通过建立可持续的社会发展合作机构以加强民间组织的主动性，确保发展合作伙伴国家中的弱势群体参与其国家的社会和经济发展。

为实现这一目标，联邦经合部一直促进拥有专门知识的 8 个所谓的社会发展合作机构开展全球发展援助合作工作，要求它们将重点放在建立和加强社会结构以及成人教育、工会教育、小额信贷、基本卫生、社区工作等领域。2013 年联邦经合部出资 4400 万欧元支持它们的工作。

5. 政党基金会

联邦经合部负责资助 6 个政党基金会。

（1）艾伯特基金会。它成立于 1925 年，目的是本着民主和多元化的精神，促进各界人士的政治和社会教育，并促进国际理解与合作。该基金会活跃于 100 多个国家。

（2）诺曼基金会。它成立于 1958 年，旨在帮助确保"人的尊严自由"原则，促进民主的、基于市场的和宪政结构的发展。该基金会活跃于 60 多个国家。

（3）赛德尔基金会。它成立于 1967 年，任务是分析政治背景，促进民主、和平与发展合作。该基金会致力于在约 70 个国家和地区实施善政，实现民主、和平、法治和可持续发展。

（4）伯尔基金会（Heinrich-Böll-Stiftung）。它致力于促进法治和性别民主，保护少数民族的平等权利以及移民参与社会和政治活动，提倡非暴力和积极的和平政策。该基金会活跃于 60 个国家和地区的 100 多个合作伙伴项目中。

（5）阿登纳基金会。它通过政治教育在国内和国际上开展推进和平、自由与正义，促进欧洲统一，加强跨大西洋关系和发展合作。该基金会参与全球 120 多个国家和地区的 200 多个项目。

（6）卢森堡基金会（Rosa-Luxemburg-Stiftung）。它在国外工作的主要关切包括建立一个社会公平与和平的欧洲。它还支持民主与社会参与、预防暴力以及在社会边缘实现群体的平等融合。该基金会参与 50 个国家的约 200 个合作项目。

政党基金会主要通过教育、咨询和对话，在不同级别范围开展发展援助工作。

（1）民众级别。政党基金会通过政治教育措施使公民了解民主制度、民主价值观以及公民权利和义务。政党基金会着眼于培养那些在发展合作伙伴国未来政治变革中可以发挥重要作用的人员，通过给予奖学金等方式予以培养和支持。

（2）社会层面。政党基金会支持那些能够在实施改革时发挥作用的民间组织。

（3）国家层面。政党基金会支持发展合作伙伴国家政府和议会的工作，例如起草立法提案，实行有效的行政管理，实现公民代表及其委员会履行对政府的监督职能，提倡法治和法律的确定性，加强对人权的遵守。

（4）国际层面。政党基金会参与有关发展合作政策的国际和全球对话进程，帮助发展中国家和转型国家的民间组织代表它们的利益，鼓励它们参加国际协调、谈判和决策。

2014 年联邦经合部拨款约 2.54 亿欧元资助了政党基金会的发展合作工

作。从 2015 年 1 月 1 日起，联邦经合部把欧盟成员国政党基金会国际发展合作资金责任从联邦经合部移交给联邦外交办公室。

6. 私人基金会和慈善家

私人基金会和慈善家在发展中国家从事发展合作的活动越来越多，它们实施了一些自己的发展援助项目，主要集中在教育、卫生、农业、可持续经济发展和公民社会建设等领域。

联邦经合部与私人基金会和慈善家以多种方式合作，一方面从私人基金会获得一些经验，提高工作的有效性；另一方面也向私人基金会提供发展援助的各种资源和机会。双方的合作涵盖了许多领域，例如在卢旺达建设小学，在吉尔吉斯斯坦推广商业、开办课程，在哥伦比亚加强妇女权利，为发展中国家疫苗接种措施筹集资金。

德国全球参与公益有限公司（Engagement Global gGmbH）受联邦经合部委托，为积极参与发展中国家项目的私人基金会和慈善家提供支持和建议。这些支持包括提供有关信息、项目内容及其政府支持选项、与其他行为者开展联系等。由于只有很少的私人基金会在发展合作伙伴国有办公场所，因此德国外交使团可以向它们提供建议和支持，它们可以利用德国国际合作公司和德国复兴信贷银行在各国的项目办公室。

私人基金会与联邦经合部或发展援助执行机构之间可以进行各种形式的合作。

（1）联合执行项目。联邦经合部与德国贸易援助基金会以及其他合作伙伴一起，致力于促进 9 个非洲国家的可持续棉花种植。联邦经合部还与西门子基金会一起，为 G20 一系列项目提供支持，以具有广泛影响力的商业模式帮助发展中国家解决社会和生态挑战。

（2）联合资助第三方项目。例如联邦经合部与比尔·盖茨基金会以及其他合作伙伴合作，一起建立了抗击艾滋病、结核病和疟疾的全球基金。

（3）合作协议。联邦经合部与大的国际基金会缔结了合作协议。例如，与 Aga Khan 发展网络合作，支持东非和中亚的小额信贷和可持续经济发展；与比尔·盖茨基金会合作，支持发展中国家健康和农村发展；与克林顿基金会达成协议，重点解决非洲的减贫、卫生和农村发展等问题。

第八章

21 世纪初期德国多边发展援助

与欧盟和国际机构开展广泛的多边发展合作是德国发展援助政策的一个重要领域。德国在多边发展合作中具有自己的优势，也占据重要地位。2019年，德国是经合组织第二大发展援助国，是众多国际发展机构的成员，在提供资金、技术、专业知识等方面发挥了重要作用，在许多机构起协调和领导作用，与国际发展机构有着广泛而密切的合作。

第一节　德国多边发展援助政策与资金分布

一　德国多边发展援助政策

2020 年 4 月，联邦经合部出台了《关于加强欧洲和多边发展政策的战略报告》[①]，这一战略报告体现了德国政府对多边发展援助政策的考虑和动向，是德国国际战略的重要组成部分。该报告提出通过多边发展合作达到三大目标。

1. 维护基于规则的多边国际秩序并使之更加公平，使其与《2030 年可持续发展议程》保持一致，该报告认为 2020 年国际社会的多边主义秩序受到威胁，但气候变化等全球性问题需要全球解决方案，主张加强多边组织合作。

（1）将欧盟发展援助政策纳入构建基于规则的、多边主义的国际秩序。具体措施有：确保欧盟成为落实《2030 年可持续发展议程》《亚的斯亚贝巴行动议程》和《巴黎气候协定》的国际引擎和先驱；欧盟财政援助要符合

---

① BMZ, BMZ-Strategie für eine starke europäische und multilaterale Entwicklungspolitik, April 2020.

可持续发展目标，满足生态、经济和社会可持续发展的要求；加强欧盟与非洲的合作。

（2）该报告高度重视联合国的地位与作用。它指出联合国在可持续发展的谈判、执行和未来发展中占有中心地位，在制定国际公认的规范、标准和协议（《如 2030 年可持续发展议程》）中具有权威地位，鉴于全球联系网络的日益扩大，德国主张不断加强联合国的作用。为此，联邦经合部增加了对联合国发展援助机构的资助，如对联合国儿童基金会和联合国开发计划署的资助。这些机构对于实施《2030 年可持续发展议程》、做好发展合作工作和参与联合国改革至关重要。德国认为这样做可以增强自己的影响力和行动能力，向国际社会发出支持多边秩序的信号。

（3）在七国集团和二十国集团中，德国的表态是：德国要在气候保护、粮食安全、青年就业和增强妇女权益等问题上发挥先锋作用，落实担任这两个集团主席国期间所做的承诺。

（4）德国期望世界银行等多边开发银行对《2030 年可持续发展议程》做出明确承诺，对可持续发展议程的执行做出重要贡献，认为这是德国与其他股东一起向多边开发银行提供更多资金的条件。德国认为这一努力的结果令人印象深刻，世界银行承诺在 2021～2025 年将其气候保护资金翻一番。

德国的重要立场还包括：与法国和其他志同道合的国家结成多边主义联盟，以维护多边国际秩序；与美国就不同意见和利益展开对话，在有合作潜力的领域中加强合作；与中国一道为保护全球商品做出贡献，这也是德国促进第三方合作的原因。

2. 加强多边主义。德国主张在国际发展合作中确立一些重点领域，如保护气候、公平贸易制度、教育和卫生等领域以及非洲的可持续发展。为此德国提出如下主张。

（1）多边组织应倡导气候保护和适应气候变化，地区开发银行在这方面应发挥特殊作用，如在筹集必要的资金方面。德国致力于确保欧盟新的多年期财政框架（2012～2027 年）符合生态、经济和社会可持续发展的要求，尤其是增加用于气候保护的资金。

（2）支持与饥饿和贫困做斗争，促进就业，消除移民和难民流离失所的根源。德国致力于使联合国开发计划署和世界粮食计划署（World Food Programme，WFP）等机构更加关注性别平等和气候保护。

（3）塑造全球公平贸易，需要将世界贸易组织从自由贸易组织发展为公平贸易组织。德国主张更公平的世界贸易组织规则，这些规则要与环境和社会标准结合，必须是全球贸易体系（尤其是自由贸易协定）的常规组成部分。德国大力支持合作伙伴国家落实此类协定，更好地参与多边进程，加强谈判能力。

（4）由于新冠肺炎疫情，公共卫生部门得到了更广泛、更强大的支持。未来将以更有针对性和更有效的方式促进人类健康，包括利用多边倡议和机构，因为全球挑战需要全球和多边主义的答案。

（5）提高发展援助的有效性，未来德国将在多边领域进一步发展基础教育，如发展全球教育合作伙伴关系和提出"教育不能再等待"倡议。

（6）通过全球范围有效的倡议、基金和项目，进一步扩大教育和培训。教育和培训是德国发展援助合作的关键领域，包括提高妇女能力、发挥德国在职业培训领域的专业与特长。

（7）通过与多边行为体的具体合作，缔结关于难民和移民的全球公约，以完成正常和有序的人员移徙。

在多边合作中，德国认为非洲既是最贫穷，也是拥有巨大增长潜力的大陆，应该成为多边发展与关注的焦点。德国针对非洲的马歇尔计划和 G20"非洲协定"中提出，德国希望欧盟、联合国、世界银行和非洲开发银行将重点更多地放在非洲的可持续经济增长和就业上。为此，在 2018 年 10 月底的联邦政府非洲峰会上，德国与世界银行和非洲开发银行签署了关于更紧密合作的谅解备忘录，希望将德国的马歇尔计划与非洲的做法和积极经验纳入欧洲重要进程中，如关于《后科托努协定》的谈判和关于下一个多年期金融框架的谈判，并通过泛欧洲的方法加以加强。

3. 提高多边发展合作的透明度、效率、作用和连续性。德国主张为更好地使用发展援助资金，应该提高多边发展援助的效率和效力，为此要做到以下几点。

（1）财政决策基于多边机构的绩效和效率，与《2030 年可持续发展议程》保持一致，为此应使用机构组织绩效评估网络的指标进行评估。

（2）德国在许多国际发展合作机构中的财政支出很高，因此德国政府要加强对这些机构的战略性介入，并在这些机构派出高级代表，保证德国的投票权和扩大影响力。

（3）为多边发展合作机构，特别是联合国，提供赠款而不是对单个项目的共同供资，以减少交易成本。

（4）确保管理官方发展援助资金的所有部门以及与之合作的所有组织，在国际援助透明度倡议系统中体现它们的服务。与新的捐助者进行的政治对话也应涉及更多的透明度和效力。

（5）民间组织要在多边发展援助机构（如 G7、G20）中发挥作用。

（6）资金更多地集中在以下方面：支持改革和全球治理；更好地整合双边和多边发展援助；联邦经合部的发展援助重点项目。

《关于加强欧洲和多边发展政策的战略报告》是在总结多年多边发展援助的基础上，依据国际社会的最新多边发展合作形势发布的，代表了德国多边发展援助的未来方向。

二　资金分布

21 世纪德国多边发展援助资金有两个趋势：一是资金总额不断增加；二是多边发展援助资金在官方发展援助中的比例不断下降，从接近 1/2 下降为不到 1/4。表 8－1 为 2000 年、2002～2003 年、2005 年与 2007～2010 年德国官方发展援助支出。表 8－2 为 2013～2018 年德国官方发展援助支出。表 8－3 为 2014～2018 年德国多边发展援助资金分布情况。

表 8－1　2000 年、2002～2003 年、2005 年与 2007～2010 年德国官方发展援助支出

单位：百万欧元

ODA	2000 年	2002 年	2003 年	2005 年	2007 年	2008 年	2009 年	2010 年
总计	5458	5650	6004	8112	8978	9693	8674	9804
双边	2915	3531	3593	5992	5807	6283	5096	6082
多边	2543	2119	2411	2120	3171	3410	3578	3722
多边占比（%）	46.59	37.50	40.16	26.13	35.32	35.18	41.25	37.96

资料来源：BMZ, Auf Augenhoehe, Nomos, S. 194, 2012。

表 8－2　2013～2018 年德国官方发展援助支出

单位：百万欧元

ODA	2013 年	2014 年	2015 年	2016 年	2017 年	2018 年
总计	10716	12486	16173	22368	22182	21750
双边	7118	8735	12723	17757	17581	16487
多边	3598	3751	3450	4611	4601	5263
多边占比（%）	33.58	30.04	21.33	20.61	20.74	24.20

资料来源：BMZ, Entwicklung der bi-und multilateralen Netto-ODA 2013–2018。

表 8 - 3   2014 ~ 2018 年德国多边发展援助资金分布

单位：百万欧元

	2014 年	2015 年	2016 年	2017 年	2018 年
1. 联合国系统总计	291.0	296.2	420.8	382.8	475.0
联合国粮食及农业组织	13.9	15.3	16.4	15.5	21.7
国际原子能机构（IAEA）	12.6	12.9	14.0	12.8	12.7
国际农业发展基金（IFAD）	18.3	—	34.1	—	18.3
国际劳工组织	13.4	15.4	14.9	13.1	12.4
联合国	23.8	31.3	25.4	27.2	22.4
联合国妇女署（UN Women）	2.0	2.0	4.1	4.0	4.0
《联合国防治荒漠化公约》（UNCCD）	1.6	1.7	1.7	1.7	1.6
联合国民主基金（UNDEF）	—	—	3.5	0.9	—
联合国开发计划署	22.4	22.4	25.0	25.0	40.0
联合国环境规划署（UNEP）	8.0	7.8	7.8	7.8	7.7
联合国教科文组织（UNESCO）	11.4	12.3	10.5	6.3	10.5
《联合国气候变化框架公约》	2.8	1.7	1.2	1.4	1.6
联合国人口基金	19.0	19.0	22.0	22.0	22.0
联合国难民事务高级专员公署（UNHCR）	8.0	8.0	12.0	12.0	12.0
联合国儿童基金会	12.5	8.5	10.0	15.0	50.0
联合国工业发展组织（UNIDO）	7.5	8.4	7.0	8.9	7.9
近东巴勒斯坦援助组织（UNRWA）	8.0	8.0	9.0	10.0	12.4
联合国志愿人员组织（UNV）	1.8	1.8	1.8	1.8	1.8
世界卫生组织	19.0	21.1	22.6	19.9	19.9
绿色气候基金	1.0	—	—	—	—
联合国其他组织	83.9	98.5	177.8	177.5	196.5
2. 欧盟总计	2168.5	2222.5	2473.5	2640	2806.2
欧洲发展基金（EDF）	669.3	656.9	738.0	816.1	925.9
欧盟预算（ODA 规定的部分）	1499.2	1565.6	1735.5	1823.9	1880.3
3. 世界银行集团总计	562.8	26.9	536.0	536.0	893.6
国际复兴开发银行（IBRD）	26.8	26.9	—	—	—
国际开发组织（IDA）	536.0	—	536.0	536.0	893.6

续表

	2014 年	2015 年	2016 年	2017 年	2018 年
4. 区域开发银行总计	245.7	256.8	521.1	356.7	366.2
非洲开发银行和非洲发展基金	177.5	186.1	189.6	202.0	206
亚洲基础设施投资银行（AIIB）	—	—	284.3	129.6	135.1
亚洲开发银行和亚洲发展基金	57.4	59.3	36.0	20.0	20.0
加勒比开发银行	4.6	4.9	4.9	3.1	3.1
美洲开发银行和开发基金（DB FSOI）	4.7	6.0	5.8	—	—
其他	1.5	0.5	0.5	2.1	2.0
5. 其他组织和基金总计	483.1	647.9	660.0	685.8	722.0
绿色气候基金	—	187.5	187.5	187.5	187.5
多哈发展议程全球信托基金（WTO-DDAGTF）	1.0	1.0	1.0	1.0	1.0
《濒危野生动植物种国际贸易公约》（CITES）	0.3	0.4	0.4	0.4	0.3
全球环境基金（GEF）	135.5	120.5	112.5	112.5	130.0
抗击艾滋病、结核病和疟疾全球基金（GFATM）	245.0	210.0	210.0	230.0	235.0
国际民主与援助选举学院（IDEA）	0.4	0.4	0.4	0.4	0.4
政府间气候变化专门委员会（IPCC）	0.3	0.3	0.3	0.3	0.3
《蒙特利尔议定书》多边基金（MFMP）	3.9	8.4	8.4	11.3	11.9
经合组织发展中心（DEV）	1.6	1.5	1.5	1.5	1.6
联合国适应基金（Adaptation Fund）	50.0	50.0	50.0	50.0	70.0
全球疫苗联盟（Gavi Die Impfallianz）	18.0	40.0	60.0	60.0	60.0
国际可再生能源机构（IRENA）	—	0.9	1.0	3.9	0.8
其他	27.1	27.0	27.0	27.1	23.1
总计	3751.1	3450.2	4611.4	4601.0	5263.0

资料来源：BMZ, Deutsche Kernbeiträge an multilaterale Organisationen und EU 2014－2018, 23/01/2019, http://www.bmz.de/de/ministerium/zahlen_fakten/oda/leistungen/deutsche_ODA_EU_2014_2018/index.html。

第二节　德国与欧盟的发展援助合作

一　机制与发展援助资金

欧盟和成员国提供的官方发展援助占经合组织的 50% 以上，是世界上最大的捐助集团，也是国际发展援助政策的主要参与者之一。2014 年，它们为发展合作提供了总计 582 亿欧元的资金。作为世界上最大的单一市场，欧盟还是许多发展中国家的重要贸易伙伴，并对世界贸易秩序产生重大影响。[①]

欧盟的主要机构都不同程度地参与了发展援助政策的制定与实施。

（1）欧洲理事会（European Council），又称欧盟首脑会议或欧盟峰会，是欧盟的最高决策机构。欧洲理事会由成员国国家元首或政府首脑及欧洲理事会主席、欧盟委员会主席组成。欧洲理事会现任主席为比利时前首相米歇尔（Charles Michel），2019 年 12 月 1 日就任。

（2）欧盟理事会（Council of the European Union），又称部长理事会，是欧盟的立法与政策制定、协调机构。欧盟理事会由每个成员国各 1 名部长级代表组成，按不同议事领域由相应部长组成，除外长理事会由欧盟外交与安全政策高级代表主持外，理事会主席由轮值主席国担任，任期半年。

（3）欧盟委员会（European Commission），简称欧委会，是欧盟立法建议与执行机构。本届委员会共 27 人，每个成员国派 1 名代表，其中主席 1人、副主席 8 人，任期 5 年。现任主席为冯德莱恩（Ursula von der Leyen，德国籍），2019 年 12 月 1 日就任。

（4）欧洲议会（European Parliament），是欧盟监督、咨询和立法机构。议员由成员国直接选举产生，任期 5 年。第九届议会于 2019 年 7 月正式成立，现有 705 名议员，7 个党团。现任议长萨索利（David Maria Sassoli，意大利籍），2019 年 7 月当选并就任，任期两年半。

（5）欧盟对外行动署（European External Action Service），由欧盟外交与安全政策高级代表（兼任欧盟委员会副主席）领导，协调成员国外交政策。现任欧盟外交与安全政策高级代表为博雷利（Josep Borrell，西班牙籍），2019 年 12 月 1 日就任。

欧盟委员会是欧盟发展援助政策的主要制定者，在委员会内部，最重要的执行机构是国际合作与发展总局和欧洲人道主义办公室（European Commission Office for Humanitarian Aid，ECHO）。

国际合作与发展总局是执行欧洲发展援助政策的主要机构，由欧盟委员、克罗地亚政治家内文·米米察（Neven Mimica）领导。国际合作与发展总局负责制定欧洲发展援助战略，管理所有发展中国家的欧盟计划和项目。在此过程中，国际合作与发展总局与欧盟对外行动署和其他欧盟机构紧密合

---

① BMZ, Arbeitsweise, Der Weg Europas, http://www.bmz.de/de/ministerium/wege/ez_eu/index.html.

作，与发展合作伙伴国家、欧盟成员国在欧盟的代表团密切协调。为了更好地执行计划，越来越多的欧盟驻发展合作伙伴国的代表团受权直接负责计划管理任务，它们通常还与有关发展援助专门机构、非政府组织等协调与合作。

欧洲人道主义办公室成立于 1992 年，是欧共体 - 欧盟在灾难和紧急情况下为人道主义援助设立的特殊服务机构，旨在提供快速灵活的生存援助。为了更好地完成紧急援助与发展合作，欧洲人道主义办公室正在协助协调从最初的紧急援助到后续阶段的重建与可持续发展的过渡。欧洲人道主义办公室有 200 多个发展合作伙伴，包括发展合作伙伴国、联合国机构、红十字会和其他国际组织以及许多非政府组织。它们与欧盟委员会签署了框架合作协议，在 2014 ~ 2020 年的欧盟预算中，这些合作项目支出为 66 亿欧元，每年为超过 1.2 亿人提供了支持。

欧洲投资银行（The European Investment Bank，EIB）成立于 1958 年，是欧盟的融资机构，通过在资本市场上贷款获得资金。它的主要任务是为促进欧洲一体化和实现欧盟目标的投资提供资金，也为在欧盟发展合作框架内缔结的协议提供财政支持。发展合作项目涉及约 160 个发展合作伙伴国家，其中与非加太国家的合作具有特殊地位。2014 年，欧洲投资银行的贷款额为 770 亿欧元，其中 90% 投资于欧盟。同年，欧洲投资银行依据《科托努协定》（Das Abkommen von Cotonou），向非加太国家提供 11.25 亿欧元优惠贷款，重点之一是促进私营部门的发展。自 2003 年以来，欧洲投资银行一直是欧洲发展基金的执行者。

欧盟在发展援助合作中拥有许多手段和工具，如财政和技术合作、粮食援助、紧急情况和灾难中的人道主义援助、非政府组织的赠款和对国际组织的捐款以及欧洲投资银行的贷款。

欧盟的发展援助是欧盟对外援助的一部分，其资金来源有两种：欧洲发展基金和欧盟财政预算。

与非加太国家的发展合作由欧洲发展基金资助。

欧洲发展基金是欧盟的专项基金，不属于欧盟总预算，由成员国单独出资。2014 ~ 2020 年欧洲发展基金的资金规模为 305 亿欧元，德国是最大的捐助国，融资份额为 20.58%。

对非加太国家之外的国家开展发展援助，其资金由欧盟总预算提供，主要采用 3 种财政金融工具。

（1）发展合作措施（DCI），主要为亚洲、拉丁美洲、南非和其他国家发展援助提供资金。

（2）欧洲邻国措施（ENI），为欧盟的地中海和东欧邻国提供资助。

（3）稳定措施（IfS），主要用于预防冲突、危机管理和维持和平。

此外，欧盟预算还资助项目计划，如民主与人权、粮食援助、人道主义援助和非政府组织工作补助等相关项目。

二　合作伙伴与方式

欧盟发展援助政策的纲要文件是"各国战略文件"（LSP），这一文件分析了发展合作伙伴国的经济和社会状况，协调了援助国和合作伙伴的发展目标，指导了工作并规定了监督条例。

1. 非加太国家

非加太国家包括 79 个国家，1975 年欧共体就与之建立了发展合作伙伴关系。非加太国家一直是欧洲发展援助政策的重点，双方先后签订了 4 个的《洛美协定》。《洛美协定》的要点主要包括：非加太国家向欧盟进口产品免征关税；建立基金，以在世界市场价格下跌或农作物歉收时稳定非加太国家的出口收入；紧密的工农业合作。

德国认为，《洛美协定》在帮助非加太国家的同时，也影响到这些国家的竞争力，其改革势在必行。

2000 年，在贝宁首都科托努签署了《科托努协定》，有效期为 20 年（2000 年 3 月～2020 年 2 月），每 5 年需要对重要的合同条款进行一次审查。该协定的主要目的是消除贫困，基于 3 个支柱：发展合作、经贸合作和政治合作。此外，善政被视为该协定的基本组成部分。在侵犯人权、民主原则或法治以及严重腐败的情况下，协定签署双方有可能中止合作。该协定的另一个目的是使民间组织和私营部门更紧密地参与发展合作。由于非加太国家与世界贸易组织的规定不兼容，授予非加太国家向欧盟出口的贸易优惠于 2008 年初终止。《科托努协定》规定，单方面的优惠将由区域经济伙伴关系协定取代。自 2002 年以来，欧盟委员会一直根据成员国的授权与非加太国家商谈这种经济伙伴关系协定。

《欧盟与南非协定》（*Das Abkommen mit Südafrika*）。1998 年以来，南非成为非加太国家的一部分，但尚未加入《洛美协定》和《科托努协定》的贸易和金融协定。从狭义上讲，欧盟认为南非不是发展中国家，而是战略伙伴。南非在非洲大陆上起领导作用，也是二十国集团的唯一非洲成员。因此，欧盟和南非缔结了协定，这既是一份贸易、发展与合作协定，也是一项科学技术合作协定。欧盟支持南非实现民主化和社会经济发展，要求南非消除种族隔离政权时期产生的社会不平等现象。2014～2020年，对南非的专项拨款约为2.41亿欧元，资金来自"发展合作措施"。

2. 与亚洲和拉丁美洲国家的发展合作

自1972年以来，欧盟一直与亚洲和拉丁美洲的发展中国家合作，除了与单个伙伴国家的直接合作外，还与诸如亚欧会议（Asia-Europe Meeting，ASEM）、东南亚国家联盟（Association of Southeast Asian Nations，ASEAN）、南美共同市场等区域组织合作。欧盟与亚洲和拉丁美洲的发展合作以欧洲委员会制定的"亚洲战略"和"拉丁美洲战略"为基础。为了加强合作伙伴的自我责任，欧盟多次采用财政援助支持发展项目，特别是经济发展项目。欧盟对亚洲和拉丁美洲的发展援助资金来自"发展合作措施"。2014～2020年，欧盟给亚洲的发展援助资金为77.55亿欧元，欧盟给拉丁美洲的发展援助资金约为25亿欧元。

虽然亚洲国家的经济蓬勃发展，但是世界上2/3的最贫困人口仍然生活在亚洲。因此，欧盟在亚洲的发展援助合作集中在解决贫困问题上，区域发展合作重点则是应对气候变化、防止环境退化和非法贸易。

参与阿富汗重建与发展。自2002年以来，参与阿富汗行动一直是欧盟面临的最大挑战之一。欧盟支持该国的重建和发展进程，通过"发展合作措施"在2014～2020年向阿富汗提供14亿欧元的资金，这使该国成为"发展合作措施"的最大受援国。

拉丁美洲国家是欧盟的战略合作伙伴。1999年在里约热内卢举行的第一届欧盟－拉丁美洲峰会上，欧盟与拉丁美洲和加勒比国家之间建立了战略伙伴关系。此后，每两年举行一次欧盟与拉丁美洲国家的国家元首和政府首脑峰会。

欧盟及其成员国不仅是拉丁美洲国家发展政策的最大捐助者，而且是拉丁美洲国家最重要的投资者和第二大贸易伙伴。在2009年战略文件《欧盟与拉丁美洲：全球伙伴关系中》中，欧盟更新了其"拉丁美洲战略"的重点，中心是经济和金融政策，环境、气候变化和能源，科学研究和技术，移民、就业和社会发展。

3. 欧洲邻国政策（European Neighbourhood Policy, ENP）

在 2004 年 5 月欧盟大规模东扩时，欧盟通过了《欧洲邻国政策》文件，其目标是加强与邻国的关系，通过深化政治合作和促进经济一体化来防止欧盟与其邻国之间出现新的分界线。

《欧洲邻国政策》支持以下国家和地区的改革进程：阿尔及利亚、埃及、亚美尼亚、阿塞拜疆、格鲁吉亚、以色列、约旦、黎巴嫩、利比亚、摩洛哥、巴勒斯坦权力机构、摩尔多瓦共和国、叙利亚、突尼斯、乌克兰和白俄罗斯。

《欧洲邻国政策》的目标是：促进人权和法治，建立可持续的民主，建设繁荣的民间组织；知识经济和一体化增长；经济和社会发展，包括逐步融入欧盟内部市场；加强人员之间的流动和交流，包括学生交流、民间组织活动；加强区域一体化，包括跨界合作。

欧盟与合作伙伴国达成了欧洲邻国政策行动计划，做出了双方对民主、人权、法治、善政、市场经济原则和可持续发展的承诺。该行动计划列出了每个伙伴国家的短期和中期优先事项，是《欧洲邻国政策》最重要的工具之一。尽管该行动计划是为每个邻国量身定制的，但通常涉及一系列共同行动，从政治对话到贸易问题以及经济和社会合作。

《欧洲邻国政策》最重要的工具是多年期双边行动计划和项目。它们包含针对政治和经济改革的目标协议以及行动重点，并根据单个伙伴国家的需求和特点进行了量身定制。

欧盟通过"欧洲邻国措施"（ENI）给予邻国资助。2014～2020 年，"欧洲邻国措施"的资助为 154 亿欧元。此外，欧盟还通过"发展合作措施"和新的"民主与人权措施"，向欧盟的南部和东部邻国提供额外的资金。在这些资金中，"欧洲邻国措施"支付的资金占 75%。

2007 年，欧盟出台了《入盟前协助措施》（IPA），支持中欧、东欧和原苏联地区国家的改革。2014 年这一措施进入第二期（IPA Ⅱ），支持以下入盟候选国：阿尔巴尼亚、北马其顿、冰岛、黑山、塞尔维亚、土耳其、波斯尼亚和黑塞哥维那以及科索沃地区。IPA Ⅱ 由 5 个部分组成：过渡援助和机构建设、跨界合作、区域发展、人力资源开发和农村发展。欧盟在 2014～2020 年为 IPA Ⅱ 提供 117 亿欧元资助。

4. 地中海联盟

1995 年欧共体巴塞罗那外长会议启动了欧洲－地中海伙伴关系，也被称为巴塞罗那进程。其目标是建立一个和平、民主、稳定、合作与繁荣的地中海地区。自那时以来,这一伙伴关系已成为欧洲国家与地中海国家之间关系的基础。2008 年 7 月 13 日,合作伙伴决定加快巴塞罗那进程,新的合作伙伴地中海联盟(Union for the Mediterranean,UfM)在巴黎成立。与巴塞罗那进程相比,新的协定建立了一个共同主席(北/南)和一个常设秘书处,负责发展合作项目的选择、准备和实施。地中海联盟秘书处于 2010 年开始工作,总部设在巴塞罗那。

地中海联盟由 42 个国家和地区的政府组成,代表 7 亿多人口。除 27 个欧盟成员国外,地中海联盟成员还包括地中海国家(利比亚除外)以及约旦和毛里塔尼亚。叙利亚的地中海联盟成员资格自 2011 年起被取消。以色列和土耳其也是地中海联盟成员。

地中海联盟加强了欧盟与其地中海伙伴国之间的关系,为对话和区域合作项目提供了平台。自 2007 年以来,欧盟通过"欧洲邻国措施",为地中海伙伴国家发展项目提供资金。

5. "伙伴关系措施"(PI)与"欧洲民主与人权措施"(EIDHR)

"伙伴关系措施"是欧盟在 2014～2020 年度财政框架内新的对外财政措施,取代了以前针对工业化国家的外部财政措施。"伙伴关系措施"致力于改善欧盟与第三国的关系,以应对全球挑战(重点是气候变化和能源),并促进欧洲 2020 年众多领域的合作与交流,包括交通运输、救灾、科学发展、社会政策等。

"伙伴关系措施"的目标群体是欧盟的战略合作伙伴以及在国际事务中发挥特殊作用的国家。这些国家和地区包括东盟、中美洲国家、安第斯国家、南方共同市场、拉丁美洲和加勒比海国家、中亚国家、海湾国家、北极行为体以及非洲国家,它们在外交政策、世界经济和贸易、多边论坛和全球治理中发挥着重要作用。

2014～2020 年,这一措施的资金约为 10 亿欧元。

"欧洲民主与人权措施"既是欧盟在世界范围内为促进民主与人权独立建立的财政支持措施,也是 1994 年欧洲议会发起的"欧洲民主与人权倡议"的后续方案。"欧洲民主与人权措施"主要为民间组织和国际人权组织提供支持。此外,"欧洲民主与人权措施"还为欧盟选举观察团提供资金。

"欧洲民主与人权措施"是欧盟唯一的人权促进筹资措施,民间组织可以使用该工具为自己的项目申请资金。值得注意的是，该措施提供了在未经合作伙伴国政府同意的情况下，也可以与该国民间组织进行合作的条款。这些项目支持地方倡议以及民间组织和媒体，积极参与社会对话，包括政治敏感主题和创新方法对话。在"欧洲民主与人权措施"法规的基础上，欧盟制定了相应的战略文件和年度行动项目。

"欧洲民主与人权措施"2014～2020年的总预算为13.33亿欧元。

三 德国在欧盟发展援助政策中的作用

德国以各种方式参与了欧盟的发展援助政策。德国政府为此确定的目标[1]是：所有措施与减少贫困的总体目标保持一致；进一步提高发展援助的效率和效力；改善欧盟委员会与成员国之间的协调和分工，保持与欧盟其他共同政策的一致性；促进自由和公平贸易，特别是在欧盟贸易政策中确立环境、社会以及人权标准；通过与贸易有关的发展合作支持发展中国家和新兴国家发展贸易能力；更加注重预防冲突；欧洲发展援助政策是外交和安全政策的一部分，但德国有不同的目标；建立统一的欧洲移民和难民政策。

2020年4月联邦经合部发布的《关于加强欧洲和多边发展政策的战略报告》特别提到德国对参与欧盟发展援助的新思路，将欧盟发展援助战略与德国构建基于规则的多边主义结合起来。该报告主张欧盟在重要的国际政策领域，如国际贸易政策、消费者政策、环境政策和发展援助政策中扮演重要角色。欧盟及其成员国强烈主张建立以联合国为中心的、基于规则和多边主义的国际秩序。

德国作为欧盟最大的成员国和发展援助援助国，对捍卫多边主义负有特殊责任，要在以下几方面做努力。

（1）确保欧盟成为执行《2030年可持续发展议程》《亚的斯亚贝巴行动议程》和《巴黎气候协定》的国际引擎和先驱。所有欧盟政策领域都要对标可持续发展目标，尤其是贸易和投资政策、农业政策、消费者政策和能源政策等。

（2）确保欧盟2021～2027年的新的多年期财政框架能够满足生态、经济和社会可持续发展的要求。

---

① BMZ, Deutsche Strategie und Rolle, http://www.bmz.de/de/ministerium/wege/ez_eu/index.html.

（3）努力在《2030 年可持续发展议程》框架内推进新的"邻国与国际发展合作措施"（NDICI），促进可持续发展，例如使非洲发展资金增倍并提高气候保护资金。

（4）德国在担任 2020 年欧盟理事会主席国期间，为建设一个强大、统一和可持续发展的欧洲做出贡献，并设定欧洲的发展援助政策重点，包括欧盟与非洲的合作、全球供应链中的可持续性以及数字化领域。

（5）在多边机构中，德国首先与其他欧盟成员国协调立场与紧密合作，以欧盟统一立场向外界展示自己。

德国是经合组织第二大援助国，也是欧盟发展援助最重要的援助国，联邦政府参与了欧盟发展援助政策的规划、设计、方案等准备工作和实施工作。从资金方面看，德国对欧盟的发展援助支出一直在多边发展援助中超过50%，远超德国给予联合国系统、世界银行集团、区域开发银行和其他国际机构的数额。2014 年德国多边发展援助资金为 37.5 亿欧元，其中德国为欧盟官方发展援助预算和欧洲发展基金提供了 21.7 亿欧元，约占德国多边发展援助的 57%。此后，德国对欧盟官方发展援助支出一路上升，到 2018 年，德国多边官方发展援助上升到 52.6 亿欧元，给欧盟提供的官方发展援助资金上升为 28 亿欧元，约占德国多边发展援助的 53%。

2001 年，欧洲理事会通过了欧盟的可持续发展战略，2006 年对这一战略进行了修订。2009 年 12 月起生效的《里斯本条约》规定，可持续发展是欧洲政治的指导原则。德国积极推动欧盟执行《2030 年可持续发展议程》，并提出，"为了在全球范围内实现可持续发展，在欧盟采取协调一致的可持续政策至关重要，这是可持续政策的主要行动层面，以提供有针对性的动力"。

欧盟层次有两个重要的可持续发展网络机制，一个是欧洲可持续发展网络（ESDN），这是一个非正式的网络，由负责欧洲可持续发展的官方管理代表和其他专家组成。它的目标是欧洲可持续发展的官方管理代表和其他专家就欧盟、成员国和地区可持续发展过程交流经验。欧洲可持续发展网络指导委员会确定基本原则和各项活动，主席由奥地利担任，德国是指导委员会的成员，该网络由维也纳办事处提供支持。另一个可持续发展网络机制是欧洲环境咨询委员会（EEAC），这个机构成立于 1993 年，是一个将环境政策和可持续发展政策联系在一起的政策咨询机构，德国可持续发展委员也参与其中。

2015 年，法国、奥地利和德国发起了首个欧洲可持续发展周，时间定在每年的 5 月 30 日—6 月 5 日，目标是提高人们对整个欧洲层面可持续发展计划的认识。2015 年欧洲可持续发展周期间，29 个欧洲国家和地区开展了4000 多次宣传活动。2016 年欧洲可持续发展周期间，38 个欧洲国家和地区举办了活动，活动数量上升至 4212 次，其中包括德国的 1872 次。

具体到欧洲发展援助对象国的政策，可以以阿尔巴尼亚为例。1988 年，阿尔巴尼亚是东南欧第一个参与德国发展援助政策的国家。德国与阿尔巴尼亚合作的目标是改善人们的生活条件，使该国更接近欧盟标准，为该国和东南欧地区的稳定、可持续发展以及能源供应和气候保护做出贡献。德国对阿尔巴尼亚发展援助的优先项目是能源、气候保护、饮用水供应、废水处理、废物管理、可持续和社会经济发展。从饮用水项目来看，援助初期不到 70%的阿尔巴尼亚人有安全的饮用水供应，基础设施存在严重缺陷，大约 1/3 的家庭未连接到污水处理网，尤其是农村地区的家庭。在德国帮助下，阿尔巴尼亚改善了基础设施，饮用水和废水管理达到了欧盟的标准。到 2019 年，阿尔巴尼亚约有 50 个城市受益于新的饮用水水厂和污水处理厂。与此同时，德国向当地政府和公用事业公司提供有关环保、节约资源和提高效益的污水处理方式。

德国在 2018 年和 2019 年向阿尔巴尼亚共提供了 1.479 亿欧元的贷款和赠款用于财政合作，并且提供了 2050 万欧元用于技术合作。此外，作为 2018 年政府谈判的一部分，德国同意提供 1.5 亿欧元的促销贷款用于改革阿尔巴尼亚的能源行业。

2020 年下半年，联邦经合部在德国担任欧盟轮值主席国期间，推出发展合作优先事项，即支持新兴国家和发展中国家应对新冠肺炎疫情以及社会和生态重建；在欧盟－非盟首脑会议上通过"欧盟－非洲联合战略"，使欧盟在气候、贸易、移民和数字化领域与非洲国家建立新的伙伴关系；结束欧盟与非加太国家对新协议（《后科托努协定》）的实质性谈判；在全球供应链中承担更多的企业责任；严格遵守人权、生态和社会标准；增加公共收入，包括制定全球最低征税规则（经合组织改革建议）和欧洲范围内的金融交易税；增加欧盟在全球健康、粮食安全和水供应方面的活动；支持世界卫生组织；找到单一且有力的欧盟外部行动工具；与伙伴国家一起加快执行《2030年可持续发展议程》。

第三节 德国与国际多边机构的发展援助合作

国际多边机构在实施和协调发展援助政策方面扮演着重要角色。这些机构具有广泛的国际成员，不同机构有其专门领域和专业知识，可以为发展援助政策提供主要原则，制定经济、社会和环境政策的国际标准，协调成员国行动。

德国作为国际发展援助的重要国家，在国际多边机构的建设以及发展援助政策的实施中发挥着自己的作用。德国不仅在财政上支持这些国际机构，而且积极参与其战略的制定、方案的设计和目标的实现。德国在主要的国际机构中都有常驻代表机构，是世界银行、国际货币基金组织和各地区开发银行等金融机构的监督和决策机构的成员，也为联合国及其系统提供发展基金和方案，还支持国际非政府组织投身于发展援助事业。

一 联合国系统①

联合国的主要机构是联合国大会、联合国安全理事会、联合国经济及社会理事会、联合国国际法院和秘书处。联合国负责发展援助的机构和项目众多，分布在不同主管部门。

联合国大会（General Assembly）是联合国的最高机构。联合国大会可以审议《联合国宪章》涵盖的所有国际事务，包括经济、社会事务、教育、卫生、文化和人权领域的国际安全、全球发展、国际合作，以及发展合作的所有基本问题。联合国大会主管的发展援助机构如下。

（1）基金和项目规划（Fonds und Programme），是联合国的发展组织，包括联合国开发计划署、世界粮食计划署、联合国人口基金、联合国儿童基金会、联合国环境规划署、联合国志愿人员组织和联合国资本发展基金（United Nations Capital Development Fund，UNCDF）。

（2）其他实体，包括国际贸易中心（International Trade Center，ITC）、联合国贸易和发展会议、联合国难民事务高级专员公署、联合国项目事务署（United Nations Office for Project Services，UNOPS）和联合国妇女署。

（3）可持续发展问题高级别论坛（High Level Political Forum，HLPF）。

---

① UN, The United Nations System, https://www.un.org/en/pdfs/un_system_chart.pdf.

联合国秘书处设发展协调办公室（DCO）、人道主义事务协调厅（OCHA）、非洲顾问办公室（OSAA）、减灾办公室（UNDRR）和最不发达国家高级代表办公室（UN-OHRLLS）等机构，并且协调区域委员会工作。

联合国经济及社会理事会（简称经社理事会）是联合国就经济、社会和环境问题进行协调、政策审查和政策对话并提出建议，以及落实国际发展目标的主要机构。经社理事会作为联合国系统开展各项活动的中央机制，设多个涉及经济、社会和环境领域的专门机构、附属监督机构和专家机构。经社理事会共有 54 个理事国，经大会选举产生，任期 3 年。

经社理事会与 5 个区域委员会、各种专门机构、发展基金以及专门委员会合作。经社理事会的决定不具有法律约束力，但具有建议性。

联合国专门机构包括联合国粮食及农业组织、国际劳工组织、联合国教科文组织、世界卫生组织、联合国工业发展组织、联合国农业发展基金（International Fund for Agricultural Development，IFAD）和世界银行集团等机构。专门机构的成员按照商定的比例向专门机构缴纳资金，专门机构通过条约与联合国联系，但不隶属于联合国大会。

联合国发展集团①（United Nations Development Group，UNDG）1997 年在联合国秘书长的倡议下成立，是联合国制定发展政策的高级别论坛。联合国系统负责发展合作的所有组织机构都被纳入其中，联合国发展集团为执行发展援助而努力。联合国发展集团的任务是负责指导、支持、跟踪、监督和协调 162 个国家和地区的发展政策。2008 年，该发展集团成为联合国系统行政理事会（Chief Executives Board for Coordination，CEB）的一部分，该理事会由秘书长主持，负责协调整个联合国系统的活动。

联合国主管副秘书长代表联合国秘书长主持联合国可持续发展集团，联合国开发计划署署长担任该集团副主席，发展协调处（DCO）为该集团的秘书处。联合国可持续发展集团包括联合国粮农组织、国际农业发展基金、国际劳工组织、国际移民组织、国际贸易中心、人道主义事务协调厅、联合国人权事务高级专员办事处、联合国经济和社会事务部、联合国艾滋病规划署、联合国贸易和发展会议、联合国开发计划署、联合国环境规划署、联合国教科文组织、联合国儿童基金会、世界粮食计划署、世界卫生组织和世界气象组织等 36 个成员单位。

---

① United Nations Sustainable Development Group, https://unsdg.un.org/about/who-we-are.

德国在联合国的所有领域都具有一定的影响，自 2001 年以来，联邦政府每两年向德国联邦议院报告其与联合国的合作情况。德国通过各种合作方式，与联合国系统发展援助机构开展了密切合作。

（1）2007 年，德国向联合国人居署提供了约 11.6 万美元的资金。

（2）国际农业发展基金有 172 个成员，德国是创始成员之一，2013～2015 年共承诺捐款 13.9 亿美元（包括额外捐款），份额为 5.4%，是联合国国际农业发展基金的第五大捐助国，也是欧洲最大的捐助国。

（3）德国是国际劳工组织最重要的捐助国之一，还参加了国际劳工组织开展的信托和特殊项目，例如在 2008 年推出的国际劳工组织国家计划，重点是打击雇用童工，促进生产性就业与发展中国家的工会发展。

（4）2010～2011 年，德国向国际贸易中心提供捐款约为 200 万欧元。

（5）德国与联合国开发计划署进行密切的政治和专业交流，2017 年，德国向联合国开发计划署提供了总额为 3.547 亿欧元的资金，是其第四大捐助国。

（6）作为最大的捐助国之一，德国每年从联邦环境、自然保护和核安全部预算中向联合国环境规划署捐款 790 万美元。

（7）德国是联合国教科文组织的第三大捐助国，2017 年德国外交部向其捐款 160 万欧元。总部设在波恩的联合国教科文组织国际技术和职业教育与培训中心负责职业培训，得到了联邦经合部信托基金的支持，2014～2017 年，得到 220 万欧元资助。联邦经合部还参与了《年度全球教育监测报告》的筹资，2017 年，为它提供了 15 万欧元。

（8）联邦经合部在 2013 年资助 920 万欧元支持联合国难民署的工作，重点是为难民返乡提供帮助。

（9）2015 年，德国政府共向联合国儿童基金会提供了 2.54 亿欧元资金，还资助了借调在各个地点为联合国儿童基金会工作的指定专家。联邦经合部一直在联邦政府内部与联合国儿童基金会合作，2013 年德国与联合国儿童基金会签署了合作谅解备忘录。

（10）联合国志愿人员组织成立于 1970 年，在行政上隶属于联合国开发计划署，总部位于波恩。联合国志愿人员组织从发展中国家和工业化国家招募并安排经验丰富的专家，作为志愿者参与发展合作。2017 年联合国志愿人员组织向联合国项目和联合国和平特派团派遣约 6600 名发展专家。德国在 2016 年向联合国志愿人员组织提供了约 440 万美元，相当于联合国志愿人员组织总收入的约 1/3，在捐助国排名中名列第一。

(11) 几十年来，德国政府一直在推动世界粮食计划署的工作，联邦经合部与世界粮食计划署的合作重点在三个领域：通过社会转移增加获得食物的机会；减少营养不良，重点减少幼儿及其母亲的营养不良；发展农业生产。联邦外交部与世界粮食计划署的合作主要集中于人道主义援助。德国政府是世界粮食计划署的第六大双边捐助国，2015 年向世界粮食计划署提供了 2.217 亿欧元资金，并通过欧盟提供间接捐款。

(12) 世界卫生组织拥有 194 个成员和 7000 多名员工，是处理全球卫生问题的最重要机构。德国是仅次于美国和英国的世界卫生组织第三大捐助国。德国对世界卫生组织的捐款由联邦卫生部负责，联邦经合部也通过信托基金资助世界卫生组织的特殊计划，这些计划特别用于抗击传染病，尤其是结核病和脊髓灰质炎。

二 世界银行集团①

世界银行与联合国国际货币基金组织成立于 1944 年 7 月，是联合国的专门机构，世界银行最初的目标是促进第二次世界大战后的重建，并与国际货币基金组织合作创建稳定的货币。20 世纪 60 年代以来，世界银行的主要任务是扶贫、减贫，为发展中国家和新兴国家的经济发展做贡献。进入 21 世纪 20 年代，世界银行集团按照联合国可持续发展目标，设定了到 2030 年的两个目标：通过将每天生活费不足 1.90 美元的人口比例降低到不超过 3%，消除极端贫困；通过促进每个国家的收入增长来促进共同繁荣。

世界银行是向发展中国家提供财务和技术援助的重要来源，作为全球最大的发展项目融资方，向发展中国家提供低息贷款以及赠款，支持发展中国家在教育、卫生、公共管理、基础设施、金融、私营部门发展、农业、环境和自然资源管理等领域的发展。2015 年世界银行集团提供了 600 亿美元贷款。

世界银行集团总部位于美国华盛顿特区，由 189 个成员组成，拥有 10000 多名员工，在世界 120 多个国家或地区设办事处。

世界银行集团的最高决策机构是理事会，一国的投票权重取决于其对世界银行集团资本的参与程度。处理世界银行日常事务的是世界银行行长和 25 人的执行局。世界银行的最大股东（美国、日本、中国、德国、英国和法

---

① https://www.worldbank.org.

国）各自任命自己的执行董事，其他执行董事由选区选举产生。

1974年，世界银行和国际货币基金组织董事会决定成立一个部长级委员会，即所谓的发展委员会。该委员会就重要的发展问题向世界银行集团和国际货币基金组织的董事会提供建议。

世界银行集团有5个机构，德国在其中发挥重要作用。

（1）国际复兴开发银行于1944年在布雷顿森林会议上成立。国际复兴开发银行的主要任务是促进中等收入国家和信誉良好的贫穷国家的经济发展，以类似于市场的条件发放贷款。2019财年，国际复兴开发银行批准了231亿美元的贷款，用于为项目和计划提供资金，贷款规模和方向的最重要依据是世界银行与受援国共同制定的国家战略。自1952年以来，德国一直是国际复兴开发银行的成员。截至2019年10月，有189个国家认购了2799亿美元的股票，德国的资本份额为4.3%，在国际复兴开发银行中拥有4.1%的投票权。

（2）国际开发协会成立于1960年，有173个成员（截至2019年10月）。该协会的目标与国际复兴开发银行相同，但以更优惠的条件向世界上约75个最贫穷国家提供贷款。自2002年以来，国际开发协会一直在提供除贷款外的赠款。2019财年，国际开发协会发放了219亿美元的贷款和赠款。与国际复兴开发银行不同，国际开发协会不为资本市场上的贷款筹集资金，而是通过成员国的捐款、国际复兴开发银行和国际金融公司的利润转移以及接受国偿还的贷款来筹集资金。这些资金的数额在补给谈判过程中每3年重新确定一次。国际开发协会第18届增资谈判于2016年12月结束，国际开发协会承诺2018～2020年筹资750亿美元，其中包括271亿美元的捐助赠款、39亿美元的捐助贷款、217亿美元的贷款回报以及223亿美元的金融市场资本。德国在这次增资中支付了约18.05亿美元（16.08亿欧元），是仅次于英国、美国和日本的IDA第四大捐助国，在IDA中所占份额为5.83%。

（3）国际金融公司成立于1956年，拥有185名成员（截至2019年10月）。国际金融公司的任务是促进发展中国家和新兴国家私营部门的发展。为此，它以商业条款提供贷款、进行股权投资、提供担保和咨询服务。德国是其创始成员国，目前持有5.02%的股本，其投票权份额为4.77%。

（4）多边投资担保机构成立于1988年，拥有181名成员（截至2019年10月）。多边投资担保机构通过针对非商业（政治）风险的担保来确保在发展中国家的直接私人投资，如为转移限制、违反合同、战争、动荡或被没收等风险提供担保。2019 年，该机构为 37 个项目签订了担保合同，总金额为 55 亿美元。多边投资担保机构还提供技术援助和投资咨询服务，目的是促进投资，加强发展中国家的发展能力。德国是多边投资担保机构的创始成员，持有其认购资本的 5.04%，投票权份额为 4.19%。

（5）国际投资争端解决中心的任务是解决政府与外国投资者之间的投资争端，也承担与外国投资法律法规有关的咨询服务、研究和出版任务。国际投资争端解决中心是世界银行集团内的独立机构，目前有 154 名成员（截至 2019年 10 月）。自 1966 年成立以来，德意志联邦共和国一直是 ICSID 的成员。

狭义的世界银行集团只包括国际复兴开发银行和国际开发协会。

三　地区开发银行

地区开发银行（Regionale Entwicklungsbanken）大多数资本份额由地区成员国持有，其专门基金和专门机构主要为地区成员国中的项目和方案提供资金。地区开发银行的主要目标是消除贫困和促进成员国的可持续经济和社会发展。联邦经合部负责与非洲、美洲、亚洲和加勒比开发银行之间的合作，联邦财政部负责与欧洲复兴开发银行合作。

1. 非洲开发银行

它由三个机构组成。狭义的非洲开发银行成立于 1964 年，旨在为非洲国家的发展项目提供资金。它主要通过贷款支持成员国的经济和社会发展。非洲开发银行会员国包括 54 个非洲和 26 个非非洲国家。德国拥有非洲开发银行 4.1% 的资金份额，在非地区成员中排名第三，仅次于美国和日本。为满足该行贷款资金的需要，该行先后设定以下合办机构。

①非洲发展基金（African Development Fund，AfDF）成立于 1972 年。该基金有 27 名成员，在优惠条件下以赠款和贷款的形式向贫穷的非洲国家提供财政援助。非洲发展基金的第 13 次充资于 2013 年 9 月完成。德国已认捐 4.654 亿欧元，约占捐助国捐款的 9.2%，是仅次于英国的第二大捐助国。

②尼日利亚信托基金（Nigeria Trust Fund，NTF）由尼日利亚共和国提供资金，于 1976 年开始运作，德国不是尼日利亚信托基金成员。

促进世界银行区域成员以及整个非洲的经济和社会发展是非洲开发银行任务的核心。在 2013～2022 年的长期战略中，该行将促进包容性增长和逐步过渡到绿色增长作为其活动的主要目标。根据长期战略，非洲开发银行的业务重点是：基础设施建设（尤其是运输、能源和水）、区域一体化、私营部门发展、良好的治理、高等教育和农业以及粮食安全。

2. 亚洲开发银行

1966 年它在菲律宾马尼拉成立，德国是其创始成员国之一，也是 19 个区域外成员国之一。[①] 德国还是 1973 年成立的亚洲开发基金（Asian Development Fund，ADF）的创始成员国之一。

减少贫困是亚洲开发银行的主要目标，亚洲开发银行参与了许多旨在改善亚洲人民生活条件的社会和经济项目，使其政策与联合国千年发展目标保持一致。亚洲开发银行的重点是促进可持续增长，特别是在基础设施领域。2014 年末，亚洲开发银行的股本约为 1531 亿美元。德国的份额约为 4.3%。

亚洲开发银行使用亚洲开发基金资金向较贫穷的区域成员提供低息贷款和赠款。在 2013～2016 年对亚洲发展基金（AsDF 11）的最后一次充资中，德国捐助了 1.438 亿欧元，占全部充资的 3.34%。

2016 年 5 月 2—5 日，德国作为亚洲开发银行最大的欧洲股东，首次主办了亚洲开发银行年会，来自亚洲、欧洲、美国和加拿大的 4000 多名注册决策者出席了会议，反映了国际社会对亚洲发展融资的兴趣。在"合作促进可持续发展"的座右铭下，参与者对发展合作的问题和方向进行了辩论。会议讨论的重点是气候保护、职业培训、城市发展、可持续的供应链、公平的工作条件。

亚洲开发银行和德国联邦经合部在《法兰克福宣言》中同意在以下两方面加强合作：一方面，启动亚洲气候融资机制（ACliFF）。从 2017 年开始，该基金将向亚洲国家提供财政支持，以减少其二氧化碳排放并通过气候风险保险保护环境。另一方面，促进亚洲的职业培训。

3. 加勒比开发银行

它成立于 1969 年，通过贷款支持其成员，资金部分是在市场条件下从银行中获得的，部分来自特别发展基金（Special Development Fund，SDF）。加勒比开发银行的贷款主要用于改善运输和通信基础设施，并通过金融中介机构来促进中小型企业的发展。该银行还提供免费的技术支持。

自 1989 年以来德国一直是该银行的成员，目前持有该银行约 6% 的资本。德国在特别发展基金第八次增资中拥有 1596 万美元的股份，占总股份的 6.44%。

---

① ADB, How We're Organized, https://www.adb.org/who-we-are/organization.

4. 欧洲复兴开发银行①

它成立于 1991 年，是为了呼应中欧和东欧剧变建立的，目标是推动这些国家朝着"以市场为导向的经济以及促进私营和企业家倡议"方向发展。为支持中欧和东欧国家以及独联体（Commonwealth of Independent States，CIS）向民主结构和市场经济的过渡，该银行采取多种方式，如通过投资促进私营和公共部门发展，加强金融机构和法律系统，促进交通、能源和电信领域的基础设施项目，提供技术合作等。

经过多年发展，欧洲复兴开发银行有六十多个成员，业务范围也大大扩展了，包括保护环境和发展可持续能源。2020 年该银行活跃于中欧、中亚、地中海近 40 个国家。该银行多年来在超过 5700 个项目中投资了 1450 亿欧元。该银行的股本约为 297 亿欧元，其中德国拥有 8.6% 的股份。

5. 美洲开发银行（Inter-American Development Bank，IDB）

它是拉丁美洲最大的多边金融机构，成立于 1959 年。德国于 1976 年加入了该银行，持有 1.9% 的股份。

该银行的主要目标是为拉丁美洲和加勒比地区消除贫困做贡献，促进社会正义和区域一体化，优先发展领域是气候、能源、水资源、基础设施、教育和私营部门。该银行自 2015 年起的年度贷款目标是：35% 的贷款额提供给发展脆弱的小国；50% 的贷款用于消除贫困和不平等；其余贷款用于气候保护、可持续能源、环境保护、区域合作与一体化等领域。

四 经济合作与发展组织

经济合作与发展组织于 1961 年成立，2020 年有 34 个成员，其前身是欧洲经济合作组织。经合组织的宗旨是：在保持金融稳定的同时，实现最佳的经济发展和就业，提高成员国人民的生活水平，为世界经济的发展做贡献；在经济发展过程中为成员国和非成员国的经济健康增长做贡献；根据国际义务，在多边和非歧视的基础上为世界贸易的发展做贡献。

根据《经合组织协定》第 1 条和第 2 条规定，发展援助政策是经合组织的基本目标。经合组织有 300 多个委员会、专家组和其他机构，其中负责发展援助政策的主要有经合组织发展援助委员会、经合组织发展中心和萨赫勒俱乐部（Sahel-Club）。

---

① https://www.ebrd.com/home.

1. 经合组织发展援助委员会①的目的是提供一个重要的对话平台，以提高其成员发展援助合作的质量和数量。经合组织发展援助委员会的一个工作重点为发展援助合作制定质量标准，并为发展援助合作的有效性制定原则和准则。经合组织发展援助委员会的另一个工作重点是对成员进行同行审查，使用标准化程序并定期（每4~5年一次）审查其成员国的发展政策承诺。

除欧盟委员会外，经合组织发展援助委员会还包括30个经合组织成员国，其他经合组织成员、作为观察员的一些多边组织和一些非经合组织成员国家定期作为参与者参加经合组织发展援助委员会会议。经合组织发展援助委员会包括6个专题小组委员会（环境、性别、治理、冲突与脆弱性、评估、统计）。

经合组织发展援助委员会的主要工作领域包括：改革成员国发展援助政策绩效的统计数据；根据《2030年可持续发展议程》对经合组织发展援助委员会进行改革；通过动员私人资金加强发展援助资金。

2. 经合组织发展中心②是经合组织的发展援助政策智囊团。经合组织发展中心有57个成员国，其中27个是经合组织成员国，30个是非洲、亚洲和拉丁美洲发展水平不同的国家。该中心为经合组织与发展中国家"平等地"进行政治对话提供了一个论坛。该中心的出版物包括《拉丁美洲经济展望》《非洲经济展望》《东南亚经济展望》和《全球发展观点》。

3. 萨赫勒俱乐部旨在改善各国实现独立和可持续发展的框架条件。该俱乐部实质上是一个交流信息和意见的论坛，德国不是其成员。

经合组织在巴黎总部及其在柏林、华盛顿、墨西哥城和东京的分支机构（截至2018年底）雇用约3486名员工，其中4/5以上为正式雇员，其余为顾问、专家、助手和实习生。

德国在经合组织总部有常驻机构和常驻代表。截至2018年12月，共有221名德国员工受雇于经合组织的各个机构，其中142名被分配为A级（相当于高级公共服务）。德国政府高度重视与经合组织的合作。经合组织编制的统计数据、分析和预测报告、发展政策领域标准等都对德国发展援助政策的决策具有重要意义。德国也充分利用经合组织独特的经验交流平台，与经合组织各成员国进行广泛的经验交流。

---

① OECD, Development Assistance Committee (DAC), http://www.oecd.org/dac/development-assistance-committee/.

② OECD, Development Centre, http://www.oecd.org/dev/.

五 其他重要国际组织

1. 七国集团或八国集团（G8）

G7、G8 不是国际组织，而是由国家元首和政府首脑组成的非正式论坛，由德国、法国、英国、意大利、日本、加拿大、俄罗斯和美国组成。由于乌克兰危机，俄罗斯的成员国资格被暂时取消。欧盟在 G7、G8 中享有观察员地位。G7 成员国的人口占世界人口的 10.5%，G7 成员国的国民总收入占世界国民总收入的 44%。G7 是国际组织中发展援助的最大捐助者之一，为国际社会提供了将近 70% 的官方发展援助资金。

G7 成员国每年举行峰会和部长级会议，讨论世界政治中的关键问题。它们讨论的议题包括债务减免、粮食安全、卫生、原材料、与非洲伙伴关系等发展援助议题。

联邦经合部与联邦总理府、联邦外交部和联邦财政部合作，为在 G7 框架内谈判发展援助政策准备具体方案。联邦经合部主要负责问责制工作组，就 G7 如何履行近年来的承诺编写报告。联邦经合部还负责粮食安全与营养工作组以及多维尔伙伴关系的 "MENA 过渡基金"（"MENA transition fund" der Deauville-Partnerschaft）。多维尔伙伴关系的 "MENA 过渡基金" 的成立是为了支持北非和中东的经济和政治发展。

G7 轮值主席国负责与各个利益集团和非 G7、G8 国家保持密切联系（所谓的 "外联"）。德国在每次首脑会议之前，都要与非政府组织、商业协会、工会、议会以及外国使馆的代表进行交流，推动他们参与 G7、G8 和 G20 峰会的筹备工作。

2015 年德国担任 G7 轮值主席国。对于发展援助来说，2015 年是重要的一年。这一年联合国 2000 年千年发展目标（MDGs）到期，国际社会为 9 月举行的联合国峰会上通过新的《2030 年可持续发展议程》努力。德国利用担任 G7 轮值主席国身份推动这一决议的形成。2015 年 6 月 7—8 日在德国 Schloss Elmau 举办了 G7 首脑会议，会议公报明确指出：G7 支持联合国的有抱负的新世界未来条约，以促进可持续发展，同时认识到政府发展服务的重要性，特别是对最贫穷国家的重要性。会议公报最后明确地规定各国将国民总收入的 0.7% 用于官方发展援助。会议期间，联邦经合部提出了 "帮助最贫穷的人并改善结构" 的倡议，强调发达国家对最不发达国家的特殊责任。联邦经合部提出的气候保险倡议和与非洲合作的建议都被 G7 采纳。G7 明确承诺从2020年开始提供每年1000亿美元的气候资金，用来帮助最不发达国家人口免受气候变化的影响，并帮助非洲发展可再生能源。

2. 二十国集团

G20是1999年9月25日由八国集团的财长在华盛顿提出的，目的是防止类似亚洲金融风暴的金融危机再次出现，让有关国家就国际经济、货币政策举行非正式对话，以利于国际金融和货币体系的稳定。G20是一个非正式论坛，以非正式的部长级会议形式运行，不设常设秘书处。G20从2008年起召开领导人峰会，为了体现新兴工业国家的重要性，G20成员国的领导人于2009年宣布该组织会取代八国集团成为全球经济合作的主要论坛。G20由G7成员国加上阿根廷、澳大利亚、巴西、中国、印度、印度尼西亚、墨西哥、俄罗斯、沙特阿拉伯、南非、韩国、土耳其和欧盟组成。G20国家的国民生产总值占世界各国国民生产总值的85％以上，贸易额占世界贸易额的3/4，人口约占世界人口的2/3。

德国在G20机制内推行发展援助政策，在历届峰会上都参与了发展援助政策的制定。在2010年首尔峰会上，通过了"首尔多年发展行动计划"，该计划的九大支柱包括改善基础设施和粮食安全这两个重要的发展合作领域，其中基础设施高级别小组有11个重大项目。在2014年澳大利亚担任G20轮值主席国期间，G20将发展援助政策的重点定为增长与发展的紧密结合。在2015年在安塔利亚举行的G20峰会上，G20致力于实施联合国《2030年可持续发展议程》，并宣布了一项2016年行动计划，以使G20的工作与《2030年可持续发展议程》更加紧密地协调起来。在中国担任G20轮值主席国期间，G20行动计划获得批准。G20对加入《巴黎气候协定》的承诺是2016年杭州峰会取得的巨大成功。

德国担任G20轮值主席国后，联邦经合部在制定德国G20议程中发挥了关键作用，G20的工作重点是执行《2030年可持续发展议程》和《巴黎气候协定》。其他重要议题还有德国政府与非洲建立的G20新伙伴关系、促进农村地区青年就业等。2017年在汉堡举办的G20峰会取得的成果主要有：一致支持《2030年可持续发展议程》的多边方针，采取了一系列措施来调动私人资本，以促进可持续发展；建立一个3.25亿美元的多边基金，以支持发展中国家的女企业家；研究解决移民和难民问题及其根源；支持与非洲建立伙伴关系，目标是促进对非洲的投资，增加就业和可持续发展，在非洲农村创造100万个就业机会。

3. 国际货币基金组织

国际货币基金组织有 190 个成员（截至 2020 年 10 月）。遇到经济和金融危机时，成员国可以申请国际货币基金组织支持计划，除贷款外，这些计划还包括建议和经济政策要求。这些要求通常包括对宏观经济稳定的中期要求，特别是要求增加外汇收入（增加出口）以及稳定预算和增加经济增长。国际货币基金组织还提供确保和增加社会政策计划的指导方针。

2020 年 10 月，国际货币基金组织发行了 2040 亿美元特别提款权（Special Drawing Right，SDR），约合 2800 亿美元。德国的配额约为 145 亿特别提款权。

六　其他国际机构

除了与世界银行集团、国际货币基金组织、地区开发银行和联合国及其专门机构等国际组织开展合作外，德国还与其他一些重要的发展援助国际组织进行合作。

1. 援助穷人协商团体（Consultative Group to Assist the Poor，CGAP）

1995 年它由 9 个国际发展合作机构合作组建。该团体作为世界银行的信托基金，在成员的协调下，制定共同标准并改善小额供资条件。例如为小额贷款提供有利政策和框架条件，包括小额信贷的社会标准、小额保险支持、有利于贫困人口获得的金融服务以及在小额信贷中使用新技术。德国与援助穷人协商团体合作，定期审查发展合作的有效性。自 1999 年以来联邦经合部一直通过技术和财政捐款参与援助穷人协商团体行动，2009 年德国向该团体捐款近 37 万美元。

2. 发展门户基金会（Development Gateway Foundation，DGF）

它成立于 2001 年，目的是利用信息和通信技术缩小发展中国家和工业化国家之间的"数字鸿沟"。该基金会支持约 50 个国家和地区的活动，举办了以"信通技术与发展"为主题的年度论坛。自成立以来，联邦经合部已为发展门户基金会提供了约 1000 万欧元。

3. 全球疫苗和免疫联盟（Global Alliance for Vaccines and Immunisation，GAVI）

它于 2000 年成立，目标是通过使疫苗更容易获得和加强卫生系统来挽救发展中国家儿童的生命。作为全球最大的疫苗购买者之一，全球疫苗和免疫联盟与制药商协商价格，从而可以不断降低疫苗成本，目的是使受支持国

家保持较高的疫苗接种率并确保受支持国家平等获得疫苗。该联盟的 2016
年至 2020 年的战略以四个目标为指导：使人们普遍获得疫苗；提高疫苗接
种效率和盈利能力；提高国家疫苗接种计划的可持续性；建立疫苗和其他免
疫产品市场。

自 2006 年以来联邦经合部一直在支持 GAVI 的工作。作为 2015 年 1 月全
球疫苗和免疫联盟增资会议的东道国，德国增加了对 GAVI 的捐款，2016 ~
2020 年提供总计 6 亿欧元捐款，是 GAVI 的第四大捐助者。2019 年，德国代
表出任 GAVI 行政理事会理事。

4. 全球环境基金

它于 1991 年成立，任务是支持发展中国家执行关于生物多样性、保护
气候、防止荒漠化的行动。全球环境基金成立后一直在发展中国家推动有益
于全球环境保护的项目。世界银行、联合国开发计划署和联合国环境规划署
是负责全球环境基金项目的执行组织，其他 7 个多边组织，还有众多非政府
组织以及国家和双边执行组织也参与了全球环境基金项目的执行工作。

德国是全球环境基金的第三大捐助国，联邦经合部在全球环境基金理事会
中代表德国。德国还是全球环境基金两个子基金——最不发达国家基金和特别
气候变化基金的最大捐助国。截至 2010 年 12 月 31 日，德国对最不发达国家基
金的承诺捐助额为 6500 万欧元，对特别气候变化基金的承诺捐助额为 3500 万
欧元。

5. 抗击艾滋病、结核病和疟疾全球基金

该基金成立于 2002 年，主要资助各国针对艾滋病、结核病和疟疾的措
施。截至 2020 年 4 月，该基金在全球范围内提供了总计 445 亿美元的资金。
自 2002 年以来，在抗击艾滋病、结核病和疟疾全球基金投资的国家中，死
于艾滋病、结核病或疟疾的人数下降了 40%。

2002 年成立以来，德国已向该基金提供了超过 30 亿欧元的资金（截至
2020 年 3 月），德国是该基金的第四大国家捐助国，在董事会中拥有自己的
席位。

6. 多边组织绩效评估网络（The Multilateral Organisations Performance As-
sessment Network，MOPAN）

它成立于 2002 年，成员有澳大利亚、比利时、丹麦、德国、芬兰、法
国、英国、爱尔兰、意大利、日本、加拿大、韩国、卢森堡、荷兰、挪威、
瑞典、瑞士和美国。该机构是专业评估机构，目的是审查并进一步提高多边

合作的效率和效力。

2017～2018 年，多边组织绩效评估网络评估了总共 14 个与德国相关的组织，这些组织包括亚洲开发银行、国际移民组织、联合国人权事务专员、联合国妇女署、联合国教科文组织、世界粮食计划署和世界卫生组织等。多边组织绩效评估网络还在 13 个国家进行了国别评估。

第九章

21 世纪初期德国发展援助政策的变化、特点与趋势

　　21 世纪，随着国际经济与政治格局的变革，发展中国家群体性崛起，新兴发展援助力量发挥越来越大的作用，国际发展援助格局发生了重要变化。联合国在国际发展援助体系中的地位上升，联合国千年发展目标和 2030 年可持续发展目标成为国际社会公认的目标准则。国际经济、科技、社会发展也促使发展援助呈现一些新的特点和态势。在此背景下，德国发展援助政策既有延续，也有重要调整，呈现出一些变化、特点和趋势。

第一节　德国发展援助政策的重要变化

一　发展援助政策动力与目标的变化

　　德国政府宣称发展援助的目标是：国际社会面临许多挑战，必须寻求全球解决方案；恐怖主义、战争和内战具有跨国影响，发展合作有助于预防危机和消除冲突；环境退化和气候变化也是全球挑战，在环境保护、环保生产方法和可再生能源使用上的发展合作有助于全球环境保护；由于世界经济体系的紧密交织，德国经济的重要基础是出口业务，它受稳定的全球经济的影响，因此，德国与国际社会密切合作，致力于消除贫困；争取和平、自由、民主和人权。实现这些目标的最重要工具之一是发展合作。[1]

　　德国发展援助政策的多重目标既体现人道主义，也体现德国对全球治理

---

　　① BMZ, Grundsatzfrage: Warum brauchen wir Entwicklungspolitik, https://www.bmz.de/de/ministerium/ziele/grundsaetze/index.html.

的责任担当，同时也表明这一政策的利益基础。从德国发展援助历史来看，发展援助政策目标历来都具有多重性，但每个阶段重点不同，从不同视角分析，目标和动力也有差异。

从国际政治视角看，联邦德国发展援助政策的目标几经变化。在冷战时期，在美国的压力和影响下，联邦德国加入西方集团，发展援助政策被纳入东西方冷战大框架之内，主要目标是外交和战略性的，即站在以美国为首的西方集团一边，与苏联集团争夺第三世界国家。在冷战时期的不同阶段，联邦德国发展援助政策的战略目标没变，但具体目标有所变化。20世纪50～60年代中后期，联邦德国发展援助政策优先服务于对抗苏联集团和与民主德国争夺发展中国家，服务于"哈尔斯坦主义"，同时借势提高联邦德国的国际地位。20世纪60年代中期之后，随着联邦德国经济高速发展，联邦德国对发展中国家原料和市场需求增加，发展援助政策开始"兼顾南北关系"，经济因素比重增加，进入政治与经济利益并重阶段。20世纪70～80年代，随着第三世界在国际舞台发挥越来越重要的作用，联邦德国将发展与第三世界关系列为"继西方政策、东方政策之后的第三根支柱"。联邦德国发展援助政策的新目标包括与发展中国家建立"较为平等的伙伴关系"，加大对发展中国家的援助承诺，注重消除贫困、解决环境问题等发展援助基本问题。与此同时，发展援助政策的政治和战略目标并未消失，促进苏东国家演变、推进德国统一始终是这一时期发展援助政策的目标原则。由于各方面动力推动，20世纪80年代联邦德国官方发展援助资金达到0.4%以上，处于2013年之前的历史最高点。

20世纪90年代是德国发展援助政策比较特殊的时期。随着德国统一、苏联解体、冷战结束，冷战时期推动德国发展援助的五大因素（美国的压力和西方国家的共同利益、苏东集团的压力、国际发展援助体系的制约力、第三世界国家的压力和联邦德国自身利益的驱动力）都发生了重大变化。在此背景下，德国发展援助政策进入重大调整期，在"发展厌烦症"的众多质疑声中德国艰难探索发展援助政策的新动力和目标。几经争议之后，这一阶段德国发展援助政策被定义为"复合利益政策"。

（1）发展援助政策为德国作为世界经济大国的对外经济利益服务，主要体现为保障原材料供应，促进出口和推动私人对外投资，德国加大力度与美、日争夺国际市场。

（2）发展援助政策为德国谋求成为"政治大国"的外交目标服务，主要体现为德国做出官方发展援助占国民生产总值的0.7%的承诺，出台一系列具体的发展援助举措，巩固和扩大德国在第三世界的影响力；扩展在多边国际机构的影响力，力争使德国成为联合国安理会常任理事国；更加关注全球性问题的解决，加大全球发展合作，体现德国的全球治理担当。

（3）发展援助政策捍卫德国的安全利益，主要体现为德国加大对原苏东地区国家的援助，稳定和扩大德国在这一地区的利益；介入东南欧安全事务，直接插手南斯拉夫内战；出台针对地中海国家的发展援助政策，消除这一地区对欧洲和德国的安全威胁；关注索马里、卢旺达国家内乱和种族冲突。

（4）发展援助政策为冷战后西方新的战略目标服务，德国在发展援助政策中提出五项政治标准，谋求在发展中国家推行西方的政治制度、价值观念和社会模式。

尽管德国政府已调整发展援助政策，谋求发展援助政策新的动力和目标，但相比冷战时期发展援助动力明显减退，发展援助政策呈现出弱化特征，官方发展援助资金占国民总收入的比例大幅减少，从1990年的0.41%下降到1999年的0.26%，降为历史最低点。面向21世纪，德国发展援助政策急需新的动力和目标。

进入21世纪，国际发展援助政策的制定有了新的需求：一方面，国际发展援助格局加速变化，新兴发展援助力量兴起并越来越多地介入国际发展援助政策的制定，西方国家垄断发展援助政策制定的局面有所改变；另一方面，面对全球化、科技革命、全球治理难题等国际社会的深刻变化，经合组织发展援助委员会也在寻求新的发展路径，希望继续主导发展援助政策的话语权。在新的形势下，各国以联合国为平台，提出多种议案，进行了反复商谈、博弈，最后形成了两个重要的发展合作战略文件，即《联合国千年发展目标》（2000—2015）和《2030可持续发展议程》。德国直接参与了谈判，承诺遵守两个文件，将发展援助政策与联合国发展合作政策密切挂钩，德国发展援助政策获得新的动力。在新的国际框架内德国对发展援助的目标、规范、资金、机制等方面进行了重大调整。

2000年9月8日，联合国首脑会议发布了《联合国千年宣言》，该宣言指出国际社会发展援助战略纲领，就发展合作设定了八项具体目标，要求该目标于2015年实现。2001年，德国政府依据联合国千年目标，通过了2015年行动纲领，为德国实现千年发展目标制定了具体目标和政策，指出德国致力于达到目标的几个重要领域。

2015 年，联合国千年发展目标时期结束，联邦经合部发布的《全球更美好生活的八个目标》文件列举了德国为实现联合国千年发展目标所做的贡献。与此同时，德国各界就如何制定未来发展援助政策进行了广泛讨论。在讨论的基础上，德国政府提出了《未来宪章世界》，为发展援助政策列出了八个具体目标，成为德国为实施联合国可持续发展目标而做的准备。

2015 年 9 月，联合国通过了《2030 年可持续发展议程》，其中规定的 17 个目标也成为德国发展援助政策的目标。此后，德国发展援助即以落实和执行联合国《2030 年可持续发展议程》为核心展开。2016 年，德国政府发布了《德国可持续发展战略（2016）》，成为德国实施《2030 年可持续发展议程》的重要框架，德国发展援助政策整体被纳入可持续发展战略，可持续发展成为德国发展援助的核心目标。

由以上内容可知，进入 21 世纪之后，德国发展援助政策的目标既体现传统政策的延续性，也受到联合国千年发展目标和可持续发展目标的制约。由于德国参与了联合国发展目标的制定过程，也多次就这些目标与其他国家展开广泛讨论，德国国内各阶层大多认同可持续发展战略符合德国和国际社会利益，这就为德国将发展援助政策深度嵌入可持续发展战略打下了较好的基础。

值得注意的是，在可持续发展战略的框架下，德国发展援助政策所体现的国际政治理念和利益，如人权与法制、扶贫减贫、环境保护与能源政策、减少难民根源、增大地区和国际影响力、提倡基于规则的多边主义、维护自由贸易、争夺数字化和绿色经济高地，带有西方发展援助大国的价值理念和利益需求以及浓郁的德国特点。

二 发展援助资金明显增加，影响力扩大

进入 21 世纪，德国发展援助资金逐步走出 20 世纪 90 年代末的低谷，逐渐增长，呈现以下几个特点。

其一，德国官方发展援助逐渐增长。2000 年德国官方发展援助为 54.58 亿欧元，2001 年为 55.7 亿欧元，2003 年为 60 亿欧元，2005 年达到 81 亿欧元，2008 年上升为 97 亿欧元，2010 年达到 98 亿欧元，2013 年跨入百亿欧元大关，达到 107 亿欧元，2014 年为 124.8 亿欧元，2015 年为 161.7 亿欧元，2016 年急升为 223.6 亿欧元，2017 年和 2018 年略有下降，但也分别为

221 亿欧元和 217 亿欧元。

其二，德国官方发展援助占国民总收入的比例上升。官方发展援助占国民总收入 0.7%，是经合组织发展委员会确定的指标，也是德国政府长期承诺要达到的指标。然而在实际运行中，在 2010 年之前，德国政府官方发展援助占国民总收入的百分比始终徘徊在 0.3% ~ 0.4%，最高值是 1982 年和 1983 年的 0.47%，最低值是 1998 年和 1999 年的 0.26%。进入 21 世纪之后，这一百分比逐步走高：从 2000 年的 0.27%、2005 年的 0.36%、2010 年的 0.39%、2014 年的 0.42%、2015 年的 0.52，到 2016 年终于第一次达到 0.7% 的国际发展援助标准，其后虽然又有所下降，但德国政府一再表态不会改变官方发展援助占国民总收入 0.7% 的指标承诺。

其三，德国的双边与多边发展援助比例不断变化，双边发展援助始终占据主导地位。德国历来重视双边发展援助，1964 年多边发展援助资金仅为5000 万欧元，约占官方发展援助总额 9.38 亿欧元的 5.3%，居于历史最低点。此后多边发展援助资金占官方发展援助总额的比例不断提高：1970 年达到 22%，1980 年达到 34%，1993 年为 35%，2000 年达到 46.5%，接近一半。21 世纪以来，多边发展援助占比再次下滑，2001 年为 42.8%，2005 年骤降至 26%，此后虽有所回升，2010 年为 37%，但再未超过 40%，2015 年之后一直在 20% ~ 24% 低位徘徊，其中 2016 年仅为 20.6%。可见，双边发展援助始终占据主导地位，这与德国发展援助理念和利益直接相关。

其四，德国发展援助资金分配日益多元化，参与部门增多。德国政府承诺执行联合国千年发展目标和《2030 年可持续发展议程》，意味着可持续发展成为德国政府重要的战略目标和政策，参与部门必然扩大，资金分配虽然仍由联邦经合部主导，但随着各政府部门资金增加，联邦经合部资金占比相对减少。2000 年联邦经合部的资金为 36.7 亿欧元，约占当年德国官方发展援助总额 54.5 亿欧元的 67.3%，2010 年这一占比为 61%，2014 年为50.7%，2015 年骤降为 40%，2016 年为 33%，2017 年回升为 38.6%，2018年为 41.1%。相比之下，其他联邦政府部门用于发展援助的资金在增加，它们对发展援助政策的介入不断扩大和深化。

其五，德国发展援助资金结构多元化。21 世纪以来，与国际社会发展援助资金来源多样化相一致，德国发展援助资金来源更加广泛，使用更加灵活。例如在一些财政发展援助项目中，德国将官方发展援助资金与德国复兴信贷银行在资本市场上筹集的资金结合起来，包括混合融资、联合融资和开发贷款等形式。企业界、私人基金等也越来越多地进入发展援助领域，例如西门子基金会为 G20 一系列项目提供支持，比尔·盖茨基金会与联邦经合部合作建立了抗击艾滋病、结核病和疟疾全球基金。据联邦统计局材料，德国非政府组织自身用于发展援助的资金在 2014 年达到 11 亿欧元，2017 年达到 13 亿欧元。[①] 这些改变了官方发展援助一家独大的局面，扩大了德国发展援助的资金来源。

其六，德国在经合组织中的地位不断攀升，国际影响力扩大。从经合组织发展委员会成员对比来看，2014 年德国官方发展援助资金为 165.6 亿美元，约占经合组织发展委员会官方发展援助资金 1374 亿美元的 12.1%。德国是居美、英之后的第三大经合组织发展援助国。2019 年，德国官方发展援助资金上升为 238.1 亿美元，仅次于美国的 346.2 亿美元，是继美国之后经合组织第二大发展援助国。

从上述变化可以看出，进入 21 世纪以来，德国发展援助资金增长较快，其原因众多，主要包括以下几个方面：首先，随着德国国力日增，德国国内生产总值增长较快，发展援助资金投入能力也持续扩大。从官方发展援助投入的绝对额来看，2000 年为 54.5 亿欧元，2018 年上升为 217.5 亿欧元，约增长了 3 倍。其次，德国发展援助政策与联合国发展战略挂钩，德国需要完成一系列硬性指标，增加投入难以避免。再次，可持续发展是国家战略，既体现德国的国际责任，也是德国国内发展战略的需要。鉴于发展中国家的需求和德国国内一些可持续发展项目的需求，资金占用渠道增多，资金投入必然增加。最后，德国应对国际社会发生的一些重大事件，如席卷欧洲的难民潮、影响世界的新冠肺炎疫情，都需要拨付大量应急资金。

三 发展援助机制进行了较大调整

从德国发展援助机构发展史来看，德国发展援助机构呈现出从分散到集中再到多元的特点。20 世纪 60 年代，为了解决发展援助政策政出多门的困局，联邦德国政府成立了发展援助主管部门——联邦经合部，并逐步将财政援助、技术援助、人员援助、国际援助合作等主管权和协调权交给联邦经合部，形成以联邦经合部为中心的、具有德国特色的发展援助机制。这一机制

---

① BMZ, Leistungen von Nichtregierungsorganisationen aus Eigenmitteln an Entwicklungsländern, 2014 - 2018.

在推动德国发展援助政策方面发挥了重要作用。德国政府也遇到许多非议和问题，因而在运行这一机制中不断调整改革，以求完善。

到 21 世纪初，《联合国千年宣言》和《2030 年可持续发展议程》深深影响了德国国家发展战略，德国政府对此高度重视，出台了《德国可持续发展战略（2016）》等文件，要求各部委统一执行可持续发展战略，德国发展援助政策整体纳入德国可持续发展战略，成为其中最重要的组成部分。为执行新的发展战略，德国发展援助机构也在可持续发展战略框架下进行了新的调整，呈现出一些特点。

第一，参与部委增多，协调机制强化。由于德国可持续发展战略涉及国内发展、对外交往以及国际援助各个层面，联邦外交部、联邦财政部、联邦经济与能源部、联邦粮食与农林部、联邦教育与研究部以及联邦环境、自然保护与核安全部等政府部门都不同程度地参与了发展援助事务。联邦经合部虽然依旧是发展援助主管部门，但协调能力显然不足。在此背景下，联邦总理赋予总理府对发展援助政策更多的领导与协调权：协调政府内部各部门的发展援助政策；联系议会以及议会相关委员会商讨相关政策；联系与协调各州的发展援助政策；联系相关社会团体的发展援助事宜。

第二，保留联邦经合部发展援助主管部门地位。德国形成以联邦经合部为主的发展援助机制，有其历史原因，也是德国特色。在新的形势下，德国政府在改革发展援助机构时，既看到联邦经合部的不足，进行了必要改革，削减了联邦经合部的经费，减弱了它的协调权，同时也看到这一部门的优势，保留了该部门的主管地位，要求其继续制定德国发展援助政策和战略，对发展援助机构进行政治管理，与民间组织和经济界合作，与发展援助伙伴国以及国际多边组织合作，提供与发展援助有关的信息和教育培训工作。

第三，主要执行部门进行了必要的改革。德国发展援助政策的执行部门，如德国复兴信贷银行、德国国际合作公司等都进行了改革和调整。德国经济合作公司于 2001 年被德国复兴信贷银行收购，成为德国复兴信贷银行集团的子公司，这样德国经济合作公司可借助德国复兴信贷银行的全球资源，更方便开展与发展中国家的财政合作。2011 年，德国技术合作协会、德国发展服务局、德国国际继续教育与发展有限公司（InWEnt）这三个执行机构合并成立新的德国国际合作公司，加强了执行能力。机构改革还体现在加强评估系统能力建设，如德国复兴信贷银行建立了独立的评估部门（FZ-E），加强了执行部门的融资能力等。

第四，提高了公民社会的参与程度。公民社会越来越多地介入可持续发展是一种发展趋势，包括企业界、科学界、文化界、教会、利益集团、基金会等凭借其专业知识、承诺、社会联系网络和资源，在执行可持续发展目标方面发挥着重要作用，德国非常重视这一点，建立了有效的沟通机制。例如鼓励企业、工会、非政府组织参加全国企业社会责任论坛，设立企业社会责任奖；建立了可持续发展科学平台，连接科学界与政府或社会；发挥洪堡论坛等文化机构作用，确定 TRAFO - 变革中的文化模式，推动可持续发展。

第五，建立和加强可持续发展国务秘书委员会、议会可持续发展咨询委员会和可持续发展理事会三个机构的重要作用。可持续发展国务秘书委员会由联邦总理府领导，是可持续发展战略的中心指导机构，主要任务是做战略规划，协调各部门之间的政策。2004 年议会设立了议会可持续发展咨询委员会，负责议会的可持续发展事务。可持续发展理事会是联邦政府重要的咨询机构，在德国可持续发展政策中发挥很大作用。

21 世纪德国发展援助机制的调整，体现出国际社会发展援助机制调整的一些共性，例如积极寻求新机制以适应可持续发展战略需求；加强中央政府（德国是总理府）职能以更好地协调各部门政策；重视公民社会大量介入后的机制需求。可以预见的是，由于国际发展援助格局、机制、任务、规则、效果等不断发展变化，德国发展援助机制的适应性调整也将继续下去。

第二节　德国发展援助政策的特点

一　服务于国家战略

德国本身曾经是国际援助计划的接受国。在第二次世界大战中遭受严重破坏的德国，通过马歇尔计划获得了美国数十亿美元的支持。基于这种经验，联邦德国政府从 20 世纪 50 年代初期开始积极参与发展援助，并于 1961 年成为欧洲第一个建立经济发展合作部的国家。

联邦德国产生与发展具有特殊的历史背景：二战中德国给欧洲和世界带来深重灾难，联邦德国建立后需要非常谨慎地对待历史、邻国和国际责任；在西方国家扶植下建国但国家分裂，统一是冷战时期联邦德国的主要战略目标，但受到战胜国机制束缚；虽然联邦德国加入北约，成为西方联盟的重要组成部分，但联邦德国的武装力量受到联盟机制严重约束；联邦德国的经济恢复和发展取得骄人业绩，联邦德国成为世界第三大经济强国，在对外交往中既维护经济权益，也借用经济实力谋取国家利益；虽然联邦德国是经济大国，但在国家发展方向上十分谨慎，避免引起邻国猜疑，可动用的国家手段也主要集中在经济贸易领域。在此背景下，联邦德国特别关注发展援助政策，发展援助政策在外交、安全、全球治理、国际发展等方面发挥着重要作用，在巩固和提升与发展中国家关系中发挥特殊作用，被称为复合利益政策，属于德国总政策的组成部分。

冷战结束，德国统一，外部环境发生重大变化，德国在欧洲的地位和国际地位也发生了重大变化，对外战略可动用的资源越来越多，加之国内外战略调整缘故，20 世纪 90 年代德国发展援助政策地位出现了弱化趋势。然而由于历史惯性的作用、贸易立国、文明国家等战略观念影响，以及国际社会可持续发展战略的提出，发展援助政策依旧具有重要的地位。

因此，把握 21 世纪德国国家战略以及发展援助政策在其中发挥的作用，就成为理解德国 21 世纪发展援助政策的战略支点。

1998 年施罗德领导的红绿联盟上台，其国家战略目标是对内调整经济结构，重振德国经济；对外是实现"国家正常化"，为成为"世界大国"铺平道路。此时德国经济遭遇高通胀、高福利、低增长等严重困难，影响了德国的可持续发展前景。为此红绿政府推出一系列改革举措，推出《2010 议程》，大幅削减各类开支，包括发展援助资金，对发展援助政策形成一定影响。红绿政府并未将发展援助政策作为重点政策领域，只是按照惯例将其定位为："发展政策是全球结构性政策，目标是改善发展中国家经济、社会、生态，发展与其政治关系；发展援助政策与外交、安全政策一起，是德国政府和平政策的核心领域"[1]。红绿政府执政时期（1998～2005 年）是德国官方发展援助占比最低的几年。

社民党人海德玛丽·维克佐雷克-佐尔（Heidemarie Wieczorek-Zeul）在红绿政府担任联邦经合部部长期间（1998～2005 年），将发展援助政策纲领聚焦四个方面：促进民主和法治国家；发展公平的国际金融体系；生态现代化；加强跨文化交流。这一期间对德国发展政策影响较大的事件有：（1）联合国提出千年发展目标。红绿政府认为德国应承担国际责任，为此在 2001 年出台了配套政策"德国 2015 年行动纲领"，落实千年发展目标各项指标，承诺 2015 年官方发展援助达到占国民总收入 0.7% 的国际标准。（2）"9·11"

---

[1] BMZ, Auf Augenhoehe, Nomos, 2012, S. 157 – 160.

事件引发国际反恐局势，欧洲也深陷其中。经合组织成员国讨论了国际反恐举措，主张加强发展援助政策在反恐进程中的作用，包括增加对阿富汗的援助，通过增加发展援助阻遏国际恐怖主义发生的各种因素——贫穷、不公平、缺乏教育等。

2005 年 9 月 18 日，德国提前一年举行的大选结果揭晓，默克尔领导的联盟党以微弱多数获胜，与社民党组成以默克尔为总理的黑红大联合政府。大联合政府的政策重点是推动经济社会改革，增强经济活力，改善外部环境。在大联合政府中，社民党人海德玛丽·维克佐雷克 – 佐尔继续执掌联邦经合部（2005 ~ 2009 年）。这一时期德国政府对发展援助政策给予了更多关注，发展援助政策呈现出既有连续性也有所调整的特性：第一，德国增加官方发展援助资金。在两党《联盟协议》中，德国政府重申了《2015 年行动计划》，承诺继续执行前任政府对千年发展目标的承诺，力争到 2015 年官方发展援助达到联合国规定的占国民总收入 0.7% 的水平。虽然德国财政依旧困难，但 2005 ~ 2009 年，德国官方发展援助一直保持增长。2005 年，官方发展援助突破 80 亿欧元大关，2008 年达到 96.9 亿欧元。第二，德国对发展援助结构进行了改革，包括将财政援助和技术援助更好地结合起来，以提高效益。第三，德国加强国际合作。德国政府与其他援助国加强协调合作，增大欧盟、八国集团和其他国际发展援助机构作用。2007 年，德国在担任欧盟轮值主席国和八国集团首脑会议东道主期间，大力推动欧盟发展援助工作，推动欧盟和八国集团对非洲的发展援助。第四，在继续推进消除贫困、实现民主化和维护和平等目标的同时，德国对环境保护的关注度大幅提升，这与联合国千年发展目标有关，也与总理默克尔注重这一领域有关。

2009 年德国大选后，联盟党与自民党组成以默克尔为首的黑黄联合政府（2009 ~ 2013 年）。这一期间，恰逢欧洲面临主权债务危机，2009 年德国国内生产总值增长率为 - 5.1%，创统一以来最低纪录，因而处理这一危机成为黑黄政府执政的核心任务。这一期间，德国政府较好地处理了危机期间的经济困境，2010 ~ 2013 年经济增长率分别达到 4%、3.3%、0.7% 和 0.4%，[1] 成为欧洲经济的"稳定之锚"。这一阶段德国发展援助资金小幅增长，官方发展援助占国民生产总值比例稳定在 0.35% ~ 0.4%。在这一届政府中，自民党人迪克·尼贝尔（Dirk Niebel）担任联邦经合部部长。他在任期内继续

---

① 刘立群：《欧债危机背景下的德国及欧盟》，社会科学文献出版社，2015，第 154 页。

推动改革以适应发展援助的需要：加强联邦各部委的协调政策来提高发展援
助的效率、有效性、透明度和可见性；加强德国发展合作评估研究所（DE-
val）的作用；通过全球参与中心服务促进民间组织和市政活动；推动发展援
助政策的社会对话，争取公民、协会、基金会、教会、科学界和企业界等的
支持。德国依旧在千年发展目标的框架内实施发展援助政策，但也根据国际
形势变化对发展援助政策做出一些调整，重点是对中东、北非政局变化（如
利比亚、埃及等国政局变化）做出应急反应，包括参与欧盟支持中东各国
"民主化进程"的行动，以及应对动荡引发的难民潮。2011 年 8 月，德国复
兴信贷银行与欧盟一起为中东动荡地区的中小企业提供了 2000 万欧元援
助。① 德国在 2012 ~ 2013 年出资 1 亿欧元支持埃及、突尼斯、约旦、叙利
亚、摩洛哥等国，促进其民主化转型。在叙利亚，德国支持召开国际叙利亚
会议，开展人道主义救援，在 2013 年额外接收 5000 名叙利亚难民。

2011 年 8 月，联邦经合部出台文件《抓住机遇，发展未来》，从更多的
革新、教育、自我负责、影响、投入、创业精神、对话、投资、气候保护和
预防性措施 10 个方面阐述了新的发展援助政策。文件强调发展援助政策是
未来政策，革新发展政策对未来投资，发展援助政策要捆绑和平衡利益和价
值观，德国要重点支持非洲、气候保护等领域。②

2013 年德国大选后，再次组成以默克尔为总理的黑红大联合政府。新政
府凭借连续几年经济增长的势头，自信满满，对外政策呈现出"从恪守克制
文化转向推行积极有为的外交政策的新动向"③，发展援助政策作为全球结构
政策也受到重视。大联合政府发布的《塑造德国未来》的联合协议强调发展
援助政策要结合价值观和利益，是面向全球的结构政策，要推进民主、自
由、法制、和平与安全，促进建立在市场经济、良政、公民社会基础上的社
会和生态建设。该联合协议承诺要达到官方发展援助占国民总收入 0.7% 的
国际目标，继续推动千年发展目标，并准备好 2015 年后联合国可持续发展
战略的谈判和准备。该联合协议确定发展援助政策的重点是食品、健康、妇
女、环境保护和危机处理。

黑黄联合政府执政期间，德国面对一系列危机，如乌克兰危机、国际恐
怖主义、难民潮、中东地区乱局等，不得不频频出手，采用发展援助等政策

① BMZ, Auf Augenhoehe, Nomos, 2012, S. 177 - 180.
② BMZ, Chancen schaffen-Zukunft entwickeln, August 2011.
③ Steinmeier plaediert fuer eine aktivere deutsche Krisenpolitik, Die Zeit, 30. Januar 2014.

缓解局势。这一阶段德国官方发展援助呈现出德国历史上最大增幅，2013 年突破 100 亿欧元大关，达到 107 亿欧元，2017 年达到 221 亿欧元。2016 年官方发展援助首次达到占国民总收入 0.7% 的国际标准。

2017 年 9 月联盟党在大选中再次取胜，随后经过艰难谈判，联盟党与社民党再次合作，组建了默克尔领导的新一届大联合政府。新一届政府面临一系列挑战：难民危机以及其引发的社会动荡；国际恐怖主义的威胁；政党碎片化以及各党内部的矛盾；以选择党为代表的民粹主义兴起；欧洲一体化面临的诸多挑战；美国特朗普政府上台后德美矛盾的加剧等。

面对这些挑战，默克尔政府将主要施政方向定为解决难民危机，以此来缓解国内外诸多矛盾。在这一过程中，德国发展援助政策发挥了重大作用。例如在管控土耳其与欧盟边界、稳定叙利亚和地中海安全局势、解决难民来源等问题上，发展援助政策都能够有针对性地解决问题。

值得注意的是，21 世纪初期国际局势发生重大变化。德国意识到"德国面临一个堪比 1919 年、1949 年和 1989 年那样发生重大变化的世界，面对不断加剧的地缘政治、经济和社会动荡，德国必须思考新的路线"①。在对世界变局观察的新视角中，德国认为发展中国家群体性崛起，欧洲一体化停滞不前，美国特朗普政府实施"美国优先"的单边主义外交政策，国际秩序面临重组等变局的冲击最为猛烈。德国外交战略重点越来越聚焦"大国竞争时代""地缘政治欧洲""多边主义联盟"等，加强"欧洲战略自主"，发挥德国在国际事务中的影响力成为德国对外战略的关注重点。为适应对外战略需求，德国政府对发展援助政策进行了必要调整，其核心是服务于欧洲战略自主建设，方式是推行基于规则的多边主义秩序，加强多边主义合作，增强德国在全球治理中的国际影响力。

21 世纪初期，发展援助政策在坚持已经确定的可持续发展目标的同时，德国政府加大了部分发展援助政策的调整力度：如借用发展援助手段缓解周边危机，加大对乌克兰、东南欧、叙利亚危机地区的支持力度；专项处理难民潮、新冠肺炎疫情等重大突发事件；加强非洲政策，出台印太指导方针，布局地缘政治博弈；高举可持续发展大旗，在气候环境保护方面占领国际高地等。

---

① Das Auswärtige Amt. Rede von Außenminister Heiko Maas anlässlich der Eröffnung der 18, Konferenz der Leiterinnen und Leiter der deutschen Auslandsvertretungen, 25. 05. 2020 – Rede, https://www. auswaertiges-amt. de/de/newsroom/maas-botschafterkonferenz/2344030.

总之，21 世纪初，德国发展援助政策紧紧围绕国家战略需求，在坚持可持续发展战略方针的同时，德国不断调整发展援助政策的内容和重点，服务于国家利益，在内外战略中获得了新的动力和内涵，有了新的地位和作用。

二 发展援助政策的政治属性有了新的变化

德国是西方集团发展援助大国，尽管发展援助政策有着多重利益和目标，但其基本的政治属性、政治立场和政治目标始终如一。在冷战时期联邦德国与苏东集团争夺第三世界国家，为东西方对抗服务。冷战刚刚结束，联邦经合部在 1990 年立即提出将五项政治标准列入发展援助政策的基本原则之中，目标是为建立一个以西方国家为主体、以西方价值观和社会制度为方向的世界新秩序战略目标服务。此后这些政治标准一直是德国制定发展援助政策的战略指导，成为德国制定和落实具体发展援助项目考虑的要素。

进入 21 世纪，德国发展援助政策的政治属性有了新的发展。一方面德国发展援助政策将人权与联合国《世界人权宣言》以及《千年发展目标》挂钩，强调人权的国际法律基础和德国的责任，强调"人权既是可持续发展的基础，也是目标"；另一方面德国尽量将人权观念作西方化解释，把扶植私营企业、在发展中国家推行西方民主制度等作为政治标准列为发展援助政策目标。

21 世纪以来，德国政府出台了一系列文件，规定将人权与发展援助政策挂钩。2004～2010 年，联邦经合部在出台了一系列人权发展政策的基础上，又于 2011 年 5 月颁布了《德国发展政策中的人权纲领》，2012 年德国政府颁布《联邦政府的人权政策第十次报告》，2014 年 11 月颁布《德国发展政策中的人权》。与此同时，德国政府在几乎所有的有关发展援助的重要文件以及双边和多边援助项目中，都将人权、市场经济、扶植私营企业、预防腐败、善政等政治要求列入其中，要求在制定发展合作的国家战略以及执行具体方案时要"考虑人权标准和原则"。联邦经合部明确规定发展援助执行机构，如德国复兴信贷银行、德国国际合作公司，要有约束力地执行政治原则，要求教会、民间组织以及私营部门将政治原则作为行动指南。

联邦经合部还出台了在发展援助政策中落实人权战略和政策的五项准则①，具体如下。

① BMZ, Das Menschenrechtskonzept des BMZ, http：//www. bmz. de/de/themen/allgemeine_ men-schenrechte/deutsche_ entwicklungspolitik/menschenrechtskonzept/index. htmlhttps：//translate. google. cn/#view = home.

（1）政策连贯性。将人权标准落实在国家和国际两个层别、各个相关部门和政策领域，如贸易、农业、环境和教育等方面。要求受援国努力确保各个部门的减贫方案、改革战略等要与人权紧密结合。同时，德国、欧洲和其他国家必须关注发展中国家在经济、贸易、农业、渔业、安全和移民政策等发展领域加强人权。

（2）加强民间组织参与人权相关活动的力度。德国政府重视民间组织在人权规划、决策和执行过程中的作用，加强了发展援助政策对民间组织参与的支持，包括人权教育、有关人权标准和原则的相关信息和游说工作。

（3）透明度和问责制。德国强调人权并要求实现更高透明度和建立问责制，这一原则要体现在政府层级上，包括议会、司法部门、法院、市政委员会和审计办公室，也要贯彻在民间组织方面，向非政府组织、人权维护者、独立媒体提供支持。

（4）审查人权风险和影响。德国要审查所有双边发展合作项目的人权影响和风险，特别是基础设施项目。

（5）企业责任。德国要求企业日常工作为保障人权做出贡献，如确保工作收入和社会保障，防止不人道的工作条件，防止雇用童工，防止侵犯工会权利，防止破坏环境等损害人权行为。德国支持发展合作伙伴建立法律结构，以实现国家对企业活动的监管。联邦经合部与私营部门合作，促进受援国制定负责任的企业家精神的标准、准则和自愿倡议。

联邦经合部依据以上发展政策五项准则，每年评估每个发展合作伙伴国家的治理和人权状况，包括评估它们是否在法律范围内执行了人权条约，是否建立了相应的机构和审查程序。联邦经合部根据评估结果，确定未来发展合作的类型和范围。

德国政府颁布的《联邦政府的人权政策第十次报告》[①] 专门就发展援助政策中的人权因素做出阐述，认为尊重、保护和保障人权是联邦政府的优先事项，也是德国发展援助政策的指导原则。联邦经合部提出的"德国发展援助政策中的人权"的概念，使发展合作执行组织第一次有了一个具有约束力的要求，即其发展项目和方案必须符合人权标准和原则。联邦经合部要求德国的发展援助政策必须从战略到政策都要体现人权要求，指出三个要点和实

---

① Auswaertiges Amt, 10. Bericht der Bundesregierung über ihre Menschenrechtspolitik, Februar 2012.

施方案。

第一，人权是一项贯穿各领域的发展援助政策任务。联邦经合部要求各个发展项目都基于人权标准和原则；加强民间组织作用；重视受歧视人们的权利，例如在海地重建的发展援助项目从一开始就使残疾人参与其中；改善政府问责制，制止政府滥用权力；审查企业保护人权的法律框架。

第二，发展具体人权项目。2008年以来，德国一直支持非洲人权法院，2010～2013年为其提供300万欧元。联邦经合部在秘鲁、阿富汗、肯尼亚、埃及和突尼斯等国设立国家人权机构，把它们当作对各国人权政策进行观察、提出建议和加强人权合作的重要机构。联邦经合部在乌干达设立了促进社会对话与和解进程的项目。联邦经合部一直促进国家与民间组织在人权监测、宣传和游说以及人权教育领域进行建设性对话。由联邦经合部资助的政治基金会、教会和私人组织的项目中，人权既是准则，有时也是项目，例如联邦经合部为非政府组织"人权基金"提供了额外资金。联邦经合部在具体项目中注意落实维护妇女、青年、儿童的平等权利，如为哥伦比亚"加强妇女预防暴力权利"项目提供资助，在波黑、科索沃地区、塞尔维亚、东帝汶设立支持青年预防暴力项目。

第三，在双边和多边发展合作层面上采取人权措施。例如开发监测和评估工具，按照五项准则对发展合作伙伴国开展评估审核；在与发展合作伙伴国政府开展的双边政治对话中，要讨论人权问题，将其视为一项共同的法律义务；与发展合作伙伴国对话的中心议题是经济和社会人权状况，这些对话成效会直接影响到饮用水、教育或卫生部门的合作项目；在欧盟主张对人权进行更系统的定位，促进欧盟发展合作政策中现有人权准则的实施；在世界银行等国际金融机构，主张更加重视人权准则。

三　发展援助政策在德国全球治理中发挥作用

发展援助政策在德国政府的全球治理框架内发挥着特殊作用，主要表现在参与气候保护、能源管理、资源开发、消除贫困、解决难民和移民问题、应对全球性大规模传染病等方面。以下列举德国发展援助政策在参与处理难民危机和气候保护领域的两个案例。

案例一：参与处理难民危机

2018年6月19日，联合国难民事务高级专员公署发布了《2017年全球趋势》，据其统计数据，由于战争、内乱、贫困以及自然灾害等，从第二次世界大战结束到 2017 年，全世界难民超过 6800 万人，其中 4000 多万人是在难民所在国家内部流动，2540 万人在国外寻求庇护。由于难民人数增长很快，难民问题引起国际社会广泛关注，成为全球治理的主要领域之一。联合国秘书长古特雷斯呼吁国际社会"要根本改变流离失所者状况，不仅要关注他们的境遇，而且要努力消除难民产生的根源"。

鉴于难民主要产生于西亚、北非、中非等欧洲相邻地区，许多难民将欧洲特别是德国视为流亡目标国，因而一部分难民流亡到欧洲，对欧洲和德国构成巨大压力。

据德国联邦移民与难民局（Germany Federal Office for Migration and Refugees，GFOMR）统计，[①] 1953 年以来有 590 万人在德国提出难民庇护申请，其中 1990 年以后有 500 万人。1990 年后，涌入德国的难民经历了两次高潮，第一次高潮出现在 20 世纪 90 年代上半期，其中 1992 年难民人数达到 43.8 万人，难民主要来自原苏东地区和巴尔干地区，其中巴尔干地区的难民问题持续时间较长，一直延续到 21 世纪 20 年代。第二次高潮出现在 2015 年之后，其中 2015 年难民人数 47.6 万人，2016 年难民人数为 74.5 万人，到达历史最高峰，之后开始下降，2017 年为 22.2 万人、2018 年为 18.5 万人、2019 年为 16.9 万人。

2015 年之后进入德国的难民主要的来源地域有两大块：一是西亚和北非地区，主要是叙利亚，还有伊拉克、阿富汗、伊朗、厄立特里亚、土耳其等国；二是巴尔干地区，如北马其顿、波黑、科索沃地区和阿尔巴尼亚。

2010 年底始于突尼斯的中东地区社会动荡受到欧美国家强烈关注，特别是被视为推进中东、北非阿拉伯国家"民主化"良机的"阿拉伯之春"备受关注。然而中东地区各国社会动荡的后果更多是极端宗教团体的崛起以及国家的分裂与冲突，这些社会动荡导致大量难民流离失所，其中一部分涌向欧洲。难民危机成为欧洲"复合危机"结构中最具冲击力的危机之一。因为德国被难民视为理想的"避难目标国"，所以也对难民采取相对宽容的政策，因而 2015 年之后席卷欧洲的难民潮对德国冲击尤甚。2015 年德国接收难民数占欧盟接收难民数前 10 位国家的 38.4%，2016 年这个比例上升为 62.6%，成为欧盟中接收难民最多的国家。在这种背景下，即使表态"我们

---

① Bundesamt für Migration und Flüchtlinge, Das Bundesamt in Zahlen 2019, Asyl, Migration und Integration, August 2020.

能够做到"的德国总理默克尔也深陷危机,应对难民潮成为德国政府最严峻的执政难题,为此德国出台了一系列措施:加强欧土(欧盟和土耳其)难民协议的执行,有效阻遏来自叙利亚、伊拉克和阿富汗的难民;收紧难民接纳政策,如难民庇护申请程序的改变、难民政策中"安全国家"的设置与调整等;在欧洲层面加强边界管控,如北约在爱琴海实施打击偷渡的军事计划;成立欧盟边境与海岸警卫局,加强对外来难民的控制等。

2016年德国政府出台了《针对移民和难民政策外部层面的移民与发展战略行动计划》(简称《行动计划》)[①],指出处理难民问题要把对外政策、发展政策、经济政策和安全政策结合起来,要与大联合政府《联盟协议》中商定的"移民与发展战略"的目标相一致。德国要考虑到德国接收难民和融合难民的能力,要符合以下目标和准则:减少难民数量并在消除难民根源上采取措施;加强对主要收容国难民的保护和支持;利用合法移民的潜力以及控制移民过程;支持难民返回原籍国并重返社会。具体而言,可以分为以下几个部分。

1. 消除难民避难的根源

一方面,该《行动计划》认为紧急避难的主要原因是难民来源国以及周边地区发生武装冲突、政治迫害、种族冲突或宗教冲突。对此德国政府应主要采用外交手段,同时辅之以发展援助政策,用于预防和解决冲突。德国政府实施了以下措施。

(1)积极参与解决冲突的政治努力,包括结束叙利亚内战、支持利比亚建立统一政府。

(2)支持难民来源国重建,使难民有条件返回母国。具体措施包括营造安全的环境、提供基本的医疗和社会服务、保障粮食安全、加强基础设施、促进教育和就业。

(3)作为预防性外交政策的一部分,联邦政府使用了诸如和平调解,在脆弱国家促进法治和民主、改革安全部门、加强民间组织的建设等手段。

(4)促进和加强区域合作伙伴和合作框架,如在非洲和平与安全框架内,优先国家是马里、约旦、尼日利亚、伊拉克和突尼斯。在欧盟和北约框架内,通过培训倡议和其他支持手段使发展合作伙伴国得以开展自己的危机

---

① Die Bundesregierung, Strategie für Migration und Entwicklung Aktionsplan für die Außendimension der Migrations-und Flüchtlingspolitik, November 2016.

预防和危机管理。

（5）联邦政府在军事上参与了危机预防和冲突管理。2016 年，德国在国外的 14 个派遣团中有 3000 名士兵，在 7 个联合国和平特派团、9 个欧洲联盟特派团和一个欧洲安全与合作组织（简称欧安组织）特派团中有 200 名警察。德国联邦国防军在伊拉克北部提供了支持服务，增强了地方自治政府保障安全的能力。

（6）恐怖主义造成的社会动荡是难民形成的重要原因，德国政府致力于支持在国际层面（联合国、欧安组织、七国集团、二十国集团、欧盟、反 IS 联盟等）制定有效的作战措施，以打击恐怖主义。

另一方面，该《行动计划》强调减少经济与社会等领域存在的结构性因素。结构性因素包括严重侵犯人权、治理不善、腐败、歧视、气候恶化、粮食不安全、人口迅速增长和经济状况恶化。对此德国政府采取了如下措施。

（1）通过发展援助合作改善难民来源国的经济和生活条件、发展基础设施、加强法治、打击腐败、改善气候条件。

（2）失业是难民流动重要原因，联邦政府向难民来源国提供贸易和经济政策支持，促进就业和投资。在撒哈拉以南非洲，联邦政府在"非洲就业促进可持续发展"项目中推动公私伙伴关系，提供工作机会。

（3）在难民来源国加大投资教育、培训、研究和开发的力度，培训有素质的劳动力，提高劳动力的就业能力和劳动生产率。

2. 支持难民接收国、原籍国和过境国的收容站和社区

（1）提供人道主义援助，以保护和照顾收容场所的难民，包括提供紧急住宿、食物、日常用品以及基本的医疗和社会心理护理。

（2）作为发展援助合作的一部分，联邦政府支持难民接收国和社区应对难民涌入带来的重大挑战，支持教育、培训和就业以及基础设施（如水电供应、道路、学校）的可持续发展。

（3）为难民返回原籍国提供咨询。通过教育和就业计划，学术难民倡议，为难民提供奖学金，使他们能够在难民接收国学习，有利于未来返回原籍国。

3. 接收合法移民

德国多年来缺少专业的技术工人，根据人口预测，将来这个问题会更严重，因而探索从合法移民获得优秀劳动力，对移民本身以及德国和原籍国都有好处。根据世界银行的统计，2015 年，移民向发展中国家的汇款总额为

4320 亿美元，这是经合组织国家官方发展援助的 3 倍多。为此德国采取的措施如下。

（1）联邦政府认为来自第三国的熟练工移民很重要，为此陆续制定有关劳工移徙、承认他们在国外获得的资格以及创业的法规，使来自非欧盟国家的高素质人才、技术工人、某些短缺的职业劳动力更容易进入德国劳动力市场。

（2）与移民原籍国和过境国合作，有效地引导非正规移民转向合法移民。

4. 移民迁移过程的管理

（1）在欧盟和国际层面，协调移民管理工作，包括利用德国担任全球移民与发展论坛主席之便，组织有序、安全和负责任的移民管理。与联合国、二十国集团合作协调移民管理。在 2017 年担任二十国集团轮值主席国期间，德国以协调的方式应对难民危机，加强国际援助组织的援助和国际责任分工。

（2）在双边领域，德国与移民相关的原籍国、初次接纳国和过境国加强移民政策对话；在国外的许多德国外交使团中设立了新的难民和移民办事处，以利于就移民和难民问题进行沟通，获得难民相关信息；联邦政府派专家向众多发展合作伙伴国家提供有关移民政策的建议；向相关国家派出联络官，提供（边境）警察培训和设备援助，打击非法移民和人口走私。

（3）促进移民和难民问题的研究，调查移民流动与全球变化过程（如全球城市化）以及气候变化和荒漠化之间的相互作用，提出早期预警方案。

5. 遣返难民

（1）联邦政府出台了各种法律法规，以增加遣返者的人数。根据关于重新定义居留权和终止居住权的法律，《庇护程序加速法》消除了将难民驱逐出境的障碍。《数据交换改进法》引入了集成身份管理以及针对寻求庇护者的文件，确保了寻求庇护者的身份，促进了执法当局在遣返领域与原籍国的合作。

（2）为加速遣返难民，联邦政府大幅增加了德国联邦移民与难民局的人员配备，并提供其他部门的支持。联邦政府还在联邦警察系统创建了一个特殊的部门，负责与相关原籍国的代表合作处理难民遣返问题。

（3）加强联邦政府与各州政府在遣返难民问题上的沟通与合作，包括信息沟通、专家建议、具体措施和最佳流程等。

（4）联邦政府为难民遣返提供财政支持，如通过联邦政府遣返资金计划 REAG/GARP 实施。

（5）德国和欧盟合作，努力支持受过良好教育的难民返回其原籍国，以增强原籍国建设能力。

（6）主张在欧盟框架内让更多的欧盟成员国公平参与难民人道主义接纳计划或特殊弱势难民的重新安置。

2020年7月，联邦经合部发表了《难民视角的特别倡议》（简称《特别倡议》）①，指出到2019年底，全球有7950万人因为暴力、战争等逃离家园，其中3380万人离开自己的国家。难民中有一半是18岁以下的儿童和年轻人。《特别倡议》主要行动领域是：帮助难民和流离失所者；保持难民原籍国的社会稳定和减少紧急难民的数量。具体而言，主要措施仍然是改善当地人民的生活条件，提供水、电、教育和就业机会等，为难民回国创造条件。

总的来看，德国政府非常重视解决难民问题，这不仅关系到国际合作，而且关系到德国和欧洲的安全与稳定。德国政府在治理难民问题进程中，动用了许多资源，政策面也涉及外交、经济、安全、发展政策等领域。发展援助政策在其中发挥着特殊作用，主要表现在以下两个方面。

一是应急处理举措。在应对2015～2016年难民潮过程中，联邦各部门、各州政府、市政当局、民间组织都参与了短期紧急援助。联邦经合部也参与了分发食物、衣物，设置帐篷，为接收难民的社区提供支持，包括供水、供电，提供医疗服务等，同时采取措施防止难民在新环境中被边缘化。为保障以上举措落实到位，联邦经合部提供的难民援助资金急剧上升，从2014年的1.29亿欧元上升为2015年的27.2亿欧元，此后继续增加，2016年为59.55亿欧元，2017年为53.7亿欧元，2018年为32.8亿欧元。

二是综合治理措施。包括消除难民产生的根源，减少难民数量；加强难民甄别，创造难民重返原籍和社会的条件；制定难民遣返的法律框架；加强与欧盟和国际社会合作；加强与难民原籍国、途经国和收留国政府合作；重点是促进西亚、北非地区的稳定与发展。联邦经合部在难民来源地采取一些中长期措施，如重建基础设施，改善危机国家和地区人们的处境和生活条件，特别是儿童就学、年轻人的培训和成人的就业，扩大危机管理，改善接纳难民条件等，以减轻难民冲击，预防新的难民潮。

在发展合作伙伴领域，德国的援助措施主要集中在叙利亚、南苏丹等北非地区，非洲之角以及中非共和国、阿富汗、巴基斯坦和巴尔干地区。这些

---

① BMZ, Perspektiven für Flüchtlinge schaffen, Die Sonderinitiative Flucht, Juli 2020.

国家和地区既是难民来源地，也是难民的过境地区。

从效果来看，德国政府发展援助政策对缓解德国和欧洲的难民问题发挥了一定作用。2017 年德国的难民数量快速下降，2017 年下降为 22.2 万人，2018 年为 18.5 万人，2019 年为 16.5 万人。欧盟难民数量也从 2015 年的 132 万人和 2016 年 126 万人的高峰回落到 2017 年后的约 70 万人。[1]

案例二：气候保护

气候保护是国际社会普遍关注的主要议题，联合国《2030 年可持续发展议程》和《巴黎气候协定》为国际社会执行气候保护确定了政治指导框架。联合国秘书长安东尼奥·古特雷斯说："气候变化是我们时代的关键问题，而我们正处于关键时刻。"德国政府对气候保护给予了特殊关注。联邦经合部部长缪勒博士表示："气候保护意味着我们不仅必须在自己的国家采取行动，而且最重要的是，我们必须大规模扩大对全球气候保护的承诺，因为气候保护是事关人类生存的问题。"

发展援助政策与气候政策紧密相连，发展中国家的贫困、饥饿、疾病、缺乏职业教育导致的过度使用土地、砍伐森林或畜牧业排放甲烷等，这些是导致气候变化的重要原因。因此，发展援助政策可以为气候保护做出许多贡献。

21 世纪以来，德国政府出台了一系列文件，阐述了德国对气候保护的政策方针。在 2019 年 11 月出台的《气候变化与发展——BMZ 对气候政策的承诺》[2] 文件较全面地阐述了德国发展援助政策在国际气候保护领域的政策规定，具有典型性和代表性，主要内容如下。

（1）背景与目标。德国承诺遵循《巴黎气候协定》的义务，制定了国家气候贡献（National Determined Contributions，NDC）指标。《2030 年可持续发展议程》将气候保护作为可持续发展的第 13 个目标，德国相应地制定了自己的实施方案。德国的目标是采取措施应对气候变化及其影响，减少温室气体排放，对国际气候融资做出贡献。具体指标有：与 1990 年相比，温室气体排放量到 2020 年至少减少 40%，到 2030 年至少减少 55%，到 2040 年至少减少 70%，到 2050 年减少 80% ~ 95%。到 2020 年，德国对国际气候融资比 2014 年翻一番。

---

① Bundesamt für Migration und Flüchtlinge, Das Bundesamt in Zahlen 2019, Asyl, Migration und Integration, August 2020.

② BMZ, Klimawandel und Entwicklung, Das klimapolitische Engagement des BMZ, 2019.

（2）规划。联邦经合部关于气候保护领域规划的主要内容有：支持发展中国家和新兴国家执行《巴黎气候协定》；从 2020 年开始，工业化国家每年提供 1000 亿美元用于发展中国家的气候保护承诺；2018 年，德国政府在预算资金的基础上承诺提供约 33.7 亿欧元的国际气候融资；通过德国复兴信贷银行和德国投资开发公司筹集资本市场资金，为气候保护做出贡献。2018年，德国对国际气候融资的公共捐款总额为 66.1 亿欧元；联邦经合部于 2017 年启动的双边项目，节省超过 2.3 亿吨的二氧化碳。

（3）气候倡议。为了在国际社会促进气候目标的实施，自《巴黎气候协定》签订以来，德国政府启动并支持了许多重大的气候政策举措，具体如下。

• 联邦经合部于 2018 年成立发展与气候联盟，旨在表彰非政府组织参与气候保护，2019 年已经有超过 400 个参与者。

• 根据《巴黎气候协定》，为了推进国家气候贡献的实施，2016 年底在摩洛哥举行的国际气候会议上，联邦经合部和联邦环境、自然保护与核安全部、摩洛哥政府和世界资源研究所（The World Resources Institute，WRI）提出发展全球"国家气候贡献伙伴关系"，旨在支持发展中国家有效地实现其国家气候贡献和可持续发展目标。"国家气候贡献伙伴关系"包括工业化、新兴和发展中国家以及区域组织，联合国机构，多边开发银行和非政府组织。2019 年 1 月，成员数量已增加到 100 多个，包括 87 个国家、20 个国际组织和 9 个准成员。

• 2017 年德国政府与 G20 和 V20（最贫穷国家组）建立气候、灾难风险融资和保险方案全球合作伙伴关系（die InsuResilience Global Partnership），目标是到 2025 年保护 5 亿人免受气候风险的侵害。到 2019 年，联邦经合部已为这一项目提供了约 4.5 亿欧元的支持。

• 2005 年以来，激励发展计划（EnDev）在非洲、拉丁美洲和亚洲的 25个伙伴国家改善了电力和现代烹饪能源的获取，帮助超过 2100 万人、2.1 万个社会机构和 46000 个小企业获得了可再生能源。

• 通过"非洲森林景观恢复倡议"（AFR100）和 REDD + 方法的资助（减少发展中国家毁林和森林退化所致排放量加上森林可持续管理以及保护和加强森林碳储量），在非洲重新造林。

• 2019 年联邦经合部为全球森林保护提供总额为 2.5 亿欧元的资助，其中全球森林保护计划占 2 亿欧元，"中非森林倡议"（Central African Forest

Initiative，CAFI）占3000万欧元，世居民族社区占2000万欧元。

- 借助新的"气候友好交通行动倡议"，促进低排放或无排放交通的发展。

- 提出"变革性城市交通倡议"（TUMI），促进了发展中国家可持续交通系统建设，为特大城市提供了创新的解决方案，减少了400万吨二氧化碳的排放。

- 提出"城市气候投资领导多边合作倡议"（LUCI），旨在使城市更好地获得气候融资。

- 德国为全球适应委员会（Global Commission on Adaptation，GCA）做出贡献，旨在与其他合作伙伴一道，到2030年使3亿小农户具有更强的气候适应能力。

（4）多边承诺。联邦经合部参与了3个国际多边气候融资机构，并为其做出贡献。向绿色气候基金投资了7.5亿欧元（2014~2018年），额外捐款15亿欧元，为绿色气候基金的首次成功补充做出了重要贡献；德国是全球环境基金的第二大捐助方，捐款额达4.2亿欧元（2018~2022年）；向最不发达国家基金捐款额为3.15亿欧元；自2008年以来，向气候投资基金投资了5.5亿欧元。

在气候保护资金投入方面，德国增加了投入。[①] 时任德国总理安格拉·默克尔在2015年宣布，到2020年，德国的气候融资将比2014年翻一番，将从每年20亿欧元增长到每年40亿欧元。2005~2018年，德国政府从公共预算资金中增加了近7倍的气候保护资金。2018年承诺了约33.7亿欧元的预算资金用于气候保护和适应措施，这些资金中约有83%来自联邦经合部的预算。

此外，德国还通过公共贷款以及动员私人资金提供更多资金。2018年，德国复兴信贷银行和德国投资与发展银行筹集32.46亿欧元。联邦政府动员私人气候融资，主要包括向地方（开发）银行提供信贷额度，结构性基金投资和公私合作伙伴关系融资（仅2018年通过德国投资与发展银行和德国复兴信贷银行融资就达到4.7亿欧元）。2018年，德国对国际气候保护融资的捐款总额为70.8亿欧元。

---

① BMZ, Der deutsche Beitrag zur internationalen Klimafinanzierung, http://www.bmz.de/de/themen/klimaschutz/klimafinanzierung/index.html.

德国气候保护融资的重点是双边合作。2018 年，双边合作占联邦经合部气候资金预算的 82%。联邦经合部在伙伴国家支持气候保护和适应气候变化的发展项目。联邦环境、自然保护和核安全部通过国际气候倡议支持全面的气候保护措施。联邦经济部、联邦教育与研究部和联邦外交部也为德国的气候融资做出了贡献。

多边气候融资的主要工具是绿色气候基金。绿色气候基金的目的是促进各国向低排放可持续发展转变，支持旨在实现低碳经济发展或对适应气候变化做出重大贡献的计划。此外，绿色气候基金旨在激励私营部门在气候问题缓解和适应措施方面投入更多资金。在德国政府内部，联邦经合部和联邦环境、自然保护与核安全部共同负责与绿色气候基金合作，为该基金成立初期补充捐款 7.5 亿欧元。在对绿色气候基金补充捐款的过程中，德国于 2018 年 12 月宣布将德国的捐款增加一倍，这使德国成为绿色气候基金最重要的捐助国之一。

2019 年 12 月 11 日，欧盟委员会发布了《欧洲绿色协议》，提出 2030 年减排目标从 1990 年的减排 40% 升至 50%～55%，2050 年将欧洲建成世界首个实现气候中和的大陆。这一文件的出台标志着欧盟进一步提升了气候保护和能源经济低碳转型的战略定位。该文件是欧盟应对气候变化、促进能源结构转型、推动可持续发展模式的纲领，为执行《2030 年可持续发展议程》和《巴黎气候协定》做出实际贡献。这一文件也成为德国气候和能源政策的指导纲领，此后，德国气候保护政策文件都要符合欧盟《欧洲绿色协议》精神。

2020 年 7 月 1 日—12 月 31 日，德国担任欧盟理事会轮值主席国。德国总理默克尔在宣布担任轮值主席国期间的主要工作任务时，将气候保护列入未来工作重点之一。德国政府对气候保护的表态是：即使在新冠肺炎疫情冲击下，德国也会按照联合国《2030 年可持续发展议程》和《欧洲绿色协议》执行气候保护承诺，认为两个文件结合了气候和环境保护、生物多样性、社会和经济增长等要素，是欧洲可持续发展的核心。德国承诺努力就最新的 2030 年气候目标达成协议，保持和加强欧盟的全球竞争力的同时避免碳排放，确保在欧盟应对新冠肺炎疫情的同时实现欧洲绿色协议的目标，确保摆脱新冠肺炎疫情危机后的欧盟更具竞争力、更绿色、更可持续发展。为此德国将努力实现以下目标：促进气候友好和可持续的出行；加强欧洲在海上风力发电和其他可再生能源方面的合作；安全可靠地供应氢气等气态能源，特别是可再生能源来源；促进欧盟绿色产业相关市场的发展和加强合适的基础设施建设；努力完成欧盟理事会关于气候法草案的谈判；制定气候外交和能源外交政策。①

联邦经合部部长穆勒博士表示要在发展援助领域执行联邦政府的气候保护政策。他说："德国的发展援助政策着眼于可持续、气候中和、气候适应性强和面向未来的社会与经济发展。"联邦经合部在 2020 年发布符合《欧盟绿色协议》的气候保护举措②：通过全球国家气候贡献合作伙伴关系和双边气候合作伙伴关系，保证各国对国家气候贡献的承诺；在国际谈判中加强适应气候变化的角色；倡导建立健全的国际市场机制，以提高目标指数和进行可靠的排放交易；通过利用气候友好型替代品（如太阳能和风能）来促进全球淘汰煤炭，重点是非洲；支持气候保护以及附近居民保护热带森林；支持基于自然的气候保护和适应解决方案，用红树林和珊瑚礁保护海洋和沿海居民；加强国家与私营部门之间保险公司的合作，促进气候保险在应对气候变化方面发挥更大作用；更好地管理气候变化造成的破坏和天气灾害；与多边开发银行等合作伙伴合作，兑现国际气候融资承诺；通过发展与气候联盟，采取经济自愿补偿措施，将发展与气候保护结合起来；在应对气候变化中促进性别平等。

总之，德国政府通过将气候保护政策与联合国《2030 年可持续发展议程》和《欧盟绿色协议》挂钩，凸显了德国对国际社会的承诺，显示出德国在全球治理领域的地位和作用，同时也显示了德国支持绿色发展、扶植绿色产业、争取未来国际绿色产业制高点的长远战略。

第三节　德国发展援助政策的趋势

一　适应国际发展合作新趋势

21 世纪以来，国际发展援助出现一些新的变化，德国力求适应这些变化，在变化中寻求先机，占据高地，维护德国利益。

---

① Nachhaltiges Klima und Energiepolitik bleiben auf der Agenda, https://www.eu2020. de/eu2020 – de/programm/klima-energiepolitik/2357992.

② BMZ, Das deutsche Engagement, http://www.bmz. de/de/themen/klimaschutz/index. html.

第一，德国适应国际发展援助新格局，开发三角合作①方式。从国际发展援助格局来看，冷战期间，经合组织成员、苏东集团和石油输出国组织是主要援助者，其中经合组织成员国占优势。冷战结束后，随着苏东集团从援助者变为受援者，国际发展援助格局呈现经合组织发展委员会一家独大的局面。随着中国、印度、俄罗斯、巴西、印度尼西亚、墨西哥、南非等新兴国家经济的发展，它们越来越多地参与发展援助，南南发展合作快速发展，机制不断优化，例如 2008 年建立了南南合作工作组（The Task Team on South-South cooperation）；2010 年，在南南合作高级别活动上，该工作组批准了《波哥大声明：建立包容和有效的发展伙伴关系》，南南合作成为发展合作的重要形式。②

非经合组织特别是南方国家援助者快速崛起，冲击着现有的国际发展援助格局，同时也促成了南北合作的一种方式——三角合作。按照经合组织定义，三角合作是指不同发展合作伙伴通过互补优势提供创新和灵活的援助方案，以应对日新月异的发展挑战。在大多数情况下，经合组织发展委员会成员国与新兴国家（南部捐助国）和第三国（受援国）合作，三方共同制定和实施发展援助项目。目前，国际三角合作的内涵不断扩大，已经不再限于三方政府间合作，国际组织、民间组织、私营部门、慈善机构、地方政府和学术界也越来越多地参与三角合作。发展合作伙伴共享专业知识，发挥各自优势，提高了三角合作的有效性，从而鼓励了创新和合作，最终发展合作伙伴能互惠互利。③

2011 年在韩国釜山召开了第四届国际援助实效高级别论坛。在论坛召开期间，发达国家和发展中国家的部长、新兴经济体、南南合作方和三角合作方以及民间组织签署了《釜山有效发展合作伙伴关系》，这是发展合作的关键转折点。

德国政府非常重视三角合作，为此出台了一些文件予以规范。联邦经合部认为这一合作形式可以提高发展项目的有效性，有利于发展合作伙伴讨论

① 中国国内论文多采用"三方合作"这一表述，联邦经合部明确使用"三角合作"（Dreieckskooperationen），经合组织也使用"三角合作"（Triangular Cooperation），因此本书在概念上使用"三角合作"的说法。——编者注

② OECD, Task Team on South-South.

③ OECD, Triangular Co-operation, http://www.oecd.org/dac/dac-global-relations/triangular-cooperation.htm.

具体项目准则，共同致力于解决全球发展问题。在德国的三角合作中，德国作为传统的捐助国，与作为第二捐助国的新兴国家一起，利用知识、经验和财政资源，支持发展中国家受援国，这些受援国可以是德国发展合作的任何伙伴国。三角合作适用于世界所有地区和广泛的项目中，例如在水、农业、可持续经济发展、环境、教育或善政领域。为了避免冲突并确保有效利用资源，三角合作方必须精确地评估受援国的需求和发展目标，充分阐明各个合作伙伴的利益，确保受援国可以对项目负责。①

　　联邦经合部以前的三角合作项目主要是技术合作项目，未来三角合作将扩展到财政合作领域。目前联邦经合部的三角合作主要在政府层级，但联邦经合部已经开始尝试与更多合作方合作，如与基金会等私人行为者进行合作。目前德国已经在多国展开三角合作，如德国和南非设立了三方合作基金（TriCoFund），完成了刚果反腐项目和警察监察机构培训项目，在坦桑尼亚实施火灾管理和协作项目，三方联合培训消防队员。

　　随着三角合作方式在全球逐步推行，德国在这一领域越来越积极，这也有助于中德各取优势，展开第三方合作。

　　第二，德国受到国际发展合作机制、规范、目标等更多约束。冷战后，特别是 21 世纪以来，联合国在制定发展合作战略方面发挥了引领作用，对各国发展援助政策的影响越来越大，改变了经合组织发展委员会一家独大、垄断国际发展话语权的局面。2000 年 9 月，联合国首脑会议通过了《联合国千年宣言》。作为重要的参与者和签字国，德国将千年发展目标作为制定和执行 2000～2015 年发展援助政策的主要基础。为此联邦政府通过了 2015 年行动纲领，就千年发展八大目标做出具体的规定。联合国千年发展目标到期后，2015 年 9 月，联合国通过了《2030 年可持续发展议程》，规定了 2015～2030 年需要达到的 17 个发展目标。德国各界为此开展了广泛讨论，发展援助也以落实和执行联合国《2030 年可持续发展议程》为轴心展开，德国政府就每一个目标都进行了研究，确定了德国具体的实施方案和评测程序。

　　从世界各国对联合国千年发展目标和《2030 年可持续发展议程》的立场来看，联合国确定的发展目标和要求已经成为国际社会发展合作政策的基石，包括德国在内的各国都需要以此为标准制定和实施发展政策，这在历史

① BMZ, Dreieckskooperationen Neue Wege der Zusammenarbeit gehen, http://www.bmz.de/de/ministerium/wege/dreieckskooperationen/index.html.

上从来没有过。国际发展援助规范超越了经合组织，有了更加广阔的平台，获得了绝大多数国家的认可，成为真正的国际规范。未来德国发展援助政策将会延续这一新趋势向前发展。

与国际发展机制变化相关，各国的发展援助目标也发生了变化。德国发展援助政策目标历来有两重性质：其一，德国声称发展援助政策具体目标是帮助发展中国家摆脱贫困，走向现代化，承担经合组织帮助发展中国家发展的责任和义务，构建相对稳定的南北关系。这一点是发展政策的应有属性，一直贯穿至今。其二，具体到每个发展援助国，德国必然要求发展援助政策符合德国利益，因而受援国选择、援助领域、援助条件等都要符合德国需求以及德国的战略利益。例如冷战时期德国发展援助政策的目标更多服务于与苏东集团争夺发展中国家，提升联邦德国国际影响力等冷战目标。德国统一后德国也利用发展援助政策为德国的全球和地区利益服务。

联合国千年发展目标和 2030 年可持续发展目标的确定，对德国影响至少有三个方面：一是在国际上确立了发展援助目标和规则，影响到德国的发展援助目标的确立；二是将国际发展援助与促进发展中国家发展、建构更加合理的南北关系等应有属性直接挂钩；三是约束了德国的行为方式。由于德国直接参与了联合国可持续发展目标的制定，也是《联合国千年宣言》的签字国，因而在制定和实施发展援助时，德国必然要受到宣言的约束，和以前有所不同。

第三，与时代发展相适应，发展援助政策有了许多新的内容。德国发展援助政策历来的重点是扶贫减贫、气候与自然资源保护、职业教育和培训和善政推广等。随着国际发展援助格局的变化以及世界经济和科技发展，国际发展合作出现一些新趋向，如筹资方式更加多元化，参与发展援助的角色更加广泛，三角合作方式不断扩展，绿色经济发展成为各国争取的新高地，注重数字化在发展合作中的运用等。

在这些新趋势中，德国也根据国际发展援助新动向做出相应调整。

此处以德国在发展援助政策中注重数字化作为案例，来分析德国在适应新趋势方面的努力和政策。联邦经合部文件阐述了德国应对数字化的政策。①

（1）德国政府认为，数字化变革正在塑造未来，导致全球经济、社会和

---

① BMZ, Digitaler Wandel und Entwicklungszusammenarbeit, http://www.bmz.de/de/service/sonderseiten/ikt/start/index.html.

国家其他领域发生深刻变化。然而数字化发展严重不平衡，发展中国家有大约40亿人处于"离线"状态，其中在绝大多数地球上最贫穷的国家中，"数字鸿沟"加剧了工业化国家与发展中国家之间以及国家内部的经济和社会不平等。联邦经合部将应对数字化挑战列入发展政策，支持其发展合作伙伴国家应对相关挑战，并利用数字化变革的潜力促进可持续发展。

（2）联邦经合部认为数字化对发展合作的影响是多方面的：数字技术越来越多地使用，可以改善基本服务，创建更透明和更有效的管理系统，为经济创新开辟新的机会；数字技术促进了发展合作组织本身的变化，改善合作伙伴和目标群体的沟通，创建新的计划和问责工具；数字技术是可持续发展的动力，在执行《2030年可持续发展议程》中起着决定性作用，信息和通信技术影响所有17个可持续发展的目标。

（3）德国将数字解决方案用于教育、卫生、可持续经济发展、气候、能源和贸易等领域，重点应用于工作岗位、本地创新、机会均等、善治与人权和发展数据五个方面，目标是希望利用数字化的机会预防风险和改善发展项目。借助"趋势2030"，德国在发展援助政策中广泛使用数字技术，包括卫星数据和传感器、3D打印机、Web平台、管理系统、数字学习软件、地理信息系统（Geographic Information System，GIS）、数据库（包括区块链）、IT设备、各类应用程序（Apps）、社交媒体、数据保护、电信基础设施、无人机等。

自2015年以来，联邦经合部已通过"数字非洲"倡议为数字项目提供了1.5亿欧元，到2020年，联邦经合部在全球90个国家和地区实施了大约480个使用数字技术的德国发展合作项目。

二 未来更多融入德国总政策布局

德国发展援助政策有着历史发展的厚重和基础，虽然在20世纪80年代就被定位为德国总政策的一部分，与外交、经济、环境等部门的政策有交叉、有合作，但在实际运作中，主要领域集中在发展中国家的扶贫减贫、气候与自然资源保护、改善基础设施、教育培训等方面，目标是促进发展中国家的发展，缓解全球治理困境，加强德国与发展中国家关系，增强德国在国际事务中的利益和影响力。德国发展援助政策的政策面相对独立，重点是处理德国与发展中国家关系，联邦经合部作为主责部门，基本可以承担这一政策的制定与实施。

进入 21 世纪，随着联合国千年发展目标和可持续发展战略的颁布与实施，可持续发展成为德国的国家发展战略，涉及内外两大政策领域，发展援助政策也相应做出调整与改进，有了新的定位和任务，呈现明显的新趋势。它们主要表现为政策更加宏观，政策交叉成为常态，国家战略与具体项目结合更加密切。发展援助政策作为国家可持续发展战略的重要组成部分，政策制定视角和执行面更加宏观，与其他政策领域，如外交、安全、经济、自然保护、财政等联系更加密切。与此同时，发展援助政策也与国家整体战略，特别是对外战略更加紧密地结合在一起，在对外战略与可持续发展战略中发挥着重要作用。从德国国家发展战略的趋势看，未来发展援助政策会更多体现这种变革，体现出政策的宏观性和交叉性，同时保留自己的职权与特色。

以德国区域政策《印太指导方针》为例，2020 年 8 月，德国政府出台了《印太指导方针》①的文件，这一文件虽然是由外交部起草的，但联邦经合部和其他部委在其中都发挥了一定作用，各部委均承担一定的职责。《印太指导方针》内容处处体现着德国地区政策的综合性特点和发展援助政策在其中的作用。在文件表述的八项地区利益中，至少有和平与安全、开放市场与自由贸易、数字化与联通性、保护我们的星球四项与发展援助政策直接相关。该文件提出的七项行动领域也都与发展援助政策相关，体现了发展援助政策的战略性、政治性和实施重点。

第一，在政治与战略领域，该文件强调以欧洲主张的多边主义原则处理与印太国家关系，并强调欧洲作为平衡力量要介入印太地区和平、安全与稳定事务；要求联邦政府与各国政府进行人权对话，促进法治国家建设；提出要通过媒体交流、培训新闻工作者等方式促进新闻自由、宗教和信仰自由，发展民间组织；提出要采用发展援助政策研究暴力冲突、极端主义的起因，推动社会稳定。

第二，在经贸领域，该文件强调要在印太地区建立以规则为基础、公平和可持续的自由贸易机制；支持欧盟在印太地区的贸易政策；消除现有的贸易和投资壁垒；为德国和欧洲的产品创造更好的市场准入条件；支持供应链的多元化；恢复与东盟就欧盟自由贸易协定进行的谈判；支持欧盟与中国的投资协议谈判等。

---

① Die Bundesregierung. Leitlinien zum Indo-Pazifik, Deutschland-europa-asien, Das 21. Jahrhundert Gemeinsam Gestalten, August 2020.

　　第三，该文件强调要加强与印太国家在气候与环境保护领域的合作。包括大幅减排、支持域内国家实现气候保护承诺、保护生物多样性、处理海洋垃圾、提高城市气候适应力、打击偷猎和非法野生动植物贸易等。

　　第四，该文件强调德国在文化、教育和科学领域扩大与印太地区国家的合作，如加强职业培训和高校交流等；同时注重市场联网并进行数字化转换，实施欧盟—亚洲连通性战略，帮助印太地区国家实现数字化转型，扩大与印太地区国家在工业 4.0 领域的合作。

　　事实上，在德国几乎所有对外、安全和可持续发展战略文件中，都可以看到发展援助政策在其中发挥的重要作用。这说明，德国发展援助政策有着完整的机制、利益群体、政策领域和运行惯性，已经深深嵌入德国国家发展战略和总政策之中，加之不断改革显示的适应能力，可以预见未来发展援助政策仍会有很强的生命力，仍会是德国重要的国家政策之一，在德国总政策布局中占有一定地位。

主要参考资料

一　中文参考资料

专著

蔡拓等：《当代全球问题》，天津人民出版社，1994。

陈宗胜：《新发展经济学：回顾与展望》，中国发展出版社，1996。

顾俊礼、裘元伦编《德国与世界》，经济日报出版社，1996。

国际发展问题独立委员会：《争取世界的生存》，中国对外翻译出版公司，1981。

贺建涛：《加拿大官方发展援助政策研究（1950－1993）》，社会科学文献出版社，2020。

黄梅波：《国际发展援助的有效性研究：从援助有效性到发展有效性》，人民出版社，2020。

黄梅波、朱丹丹主编《发达国家的国际发展援助》，中国社会科学出版社，2018。

敬乂嘉、郑宇编《新发展援助与治理》，上海人民出版社，2019。

李小云：《发展援助的未来》，中信出版社，2019。

李小云：《国际发展援助：非发达国家的对外援助》，世界知识出版社，2013。

李小云：《国际发展援助概论》，社会科学文献出版社，2009。

连玉如：《德意志联邦共和国外交政策》，北京大学，1987。

联合国教育、科学及文化组织编《对世界问题的认识与分析》，中国对外翻译出版公司，1989。

林毅夫、王燕：《超越发展援助：在一个多极世界中重构发展合作新理念》，北京大学出版社，2016。

刘国柱、郭拥军等：《在国家利益之间（战后美国对发展中国家发展援助探研）》，浙江大学出版社，2011。

南方委员会：《对南方的挑战》，中国对外翻译出版公司，1991。

潘琪昌：《走出夹缝》，中国社会科学出版社，1990。

裘元伦、刘立群编：《亚洲背景下的中德关系》，社会科学文献出版社，1996。

施琳编《论"发展经济学"的发展》，中央民族大学出版社，1994。

周弘主编《1996－1997 欧洲发展报告》，中国社会科学出版社，1997。

王泺等：《国际发展援助的中国方案》，五洲传播出版社，2019。

现代国际关系研究所编《美欧日与第三世界》，时事出版社，1991。

熊青龙：《官方发展援助的减贫效果研究》，江西人民出版社，2017。

章昌裕编《国际发展援助》，对外贸易出版社，1993。

赵剑治：《国际发展合作：理论、实践与评估》，中国社会科学出版社，2018。

左常生主编《国际发展援助理论与实践》，社会科学文献出版社，2015。

译著

〔英〕安德鲁·韦伯斯特：《发展社会学》，陈一筠译，华夏出版社，1987。

〔英〕保罗·哈里森：《第三世界》，钟菲译，新华出版社，1984。

〔墨〕路易斯·埃切维里亚、〔南〕米洛什·米尼奇：《不结盟国家面临挑战》，可大安等译，中国对外翻译出版公司，1985。

〔德〕斯特凡·克林格比尔：《发展合作：援助新体系的挑战》，白云真译，上海人民出版社，2019。

期刊

郭语：《德国对外援助中的三方合作管理与实践》，《国际经济合作》2016 年第 5 期。

黄梅波、杨莉：《德国发展援助体系及管理制度》，《国际经济合作》2011 年第 8 期。

黄永福：《国际发展援助体系的改革与中国的作用》，《全球化》2019 年9 期。

李超：《德国对非洲合作的新动向》，《现代国际关系》2019 年第 8 期。

刘宁：《国际发展援助的转变》，《国际展望》2019 年第 2 期。

南方：《德国社会组织参与政府发展援助的管理体系及其启示》，《学会》2020 年第 2 期。

文件

联合国:《变革我们的世界: 2030 年可持续发展议程》, 联合国大会 2015 年 9 月 25 日第 70/1 号决议, https://www.un.org/zh/documents/treaty/files/ A-RES – 70 – 1. shtml。

联合国:《联合国千年宣言》, 联合国大会 2000 年 9 月 8 日第 55/2 号决议, https://www.un.org/zh/documents/treaty/files/A-RES – 55 – 2. shtml。

二 外文参考资料

著作和期刊

Aktion Driete Welte · v (Hrsg), *EP-Hilfe oder Ausbeutung*? Freiburg 1983.

Andreas Boeckh (Hrsg), *Band 6. Internationale Beziehungen*, *Lexikon der Politik*, 1996.

Anne Koch, *Binnenvertreibung: Eine entwicklungspolitische Herausforderung*, SWP Kurz gesagt, 29.04.2020.

Anne Koch, Jana Kuhnt, *Migration und die Agenda* 2030: *Es zählt nur, wer gezählt wird Migranten und Geflüchtete in den Zielen nachhaltiger Entwicklung*, SWP-Aktuell 2020/A 55, Juni 2020.

Aram Ziai (Ed.), *Im Westen nichts Neues? Series: Entwicklungstheorie und Entwicklungspolitik*, Vol. 14, Nomos, Baden-Baden, 2014.

Beck'sche Reihe, *Jahrbuch Dritte Welt 1997*, C. H. Beck'sche Verlagsbuchhandlung, Muenchen, 1993.

Dieter Nohlen (Hrsg), *Lexekon Dritte Welt*, Rowohlt, Taschenbuch Verlag, Hamburg, 1993.

Falk · Rainer, *Die heimliche kolonialmacht: Bundsrepublik und Dritte Welt*, Pahl-Rugenstein Verlag GmbH, Koeln, 1985.

Franz Nuscheler, *Lern-und Arbeitsbuch Entwicklungspolitik*, Verlag J. H. W. Dietz Nachf. GmbH, Bonn, 1996.

Handbuch der Dritten Welt, Verlag J. H · W · Dietz Nachf, 1992.

Jeanette Schade, *Soft Superpower*, *Series: Entwicklungstheorie und Entwicklungspolitik*, Vol. 9, Nomos, Baden-Baden, 2010.

Joachim Betz und Stefan Brune, *Jahrbuch Dritte Welt 1997*, Verlagc. H. BECK, Muenchen, 1996.

Jörg Faust, Katharina Michaelowa (Ed.), *Politische Ökonomie der Entwicklungs-zusammenarbeit*, Series: *Entwicklungstheorie und Entwicklungspolitik*, Vol. 13, Nomos, Baden-Baden, 2013.

Jueren H. Wolff, *Entwicklungspolitik-Entwicklungslaender Fakten-Erfahrungen-Lehren*, Olzog verlag, Muenchen, 1995.

Julia Schöneberg, *Making Development Political*, Series: *Entwicklungstheorie und Entwicklungspolitik*, Vol. 17, Nomos, Baden-Baden, 2016.

Karl Kaiser und Joach krause (Hrsg), *Deutschlands neue Aupenpolitik Band 3: Interessen und strategien*, Oldenbourg verlag, Muenchen, 1996.

Kristina Kontzi, *Postkoloniale Perspektiven auf "weltwärts"*, Series: *Entwicklungstheorie und Entwicklungspolitik*, Vol. 15, Nomos, Baden-Baden, 2015.

Lachmann, *Entwicklungspolitik Band 1: grundlagen*, Oldenbourg Verlag, Muenchen, 1994.

Manfred Glagow (Hrsg), *Deutsche und internationale Entwicklungspolitik*, West-deutsche Verlag GmbH, Opladen, 1990.

Marcel Schwichert, *Entwicklungszusammenarbeit der BRD-Veraenderungen in den achtziger Jahren*, Giessen, 1990.

Marianne Beisheim, Anne Ellersiek, *Partnerships for the 2030 Agenda for Sustainable Development Transformative, Inclusive and Accountable?* SWP Research Paper 2017/RP 14, December 2017.

Marianne Beisheim, *Die G20 und die 2030 – Agenda für nachhaltige Entwicklung*, SWP-Aktuell 2017.

Marie Schlei, *Frauen im Entwicklungsprozess-neue Elemente unserer Entwicklung-spolitik*, Bonn, 1977.

Martin Kaiser, Norbert Wagner, *Entwicklungspolitik Grundlagen-Probleme Aufgaben*, Physica-Verlag, Heidelberg, 1986.

Matthias Seifert, Ingrid Wehr, Heribert Weiland (Ed.) *Good Governance in der Sackgasse?* Series: *Entwicklungstheorie und Entwicklungspolitik*, Vol. 5, Nomos, Baden-Baden, 2009.

Matthias von Schwanenfluegel, *Entwicklungszusammenαrbeit αls Aufgabe der Gemeinden und kreise*, Dundker & Humblot · Berlin, 1993.

Mohammad H. Allafi, Sabine Allafi, *Entwicklungspolitik am Pranger-wie Voelker*

Der 3. Welt zur Asylsuche verdammt werden, IT-Verlag Konstanz, 1994.

Nadine Biehler, Amrei Meier, *Die geplante Reform der Entwicklungspolitik in der Kritik*, SWP, Kurz gesagt, 22. 06. 2020.

Philipp Lepenies, Elena Sondermann (Ed.), *Globale politische Ziele, Series*: *Entwicklungstheorie und Entwicklungspolitik*, Vol. 16, Nomos, Baden-Baden, 2017.

Reinold E. Thiel (Hrsg), *Entwicklungspolitiken – 33 Geberprofile*, DUEI Hamburg, 1996.

Rodger Wegner, *Nichtregierungorganisationen und Entwicklungshilfe*, Hamburg, 1993.

Ulrich Menzel, *Geschichte der Entwicklungstheorie*, Deutsche Uebersee-Institut, Hamburg, 1995.

Ursula Geier, *Hilf fuer die Dritte Welt-wie funktioniert Entwicklungszusammenarbert*? Bayerische Landeszentrale fuer Politische Bildungwarbert E9, 1996.

Uwe Holzz, Eckhart Deutscker, *Die Zukunft der Entwicklungspolitik-konzeptionen aus der entwicklungspolitischen Praxis*, Bonn, 1995

Willi und Volkmar Becder, *Geschichte und Gegenwart des Deutschen Entwicklungsdienstes*, Dietrich Reimer Verlag, Berlin, 1996.

文件

AA, *Aussenpolitik der Bundesrepublik Deutschland Dokumente von 1949 bis 1994*, Verlg Wissenschaft und Politik Claus-Peter von Nottbeck, Koeln, 1995.

AA, *3. Bericht der Bundesregierung ueber ihre Menschenrechtspolitik in den auswaertigen Beziehungen*, Bonn, 1996.

AA, *Deutchland in den Vereinten Nationen*, 1995.

AA, *Deutsche Aussenpolitik 1995*, 1996.

AA. *10. Bericht der Bundesregierung über ihre Menschenrechtspolitik Berichtszeitraum 1. März 2010 bis 29. Februar*, 2012.

AA. *Diplomatie für Nachhaltigkeit, Bericht des Auswaertigen Amtes zur Umsetzung der Deutschen Nachhaltigkeitsstrategie und der SDGs*, 2020.

Bayerische Stadtsministerium fuer wirtschaft und verkehr, *Verantwortung fuer die Dritte Welt*, Muenchen, 1992.

Bericht der DSE, *Entwicklungszusammenarbeit als vorbeugende Friendespolitik*,

Belin，1996.

BMZ，*Acht Ziele für ein besseres Leben weltweit*，*Die Millenniumsentwicklungsziele*，2015.

BMZ，*AUF AUGENHOHE*，*50 Jahre Bundesministerium fuer wirtschaftliche Zusammenarbeit und Entwicklung*，2012.

BMZ，*Aufhebung der Lieferbindung*，Bonn，1992.

BMZ，*Der Zukunftsvertrag für die Welt*：*Die Agenda 2030 für nachhaltige Entwicklung*，03/2017.

BMZ，*Deutsche Entwicklungspolitik*，*Memorandum der Bundesregierung zur DAC-Jahrespruefung 1992/93*，Bonn，1992.

BMZ，*Deutsche Entwicklungspolitik*，Memorandum der Bundesregierung zur DAC Jahrespruefung 1993/1994，Bonn，1993.

BMZ，*Deutsche Entwicklungspolitik*，Memorandum der Bundesregierung zur DAC-Jahrespruefung 1994/1995，Bonn，1994.

BMZ，*Die Entwicklungspolitische Foerderung der Privatwirtschaft in Entwicklungslaendern*，Bonn，1992.

BMZ，*Die Entwicklungspolitische Konzeption der BRD fuer die Zweite Entwicklungsdekade*，Bonn 1971.

BMZ，*Die Menschenrechte in der deutschen Entwicklungspolitik*，2014.

BMZ，*Entwicklungspolitik 2030: Neue Herausforderungen-neue Antworten*，*BMZ-Strategiepapier*，10/2018.

BMZ，*Entwicklungspolitik als Zukunfts-und Friedenspolitik*，15.*Entwicklungspolitischer Bericht der Bundesregierung*，03/2017.

BMZ，*Entwicklungspolitik ist Zukunftspolitik*，*Ressortbericht zur Umsetzung der Deutschen Nachhaltigkeitsstrategie und der SDGs*，10/2018.

BMZ，*Entwicklungszusammenarbeit mit den Laendern Afrikas suedlich der Sahara in den 90er Jahren*，Bonn，1992.

BMZ，*Gemeinsam Viele（s）bewegen Aktionsprogramm zum bürgerschaftlichen Engagement in der Entwicklungspolitik*，2015.

BMZ，*Gemeinsam weiter*，*Zukunft denken BMZ 2030*，01/2020.

BMZ，*Globale Zukunftspolitik gestalten*，02/2018.

BMZ，*Grundlinien der Entwicklungspolitik der Bundesregierung*，1986.

BMZ, *Hauptelemente der Armutsbekaempfung*, Bonn. , 1992.

BMZ, *Jahres-bericht* 1995.

BMZ, *Jahres-bericht* 1996.

BMZ, *Jahresbericht Bundesregierung*, 1975.

BMZ, *Jahresbericht Bundesregierung* 1980.

BMZ, *Journalisten-Handbuch Entwicklungspolitik*, 1982, Bonn, 1982.

BMZ, *Journalisten-Handbuch Entwicklungspo litik* 1996, Bonn, 1996.

BMZ, *Journalisten-Handbuch Entwicklungspolitik* 1994, Bonn, 1994.

BMZ, *Kriterien der entwicklungspolitischen Zuesammenarbeit*, Bonn Feb. 1992.

BMZ, *Leitlinien fuer die bilaterale Finanzielle und Technische Zusammenarbeit mit Entlicklungslaendern*, Bonn, 1992.

BMZ, *Menschenrechte in der deutschen Entwicklungspolitik*, BMZ-Strategiepapier 4, 2011.

BMZ, *NRO aus dem sueden-Einbeziehung*, Bonn, 1993.

BMZ, *Parlamentarische Kontrolle der multilateralen Entwicklungsinstitutionen*, Bonn, 1993.

BMZ, *Reformkonzept "BMZ 2030"*, 06/2020.

BMZ, *Rio-ein Jahr danach. Was tut das BMZ*, Bonn, 1993.

BMZ, *Strategie für eine starke europaeische und multilaterale Entwicklungspolitik*, 04/2020.

BMZ, *Strategie zur Zusammenarbeit von Staat und Zivilgesellschaft in der Entwicklungspolitik der Post-2015-Welt*, 2014.

BMZ, *Wirtschaftliche Zusammenarbeit mit ost-und mitteleuropaeischen Laendern*, Bonn, 1992.

BMZ, *Zentrale Herausforderungen für wirtschaftliche Entwicklung in Afrika südlich der Sahara eine Stellungnahme des Wissenschaftlichen Beirates beim BMZ*, 2007.

BMZ, *Ziele für nachhaltige Entwicklung*, Bericht 2019, 08/2019.

Deutscher Bundestag-13, *Wahlperiode*, *Drucksache* 13/3342, *Tabelle* 9, *Tabelle* 16.

Die Bundesregierung, *Deutsche Nachhaltigkeitsstrategie Neuauflage* 2016.

DSE, *Veroeffentlichungen Publications* 1996, Bonn, 1996.

Entwicklungshelfer-Gesetz, *Handbuch fuer Intemationale Zusammenarbeit*, 2 A, 1980.

Guido Mensger, *Geschichte und Struktur der Staatlichen EP der BRD-Seit gruedung des BMZ*, IEE, 1994.

图书在版编目（CIP）数据

德国发展援助政策研究 / 孙恪勤著. —— 北京：社
会科学文献出版社，2021.12
（德国研究丛书）
ISBN 978 - 7 - 5201 - 8877 - 7

Ⅰ.①德… Ⅱ.①孙… Ⅲ.①对外援助 - 对外政策 -
研究 - 德国 Ⅳ.①D851.60

中国版本图书馆 CIP 数据核字（2021）第 166995 号

·德国研究丛书·

德国发展援助政策研究

著　　者／孙恪勤

出 版 人／王利民
责任编辑／吕　剑
责任印制／王京美

出　　版／社会科学文献出版社·当代世界出版分社 （010）59367004
　　　　　 地址：北京市北三环中路甲 29 号院华龙大厦　邮编：100029
　　　　　 网址：www. ssap. com. cn
发　　行／市场营销中心 （010）59367081　 59367083
印　　装／三河市龙林印务有限公司

规　　格／开 本：787mm × 1092mm　1/16
　　　　　 印 张：14.5　字 数：255 千字
版　　次／2021 年 12 月第 1 版　2021 年 12 月第 1 次印刷
书　　号／ISBN 978 - 7 - 5201 - 8877 - 7
定　　价／98.00 元